ÉVEIL D'UN CIVISME IDENTITAIRE

essai

Thomas Huc-Morel

ÉVEIL D'UN CIVISME IDENTITAIRE

Droit international, souveraineté et identités.
Quelle gouvernance mondiale pour le XXIe siècle ?

En application de l'art. L.137-2.-I. du code de la propriété intellectuelle, toute reproduction et/ou divulgation de parties de l'œuvre dépassant le volume prévu par la loi est expressément interdite.

© Thomas Huc-Morel, 2025

Édition : BoD · Books on Demand, 31 avenue Saint-Rémy, 57600 Forbach, bod@bod.fr
Impression : Libri Plureos GmbH, Friedensallee 273, 22763 Hamburg (Allemagne)

ISBN : 978-2-8106-0015-1
Dépôt légal : mars 2025

Le défi de la gouvernance mondiale au XXIe siècle est double : Préserver une gouvernance mondiale cohérente tout en acceptant que l'universalité ne soit plus une norme figée, mais un espace de négociation où chaque voix trouve sa place.

Ayant l'humilité de s'y essayer, cet essai envisage une nouvelle grille de lecture centrée sur l'identité, qui conserve toutefois un pragmatisme juridique et politique, pour conceptualiser une gouvernance mondiale actualisée à l'aune des fractures identitaires de notre temps. Cette voix nouvelle est celle d'un humanisme renouvelé, étudié à partir du concept de *civisme identitaire* : une subtile perspective juridique et politique d'un engagement civique en lien avec l'identité.

INTRODUCTION

Lorsque René Cassin plaidait, en 1948, pour la Déclaration universelle des droits de l'homme, il portait en lui l'espérance d'un droit commun capable de relier les peuples sans les confondre. L'universalité, à ses yeux, n'était pas une note unique imposée à tous, mais une polyphonie où chaque culture trouvait sa place sans briser l'harmonie de l'ensemble. Pourtant, dès l'origine, un dilemme s'imposa : comment concilier un socle de principes partagés avec la richesse des singularités historiques et philosophiques ? Peut-on écrire une partition juridique mondiale qui ne soit ni une marche imposée, ni une cacophonie d'exigences dissonantes ?

Une symphonie mondiale à fleur de corde

Près d'un siècle plus tard, l'ambition d'une gouvernance universelle des droits humains vacille. Le droit, censé être un langage commun, se fait champ de bataille. À mesure que le monde se recompose, il se heurte à des tensions nouvelles. Les souverainetés s'affirment, les identités revendiquent leur voix, et l'universalisme, loin d'être un point d'équilibre, devient un lieu de contestation. Les droits des minorités, l'arbitrage entre libertés civiles et droits économiques, la légitimité des ingérences humanitaires : autant de fractures qui fragmentent le droit international. Plus l'uniformisation normative avance, plus elle rencontre de résistances. Un paradoxe étrange où l'idéal d'universalité, au lieu de rassembler, divise.

Face à cette tension, l'alternative ne peut être ni un universalisme rigide, sourd aux particularismes, ni un relativisme absolu, où chaque culture jouerait sa propre partition sans souci d'un accord commun. Il faut explorer une autre voie : celle d'un civisme identitaire, où les appartenances ne sont pas perçues comme des obstacles, mais comme des nuances nécessaires à l'expression du droit universel. Ce concept ne prône ni la dissolution de l'idéal commun, ni l'éclatement anarchique des normes, mais une réconciliation : un dialogue entre l'universel et le particulier, où les principes fondamentaux ne s'imposent pas comme une mélodie unique, mais se déclinent en variations adaptées aux contextes sans perdre leur essence.

Il en va ainsi des débats contemporains, où l'universalité des droits de l'homme se heurte aux réalités locales. Dans le cadre des droits des minorités, par exemple, les revendications des peuples autochtones, comme celles des Aborigènes en Australie ou des Premières Nations au Canada, montrent que l'universalisme ne peut ignorer les spécificités culturelles et historiques. Ces peuples, souvent en lutte pour préserver leurs terres et leurs traditions, demandent une reconnaissance de leurs droits au sein d'un système international qui ne saurait leur imposer une vision homogène du progrès. De même, les tensions sur la légitimité des ingérences humanitaires, comme celles intervenues en Syrie ou au Myanmar, révèlent qu'une approche universelle des droits ne peut se faire sans tenir compte des contextes politiques, sociaux et culturels propres à chaque nation. L'argument de la souveraineté nationale, tout en restant légitime, interroge la capacité des droits humains à s'affirmer dans des contextes où l'État refuse de reconnaître l'universalité des principes. Ces exemples montrent qu'un universalisme figé ne peut plus répondre aux défis actuels. De sorte, l'idée d'un civisme identitaire, qui ne renonce ni à l'unité ni à la diversité, devient essentielle pour que les droits de l'homme puissent réellement s'incarner dans le monde sous tension d'aujourd'hui.

Les acteurs de cette hybridation du droit international sont multiples et variés, contribuant à la construction d'un universalisme en perpétuelle évolution. Les États, tout d'abord, jouent un rôle crucial dans l'affirmation ou la remise en question de l'universalité des droits humains, selon des logiques souvent influencées par des enjeux de souveraineté et de préservation des particularismes nationaux. Les institutions internationales, telles que l'ONU, la Cour pénale internationale ou les différentes agences spécialisées, tentent d'assurer une cohérence globale, mais leurs capacités à imposer un droit homogène se heurtent à la diversité des contextes politiques et sociaux. Parallèlement, les systèmes régionaux de protection des droits de l'homme, comme la Cour européenne des droits de l'homme ou la Commission interaméricaine des droits de l'homme, illustrent les tensions entre les normes universelles et les spécificités locales. Dans cette arène, la société civile, composée d'ONG et de mouvements transnationaux émergents, incarne des acteurs souvent en marge des grands circuits diplomatiques qui appellent à une reconnaissance plus inclusive et respectueuse des identités culturelles, bien qu'ils ne soient pas plus exempts de polarisation.

La montée de revendications identitaires dans les enceintes des droits de l'homme, au lieu de renforcer l'unité, contribue parfois à la fragmentation du droit international. Cela rend d'autant plus nécessaire la mise en place d'un dialogue interculturel institutionnalisé, où les principes fondamentaux des droits humains pourraient être interprétés et adaptés, tout en garantissant leur universalité. L'enjeu n'est pas de choisir entre uniformité et dispersion, mais d'imaginer un universalisme vivant, capable d'intégrer sans écraser, d'harmoniser sans effacer. Car un droit qui se fige devient un dogme, et un droit qui se morcelle se dissout. Cet essai se propose de dépasser les faux dilemmes. Il ne s'agit ni de défendre un relativisme où chaque tradition s'enfermerait dans son propre chant, ni de plaider pour un modèle universel indifférent aux cultures. Il s'agit davantage d'explorer une troisième voie, où l'universalité se nourrit des voix plurielles qui la composent, où le droit international peut enfin se penser non comme une structure imposée, mais comme une symphonie que chaque peuple contribue à écrire.

Une feuille de route en sept mouvements

Une symphonie s'élève, hésitante et tourmentée, à la croisée des harmonies et des dissonances du monde. Le chapitre introductif en effleure les premiers accords, dévoilant une partition où les souverainetés étatiques, les tensions identitaires et l'universalisme se font écho au sein de la gouvernance mondiale (I). Une arène dans laquelle plusieurs acteurs se répondent, s'opposent et cherchent un équilibre souvent fragile. Chaque chapitre en est un mouvement, une variation sur le même thème : celui d'un droit international vacillant entre aspirations globales et réalités souveraines.

D'abord, la voix du civisme identitaire (II) s'impose dans la société internationale contemporaine, portée par les clameurs de peuples en quête de reconnaissance. Une voix nouvelle, qui refuse l'effacement sous un universel hégémonique et revendique l'inclusion sans dilution. Le droit international, longtemps figé dans un prisme abstrait et uniforme, vacille sous ces revendications. Les fondements mêmes des droits de l'homme s'en trouvent ébranlés, révélant un universalisme juridique essoufflé (III), à bout de souffle face à la contestation des identités collectives et des réalités politiques fragmentées. Là où il voulait être un phare, il devient un champ de bataille, et la promesse d'une universalité partagée se heurte à la résistance des souverainetés.

Alors se pose la question des stratégies d'inclusion (IV) : comment réconcilier ces identités collectives avec les systèmes juridiques existants ? Faut-il adapter, reconstruire, ou dépasser les cadres actuels ? La gouvernance mondiale, à l'image d'un orchestre aux instruments désaccordés, tente d'intégrer ces nouvelles voix, mais peine à accorder sa propre mélodie. Le civisme identitaire, en s'introduisant dans la gouvernance des droits de l'homme (V), perturbe la symphonie mondiale et expose les limites d'un multilatéralisme figé dans une conception rigide de l'universel.

Dès lors, une refonte s'impose. Il ne suffit plus d'ajouter des notes à une partition déjà saturée : il faut repenser l'architecture multilatérale (VI), non plus comme une structure imposée d'en haut, mais comme un espace où s'entrelacent souveraineté, identité et droit. La réforme ne peut être superficielle ; elle doit être profonde, organique, ancrée dans une institutionnalisation du dialogue interculturel (VII), seule capable de réaccorder les nations sur une harmonie commune.

Mais la symphonie du civisme identitaire demeure inachevée. Son dernier mouvement n'est pas un adieu, mais une invitation à poursuivre la composition, à affiner les notes et à prolonger le dialogue. L'universalité, si elle veut survivre, ne peut plus être un dogme figé : elle doit être une œuvre en perpétuelle réécriture, un langage commun où chaque note, chaque culture, chaque souveraineté trouve sa juste place sans étouffer l'autre.

I. SOUVERAINETÉ, IDENTITÉS ET DROIT INTERNATIONAL

« Le monde est en train de redevenir westphalien ». Cette observation, souvent avancée par les analystes contemporains, illustre le retour en force de la souveraineté nationale dans un ordre international longtemps dominé par l'essor des normes transnationales et des institutions supranationales. Si l'après-guerre froide semblait marquer l'avènement d'une gouvernance mondiale fondée sur le droit et l'intégration économique, les tensions actuelles révèlent une résistance croissante des États à toute forme d'ingérence perçue comme une atteinte à leur autonomie. Dans cette dynamique, la souveraineté ne se réduit pas à un simple principe juridique d'indépendance étatique : elle est aussi l'expression d'une identité collective, inscrite dans un territoire, une culture et une mémoire nationale.

La question de la souveraineté s'articule ainsi autour de plusieurs enjeux fondamentaux. D'un côté, elle repose sur le cadre westphalien classique, selon lequel l'État détient un monopole exclusif sur son territoire et ses décisions politiques. De l'autre, elle se confronte à une mutation du droit international, qui tend à imposer des standards prétendument universels en matière de droits fondamentaux, de régulations économiques ou de gouvernance environnementale. Cette dialectique entre souveraineté et normes globales soulève un paradoxe essentiel : dans quelle mesure un État peut-il préserver son autonomie alors même qu'il évolue dans un système interdépendant où les décisions nationales ont des répercussions mondiales ?

L'articulation entre souveraineté et identité ajoute une autre complexité à cette équation. Loin d'être une simple construction administrative, l'État est un acteur de production et de représentation de l'identité nationale. Il fixe les frontières du « nous », établit des récits historiques, définit des politiques culturelles et encadre les appartenances citoyennes. Or, ce rôle est mis à l'épreuve par des revendications internes et externes : certaines minorités culturelles ou ethniques contestent le cadre national, tandis que des institutions internationales encouragent une reconnaissance des diversités locales, au risque de fragmenter l'unité politique de l'État-nation. Cette dynamique se reflète dans les conflits liés à l'autodétermination, où le droit international oscille entre le respect des frontières établies et la reconnaissance des droits des peuples à disposer d'eux-mêmes.

Les acteurs de cette transformation sont multiples. Si les États restent les principaux détenteurs de la souveraineté, ils doivent composer avec une gouvernance mondiale de plus en plus normative. L'ONU, la Cour pénale internationale, l'Union européenne et d'autres structures transnationales cherchent à encadrer le pouvoir étatique par des règles communes, tandis que des organisations régionales comme l'Organisation de coopération de Shanghai ou les BRICS défendent une souveraineté plus affirmée, contestant la légitimité d'un ordre juridique unifié. Parallèlement, de nouveaux acteurs – multinationales, ONG, mouvements transnationaux – influencent les débats en redéfinissant les rapports entre le local et le global.

Loin d'être un principe figé, la souveraineté est donc en constante redéfinition, au gré des évolutions du droit, des revendications identitaires et des rapports de force géopolitiques. Comprendre son articulation avec le droit international et les dynamiques identitaires contemporaines permet ainsi d'éclairer l'une des tensions les plus profondes du XXIe siècle, à savoir celle qui oppose l'uniformisation des normes mondiales à la préservation des souverainetés et des identités nationales.

Section 1. Définitions et enjeux de la gouvernance mondiale : une nouvelle grille de lecture centrée sur l'identité

La gouvernance mondiale du XXIe siècle se présente comme une arène où se télescopent des concepts dont la plasticité sémantique trahit des tensions sous-jacentes profondes. Identité, souveraineté, universalité, relativisme, polarisation : autant de notions dont l'histoire intellectuelle, politique et juridique a façonné des acceptions diverses et dont l'actualisation contemporaine révèle l'instabilité fondamentale. Il ne suffit pas d'en donner une définition figée ; il faut en ressaisir la dynamique interne, les frictions qu'elles génèrent et les mutations qu'elles imposent à l'ordre mondial en quête de stabilité.

L'identité : Moi et l'Autre dans la gouvernance mondiale

L'identité, en tant que catégorie conceptuelle, oscille en permanence entre deux pôles qui structurent la pensée philosophique et politique : d'un côté, l'ipséité, c'est-à-dire la singularité irréductible d'un être ou d'un groupe, cette manière qu'a un individu ou une collectivité d'être lui-même et de se reconnaître dans la continuité de son existence ; de l'autre, la mêmeté, autrement dit l'ensemble des traits communs et stabilisés qui permettent de reconnaître une identité dans le temps et de la catégoriser. Paul Ricœur, en distinguant ces deux dimensions, souligne l'ambiguïté fondamentale du concept : l'identité est à la fois une affirmation d'unicité et une inscription dans une forme de permanence qui la rend intelligible aux autres. Ainsi, elle n'existe jamais de manière absolue : elle est nécessairement construite dans une relation, dans un jeu de reconnaissance et d'opposition, dans un mouvement dialectique entre l'affirmation de soi et la confrontation à l'altérité.

Ce mouvement dialectique est au cœur des tensions qui traversent l'idée d'identité dans le cadre international. À l'échelle des individus comme à celle des groupes, la quête d'identité n'est jamais un processus clos sur lui-même, mais un jeu de miroirs où l'on se définit toujours par rapport à un Autre. La formation des identités nationales, culturelles ou politiques s'opère ainsi à travers des récits qui mettent en scène une origine, une continuité historique, une essence plus ou moins figée dans des symboles et des pratiques. Or, cette quête identitaire, qui pourrait apparaître comme une simple nécessité anthropologique, devient un enjeu de reconnaissance et de légitimation dès lors qu'elle est inscrite dans un contexte institutionnel et géopolitique. La reconnaissance d'une identité culturelle ou nationale ne va jamais de soi : elle est le produit de luttes symboliques, de stratégies de différenciation et de négociations complexes où s'entremêlent des aspirations politiques, des revendications mémorielles et des rapports de force.

L'identité est ainsi devenue un champ de conflictualité normative majeur dans les relations internationales. D'un côté, elle est revendiquée comme un droit – le droit à la reconnaissance, à l'autodétermination, à l'expression d'une spécificité culturelle – et s'érige en principe de légitimité dans les discours politiques et juridiques. De l'autre, elle est utilisée comme un instrument stratégique, parfois comme une arme idéologique permettant de justifier des politiques d'exclusion, des replis nationalistes ou des formes de rejet de l'altérité. Ce double mouvement est particulièrement visible dans les discours contemporains sur la souveraineté culturelle ou nationale, où l'identité est mobilisée à la fois pour réclamer une place au sein des institutions internationales et pour s'opposer à certaines formes de gouvernance globalisée perçues comme des menaces à l'encontre des particularismes.

La mondialisation, loin d'avoir effacé ces tensions, les a au contraire amplifiées. En intensifiant les flux d'échanges, en accélérant les circulations culturelles et en multipliant les interactions entre sociétés, elle a provoqué une mise en contact permanente des identités, favorisant des phénomènes d'hybridation mais aussi de crispation. Loin de conduire à une homogénéisation universelle, la mondialisation a exacerbé les revendications identitaires, suscitant des résistances face à une uniformisation perçue comme une négation des spécificités locales. Ce paradoxe est au cœur des dynamiques contemporaines : plus les échanges s'intensifient, plus les identités se redéfinissent dans une logique de différenciation, parfois en opposition à cette ouverture mondiale.

Ce phénomène se traduit dans le retour du différentialisme, qui insiste sur la singularité irréductible des cultures et des appartenances, et dans la montée d'un souverainisme identitaire qui voit dans la défense des particularismes un rempart contre la dilution des nations dans un ensemble globalisé. Ce différentialisme peut prendre des formes très diverses : il peut être revendiqué par des mouvements politiques cherchant à préserver des traditions face aux influences étrangères, par des communautés minoritaires luttant pour la reconnaissance de leurs droits culturels ou par des États qui rejettent certains cadres normatifs internationaux au nom de la préservation de leur identité nationale. Dans tous les cas, l'identité devient un enjeu politique central, une matrice à travers laquelle se rejouent les tensions entre mondialisation et repli, entre ouverture et préservation.

En somme, l'identité ne peut être pensée comme une donnée fixe et immuable ; elle est un processus en perpétuelle négociation, un jeu d'affirmations et de résistances, de reconnaissances et de rejets. Dans le cadre de la gouvernance mondiale, cette dynamique soulève des défis majeurs : comment concilier la nécessité d'une régulation globale avec la reconnaissance des identités plurielles ? Comment éviter que la valorisation de la diversité ne se transforme en un facteur de fragmentation et de repli ? Ces questions, loin d'être purement théoriques, structurent aujourd'hui les débats sur le droit international, les politiques de protection des minorités, la gestion des conflits et l'organisation du multilatéralisme. Elles imposent une réflexion renouvelée sur la manière dont les identités peuvent être intégrées dans un cadre normatif sans pour autant être instrumentalisées à des fins de division et de polarisation.

La souveraineté étatique : aux fondements de l'ordre international

La souveraineté, concept fondamental de la modernité politique, s'est historiquement imposée comme le principe structurant des relations de pouvoir et de légitimité. Pensée à l'origine comme l'attribut exclusif de l'État, elle s'est construite autour de l'idée d'une autorité suprême et inaliénable, garante de l'ordre et de la stabilité du corps politique. Jean Bodin en fait l'irréductible fondation de la puissance étatique, insistant sur son caractère absolu, perpétuel et indivisible : une souveraineté qui ne souffre ni partage ni contestation, condition première de l'existence d'un État pleinement constitué. Cette conception trouve son prolongement dans la philosophie politique classique, où la souveraineté s'identifie à l'idée d'un pouvoir centralisé, exerçant un monopole sur la loi et la violence légitime, selon la célèbre formule de Max Weber.

Cependant, cette souveraineté « bodinienne » et westphalienne, du nom des traités de Westphalie de 1648 qui consacrèrent l'État-nation comme unité fondamentale du système international, n'a cessé d'évoluer sous l'effet des mutations historiques. Dans la pensée de Carl Schmitt, la souveraineté se définit moins par une stabilité institutionnelle que par la capacité de prendre la décision ultime, notamment en période de crise ou d'exception. « Est souverain celui qui décide de la situation exceptionnelle », écrit-il dans *Théologie politique*, posant ainsi une conception dynamique et conflictualiste du pouvoir souverain. Ce pouvoir, en dernière instance, se manifeste dans la capacité de suspendre l'ordre juridique et de rétablir une normativité fondée sur l'autorité pure. Cette vision, qui lie souveraineté et prise de décision, se heurte aujourd'hui aux transformations profondes du droit et de la gouvernance internationale.

En effet, la souveraineté westphalienne a progressivement perdu son monopole sous l'effet de l'interdépendance croissante entre les États et de l'émergence d'un ordre juridique globalisé. La multiplication des organisations internationales, la montée en puissance des juridictions supranationales, la reconnaissance de normes contraignantes en matière de droits humains, de commerce ou d'environnement ont conduit à un émiettement du pouvoir souverain. Ce que le philosophe Jürgen Habermas appelle la « post-souveraineté » traduit cette transition vers une gouvernance où l'État n'est plus l'unique détenteur du pouvoir normatif, mais un acteur parmi d'autres au sein d'un échiquier où s'affrontent institutions multilatérales, entreprises multinationales, ONG et juridictions internationales.

Ainsi, la souveraineté contemporaine oscille entre deux tendances contradictoires. D'une part, une instrumentalisation politique qui en fait l'argument central des discours nationalistes et populistes, justifiant des stratégies de repli et de rejet des contraintes supranationales. On assiste, dans de nombreux États, à une rhétorique de « reprise de contrôle » qui s'oppose aux mécanismes de gouvernance globale, que ce soit en matière de régulation économique, de gestion des flux migratoires ou de respect des traités internationaux. Le Brexit en est une illustration frappante : la sortie du Royaume-Uni de l'Union européenne fut largement justifiée par la volonté de restaurer une souveraineté nationale perçue comme érodée par les normes communautaires. De même, le refus de certaines décisions de la Cour pénale internationale ou des résolutions du Conseil de sécurité des Nations unies témoigne de la persistance d'un réflexe souverainiste face à l'ingérence perçue d'instances transnationales.

D'autre part, une fragmentation et une dilution du concept même de souveraineté, qui ne repose plus exclusivement sur l'État, mais se trouve redéployée sur de multiples échelles. Le philosophe Neil MacCormick évoquait à ce titre l'idée de « souveraineté divisée », où les États ne détiennent plus une autorité pleine et entière, mais se situent dans un maillage complexe de compétences partagées avec des entités régionales ou globales. Considérant l'Union européenne, on remarque que si les États membres conservent des prérogatives fondamentales, nombre de leurs décisions sont prises dans le cadre d'une souveraineté collective exercée à plusieurs niveaux. Ce phénomène s'observe également dans le domaine du droit international des droits de l'homme, où la reconnaissance de normes supérieures aux législations nationales atteste d'une mise en tension permanente entre souveraineté étatique et exigences universelles.

Mais cette dilution ne signifie pas la disparition du concept. La souveraineté, loin de se dissoudre, se reconfigure en un champ de forces où se négocient en permanence les frontières du pouvoir normatif. D'un côté, la montée en puissance des grandes entreprises technologiques, qui imposent leurs propres règles en matière de gouvernance numérique, pose la question d'une souveraineté privée, échappant aux cadres régulateurs des États. D'un autre, les mouvements identitaires et les revendications autonomistes, qu'il s'agisse du nationalisme économique, des demandes d'indépendance régionales (des exemples en Catalogne ou en Écosse) ou des contestations du droit international par certains régimes autoritaires, montrent que la souveraineté reste un instrument de structuration du politique, même sous des formes nouvelles.

Ainsi, ce qui fut longtemps un principe organisateur du droit et des relations internationales tend aujourd'hui à se transformer en un espace de tensions où s'affrontent différentes conceptions du pouvoir. La souveraineté peut-elle encore exister comme un principe absolu dans un monde marqué par des interdépendances profondes ? Peut-elle se réinventer sous une forme adaptée aux réalités transnationales, ou bien ne sert-elle désormais qu'à justifier des replis stratégiques ? Plus qu'un concept figé, elle est devenue un lieu de controverses, un prisme à travers lequel se redéfinissent les équilibres entre autonomie nationale et exigences globales, entre autorité politique et nouvelles formes de légitimité.

L'universalisme à l'heure contemporaine : un principe immuable ?

L'universalisme, en tant que prétention à l'uniformisation normative, s'inscrit dans une généalogie philosophique qui puise ses racines dans le jusnaturalisme classique et les Lumières kantiennes. Il repose sur l'idée que certaines valeurs, principes et droits sont inhérents à la condition humaine, transcendant les contingences culturelles, historiques et politiques. L'affirmation d'un socle de normes valables en tout temps et en tout lieu trouve son expression paradigmatique dans les grandes déclarations internationales, des Droits de l'Homme et du Citoyen de 1789 à la Déclaration universelle des droits de l'homme de 1948, en passant par les pactes internationaux relatifs aux droits civils, politiques, économiques, sociaux et culturels. Cette conception repose sur une ambition éthique et juridique : celle de fixer un cadre normatif supérieur aux souverainetés étatiques, un horizon de justice supposé s'imposer à tous indépendamment des particularismes locaux.

Mais cette ambition, qui se veut neutre et émancipatrice, porte en elle une tension originelle : si l'universalisme revendique une portée absolue, il est pourtant le produit d'une histoire, d'une tradition philosophique et politique marquée par son ancrage occidental. Il n'a pas échappé aux critiques qui y voient moins une vérité universelle qu'une expression du pouvoir normatif de certaines civilisations sur d'autres. Dès les premières élaborations de la pensée universaliste, Rousseau lui-même avertissait contre la tentation d'uniformiser les sociétés en niant la pluralité des formes d'organisation sociale et politique. Kant, quant à lui, fondait son cosmopolitisme sur un idéal rationnel qui devait dépasser les déterminations empiriques, mais sans toujours prendre en compte la diversité des visions du monde. De même, dans l'histoire du droit international, la prétention universaliste s'est souvent accompagnée de logiques d'imposition et d'hégémonie, justifiant parfois des interventions normatives au nom d'un modèle unique de civilisation.

Ce paradoxe, qui structure l'universalisme depuis son émergence, est aujourd'hui battu en brèche par le relativisme, qui souligne l'ancrage culturel, historique et politique des normes. Le relativisme juridique et philosophique ne constitue pas une simple négation de l'universalisme, mais une remise en cause de la prétention à une neutralité axiologique qui ferait abstraction des contextes. Si les droits humains, par exemple, sont présentés comme universels, comment expliquer les résistances qu'ils rencontrent dans certaines sociétés qui les perçoivent comme une imposition idéologique, voire comme une nouvelle forme d'impérialisme ? Comment concilier une déclaration universelle avec les multiples traditions philosophiques et religieuses qui structurent les conceptions du juste et du bien à travers le monde ? Ces critiques, portées par des courants aussi divers que le communautarisme, le postcolonialisme ou le différentialisme juridique, posent une question fondamentale : l'universalité proclamée est-elle une universalité réelle ou une normativité particulariste déguisée en loi générale ?

La confrontation entre universalisme et relativisme ne peut toutefois se réduire à une opposition binaire. Entre la pure imposition d'un modèle unique et la dissolution des normes dans un pluralisme absolu, il existe un spectre de tensions et d'hybridations. Dans la pratique, de nombreux systèmes juridiques et politiques tentent d'opérer des synthèses, soit en adaptant les principes universalistes aux contextes locaux, soit en développant des formes d'hybridation normative qui permettent une meilleure intégration des particularismes. Par exemple, la reconnaissance de droits collectifs pour les peuples autochtones ou les mécanismes de justice transitionnelle dans les sociétés post-conflit illustrent ces tentatives d'articulation entre des normes globales et des réalités locales. Mais ces synthèses se heurtent souvent à des résistances : certaines traditions perçoivent toute concession à l'universalisme comme une menace pour leur intégrité culturelle, tandis que les défenseurs de l'uniformisation des normes redoutent que ces adaptations ne fragilisent la portée des principes fondamentaux.

Cette tension entre universalité et particularisme s'inscrit également dans une dynamique géopolitique. Loin d'être une simple question théorique, elle est au cœur des rivalités contemporaines, notamment dans les relations entre l'Occident et les puissances émergentes. La remise en cause de l'universalité des droits de l'homme, par exemple, s'exprime dans les discours de certains États qui revendiquent une « démocratie souveraine » ou une approche différenciée des libertés publiques et des droits sociaux. Dans un contexte marqué par l'affirmation de nouveaux pôles de puissance, l'universalisme apparaît parfois comme une norme contestée, concurrencée par des modèles qui revendiquent une légitimité alternative, fondée sur des traditions philosophiques et politiques distinctes.

En définitive, l'universalisme n'est pas un principe statique ; il est un champ de lutte et d'évolution, un espace de négociation où s'affrontent des conceptions concurrentes du droit et de la justice. Il ne peut être pensé sans prendre en compte les résistances qu'il ne suscite ni sans interroger les conditions de son acceptation et de son application. Sa crise actuelle ne signifie pas nécessairement son effondrement, mais elle impose de repenser ses fondements et ses modalités d'articulation avec la diversité des conceptions du monde. Peut-il exister un universalisme qui ne soit pas hégémonique ? Une norme globale qui ne soit pas perçue comme une imposition ? Ces questions, loin d'être résolues, dessinent les contours d'un débat essentiel pour l'avenir du droit international et de la gouvernance mondiale.

La polarisation dans les arènes internationales : un symptôme de notre temps face au défi identitaire et au réalisme politique ?

La polarisation est l'un des symptômes les plus aigus de la crise qui traverse la gouvernance mondiale contemporaine. Elle ne saurait se réduire à une simple opposition d'idées ou à une compétition de modèles politiques et économiques : elle traduit une transformation structurelle des rapports de pouvoir, où les principes mêmes de légitimité et d'autorité sont interprétés à travers des prismes antagonistes. Plus qu'un clivage idéologique, elle incarne une fragmentation du langage normatif lui-même, rendant incertaine toute prétention à un socle commun de valeurs et de règles. Ainsi, au sein des forums multilatéraux, dans les enceintes diplomatiques comme dans les discours officiels des États et des organisations internationales, elle impose une structuration binaire des débats, une radicalisation des positions et un durcissement des stratégies d'influence.

Cette polarisation se manifeste d'abord par la montée des logiques de bloc. Loin d'être un phénomène nouveau – la Guerre froide ayant été l'apogée d'une telle structuration bipolaire du monde –, elle revêt aujourd'hui des formes inédites qui ne se limitent plus à une stricte opposition entre grandes puissances. La scène internationale est désormais traversée par des fractures multiples, superposant des rivalités géopolitiques à des différends idéologiques, culturels et économiques. Si l'antagonisme traditionnel entre l'Occident libéral et les puissances autoritaires demeure une grille de lecture opérante, il est désormais complété par d'autres formes de polarisation : l'opposition entre le « Nord » et le « Sud » dans les débats sur le développement et la dette, la rivalité entre partisans d'un ordre fondé sur le droit international et ceux qui privilégient une approche plus souverainiste des relations internationales, ou encore les tensions croissantes entre acteurs étatiques et non-étatiques dans la fabrique de la norme mondiale.

L'essor des discours opposant le « Nord » et le « Sud » illustre particulièrement bien cette dynamique. Dans le sillage des processus de décolonisation, puis dans le cadre des forums économiques et environnementaux, s'est développée une rhétorique de contestation de l'ordre mondial établi, accusé de refléter les intérêts des puissances occidentales au détriment des nations émergentes ou en développement. Ce discours, qui se déploie sur des terrains aussi divers que le commerce international, les politiques climatiques ou les règles d'ingérence humanitaire, met en cause l'universalité supposée des normes promues par les grandes organisations internationales, les dénonçant comme les instruments d'une domination prolongée. En réponse, les États du « Nord » oscillent entre stratégies d'ouverture – par des mécanismes de coopération et de redistribution – et tentations de repli, lorsque la remise en question de leur leadership devient trop pressante. Ce clivage, loin de se résorber, tend au contraire à se durcir sous l'effet des crises successives, chaque camp réaffirmant ses positions dans une logique d'affrontement rhétorique et diplomatique.

Un autre facteur clé de cette polarisation est l'instrumentalisation des institutions multilatérales dans des luttes de puissance. À l'origine pensées comme des espaces de dialogue et de régulation, ces institutions deviennent de plus en plus des champs de bataille où s'expriment les rivalités internationales. Le Conseil de sécurité des Nations unies, la Cour pénale internationale ou encore l'Organisation mondiale du commerce sont régulièrement accusés d'être les vecteurs d'une influence hégémonique ou, au contraire, d'être paralysés par les blocages imposés par certains acteurs cherchant à neutraliser les décisions qui leur sont défavorables. Dès lors, le multilatéralisme lui-même se trouve en crise : il ne parvient plus à jouer son rôle de médiateur neutre, car il est perçu comme un instrument dans les mains de certains camps contre d'autres. Ce phénomène alimente un cercle vicieux : plus les institutions sont contestées, plus elles sont affaiblies, et plus leur affaiblissement nourrit la polarisation du système international, favorisant le recours à des rapports de force directs plutôt qu'à des mécanismes de concertation.

Ce durcissement des oppositions a des conséquences directes sur la possibilité même du compromis. La polarisation ne se contente pas d'opposer des intérêts divergents : elle repose sur des grilles de lecture du monde profondément distinctes, qui rendent difficile la construction d'un langage commun. Ce que certains considèrent comme des normes objectives – les droits de l'homme, le libre-échange, l'interdépendance économique – est perçu par d'autres comme des instruments de domination ou des concepts relatifs qui ne sauraient être imposés à des sociétés aux trajectoires historiques et culturelles différentes. Ce relativisme stratégique, qui repose sur une contestation systématique des cadres d'interprétation adverses, réduit les marges de négociation et tend à figer les rapports de force. Il en résulte une gouvernance mondiale fragmentée, où les grandes décisions peinent à émerger faute d'un socle minimal de consensus.

Enfin, la polarisation contemporaine se distingue par un phénomène de radicalisation discursive qui dépasse le cadre strictement interétatique. Elle s'étend aux sociétés elles-mêmes, où les débats sur la souveraineté, l'identité, l'environnement ou encore la régulation technologique se transforment en confrontations idéologiques marquées par une montée des extrêmes. Dans un monde hyperconnecté, où l'information circule à une vitesse inédite, la fragmentation du discours international se reflète dans l'espace public, contribuant à renforcer des antagonismes qui dépassent les sphères institutionnelles. Ce phénomène, en retour, influe sur la manière dont les États formulent leurs politiques internationales : sous la pression de leurs opinions publiques respectives, ils sont incités à adopter des positions plus tranchées, limitant encore davantage les possibilités de dialogue et de compromis.

Ainsi, la polarisation de la gouvernance mondiale n'est pas un simple symptôme conjoncturel ; elle est le reflet d'une recomposition profonde des équilibres internationaux, où les anciennes catégories de pensée et de régulation apparaissent de plus en plus inadéquates pour appréhender un monde en mutation. Elle impose une réflexion sur la manière dont les institutions, les normes et les principes fondamentaux du droit international peuvent évoluer pour dépasser les clivages actuels, sans pour autant renier les exigences de pluralisme et de diversité qui s'imposent dans un ordre mondial multipolaire. Tant que cette polarisation structurera les relations internationales, la gouvernance mondiale restera marquée par l'incapacité à concevoir un cadre véritablement inclusif, où les différends pourraient être arbitrés autrement que par la logique du rapport de force.

On en conclue que la gouvernance mondiale contemporaine est prise dans une dynamique paradoxale : tandis qu'elle exige des mécanismes de coordination de plus en plus sophistiqués pour répondre aux défis transnationaux, elle se heurte à des forces centrifuges qui entravent toute tentative d'universalisation normative. Les concepts qui structuraient le droit international et les relations interétatiques se trouvent pris dans un processus de reconfiguration où leur sens même est remis en question. Loin d'être un simple ajustement institutionnel, la crise actuelle de la gouvernance mondiale est une crise de sens, une interrogation sur les fondements mêmes de l'ordre international.

Section 2. La gouvernance mondiale et la realpolitik : le grand échiquier des souverainetés et des identités

L'État moderne s'impose comme l'acteur central de la gouvernance mondiale, non seulement par sa capacité à organiser l'ordre juridique et politique interne, mais aussi par sa fonction essentielle de production et de représentation des identités nationales. Héritier du contrat social et de la tradition westphalienne, il détient une souveraineté qui lui confère un double rôle : d'une part, il façonne l'identité de la nation en définissant ses contours juridiques, culturels et symboliques ; d'autre part, il projette cette identité sur la scène internationale, influençant ainsi les rapports de force globaux. Cette dialectique entre consolidation interne et affirmation externe place l'État au cœur des processus de définition des identités collectives, à la fois en tant que constructeur d'une homogénéité nationale et en tant que vecteur de polarisation ou de convergence dans l'espace diplomatique.

L'État, gardien et architecte de l'identité culturelle

La construction identitaire par l'État repose d'abord sur un processus juridique et normatif. Depuis Jean Bodin, la souveraineté est pensée comme le pouvoir absolu d'édicter et de faire respecter la loi sur un territoire donné. Or, cette loi ne se limite pas à l'organisation institutionnelle : elle est également un outil de mise en récit de l'identité collective. La nation, loin d'être une entité naturelle, est le produit d'une fabrication étatique, comme l'ont montré Benedict Anderson et sa théorie des « communautés imaginées ». L'identité nationale se construit donc par une imposition juridique qui fixe ses marqueurs symboliques, notamment à travers les constitutions. Celles-ci ne sont pas de simples chartes organisationnelles, mais des manifestes idéologiques où l'État définit son essence. La Hongrie, en révisant sa constitution en 2011 pour y inclure la référence explicite à ses racines chrétiennes et à l'unité historique de la nation magyare, a fait de l'identité une composante indissociable de son ordre juridique. De la même manière, la Pologne inscrit dans son préambule la reconnaissance de la culture chrétienne comme fondement de la nation, affirmant ainsi une continuité historique et spirituelle qui transcende les évolutions politiques. À l'inverse, le Japon, avec sa constitution de 1947, élaborée sous l'influence américaine, expurge toute référence identitaire forte, traduisant ainsi la volonté d'intégrer l'État japonais dans une gouvernance internationale fondée sur la neutralisation des revendications nationalistes.

Le droit étatique ne se contente pas de fixer une identité nationale abstraite : il crée également une identité citoyenne en assignant aux individus des catégories d'appartenance et des statuts juridiques différenciés. L'État, par l'octroi de la nationalité, définit ceux qui relèvent de sa souveraineté et, par conséquent, ceux qui participent à son identité collective. La citoyenneté n'est jamais une donnée neutre, mais un instrument de sélection et d'exclusion. Carl Schmitt a souligné que le pouvoir souverain reposait sur la capacité de décider qui est inclus et qui est exclu du corps politique. Cette dynamique s'observe notamment dans les politiques de naturalisation et de déchéance de nationalité, où l'État module son identité collective en fonction d'enjeux politiques et sécuritaires. En France, la loi de 2016 relative à la déchéance de nationalité pour les binationaux impliqués dans des actes terroristes illustre cette instrumentalisation de l'appartenance juridique à des fins identitaires : en excluant ces individus du cadre national, l'État affirme implicitement que leur comportement les place en rupture avec les valeurs constitutives de la nation. À l'inverse, des politiques de réintégration identitaire peuvent être observées dans des États cherchant à restaurer une continuité historique. La loi israélienne du retour (1950), qui accorde la citoyenneté aux Juifs du monde entier, ou encore la politique hongroise facilitant la naturalisation des descendants de Hongrois vivant en Transylvanie ou en Slovaquie, témoignent de cette volonté d'affirmer une continuité identitaire au-delà des frontières politiques contemporaines.

Cette fonction de création identitaire ne se limite pas à l'espace interne, mais s'étend à la scène internationale, où l'État projette son identité nationale à travers la diplomatie et les institutions transnationales. La diplomatie ne se réduit pas à la négociation d'intérêts économiques et stratégiques : elle est aussi un instrument d'affirmation culturelle et symbolique. L'Organisation internationale de la francophonie (OIF) n'est pas simplement un cadre de coopération linguistique, mais un outil de projection de l'identité française et d'influence normative. La Russie, en mobilisant la langue et la culture russes dans son discours diplomatique, justifie certaines interventions géopolitiques sous couvert de protection identitaire, notamment en Ukraine et dans les pays baltes. La Turquie, sous Recep Tayyip Erdoğan, a développé une diplomatie identitaire fondée sur l'islam et l'héritage ottoman, notamment en renforçant son influence dans les Balkans et en Afrique du Nord à travers des institutions culturelles et religieuses. Cette utilisation de la diplomatie comme vecteur identitaire s'accompagne souvent d'une stratégie de soft power visant à promouvoir une certaine vision de la nation sur la scène mondiale.

Toutefois, cette dynamique d'affirmation identitaire peut également engendrer des phénomènes de polarisation, où les États se regroupent selon des affinités culturelles et idéologiques. La montée des régimes illibéraux en Europe de l'Est a conduit à une reconfiguration des alliances au sein de l'Union européenne, opposant les États revendiquant une souveraineté identitaire aux institutions supranationales prônant une approche universaliste des droits de l'homme. L'opposition entre la Pologne et la Hongrie d'un côté, et les instances européennes de l'autre, repose moins sur des différends économiques que sur une confrontation entre deux conceptions de la gouvernance : l'une fondée sur une identité nationale assumée et revendiquée, l'autre sur une intégration postnationale où la souveraineté étatique est tempérée par des valeurs communes.

Dans cette logique de polarisation, l'État joue également un rôle dans la définition des identités régionales et civilisationnelles. Samuel Huntington, dans *Le Choc des civilisations*, postulait que le monde post-guerre froide ne serait plus structuré par des oppositions idéologiques, mais par des fractures culturelles et identitaires. Or, ces fractures ne sont pas des données naturelles : elles sont activement construites par les États, qui choisissent d'inscrire leur appartenance à un espace civilisationnel donné. La Russie se revendique comme le pôle d'une civilisation orthodoxe, en opposition à l'Occident libéral. La Chine, sous Xi Jinping, a progressivement réhabilité une identité impériale et confucéenne, marginalisant l'héritage maoïste au profit d'une continuité historique avec la Chine impériale. L'Inde, sous Narendra Modi, a entrepris une politique de réaffirmation identitaire hindoue, en rupture avec la tradition séculière instaurée par Nehru. Ces choix identitaires ne sont pas anodins : ils déterminent les alliances diplomatiques, les choix stratégiques et les conflits potentiels entre blocs idéologiques et culturels.

L'État, dans son essence même, est donc bien plus qu'un gestionnaire des affaires publiques. Il est le créateur et le garant des identités collectives, modulant les appartenances, façonnant les récits et projetant son image à l'échelle internationale. La souveraineté qu'il détient ne s'exerce pas uniquement par la contrainte, mais aussi par la production d'une légitimité symbolique, à la fois en interne et à l'extérieur. Dans un monde marqué par la montée des revendications identitaires et la contestation des grands récits universalistes, la fonction identitaire de l'État apparaît plus cruciale que jamais. C'est dans cette capacité à définir et à imposer une vision du collectif que réside, en définitive, l'essence de son pouvoir.

Souveraineté territoriale et identité culturelle : Des frontières imprenables ?

La souveraineté d'un État ne se limite pas à son pouvoir de légiférer ou de gouverner : elle est intrinsèquement liée au territoire sur lequel il exerce son autorité. Loin d'être une simple donnée géographique, le territoire est un espace sacralisé où s'ancre l'identité nationale, où s'opère l'inscription physique de la mémoire collective et où se matérialise l'exercice du pouvoir souverain. Comme l'a souligné Carl Schmitt dans *Le Nomos de la Terre*, l'ordre politique découle d'une appropriation originelle de l'espace, et c'est dans la maîtrise du territoire que se structure l'autorité d'un État. La gestion des frontières, la reconnaissance des identités culturelles enracinées dans un espace donné, la préservation du patrimoine matériel et immatériel et l'usage du territoire comme instrument de puissance dans les relations internationales sont autant de manifestations de cette souveraineté territoriale. Dans un monde où les revendications identitaires se multiplient et où les conflits liés aux frontières demeurent un enjeu central des rapports de force géopolitiques, la question de l'articulation entre souveraineté territoriale et identité culturelle s'impose comme un prisme fondamental d'analyse du pouvoir étatique.

Le territoire constitue d'abord le socle matériel sur lequel repose l'identité nationale, un espace où se déploie la continuité historique d'un peuple et où s'inscrivent ses traditions. L'État, en tant que garant de cette mémoire territoriale, joue un rôle central dans la protection et la mise en valeur de ce patrimoine. L'UNESCO, en reconnaissant des sites classés comme patrimoines mondiaux, ne se contente pas d'enregistrer des monuments historiques : elle légitime, de manière indirecte, les narratifs identitaires que les États y associent. La France, en mettant en avant la cathédrale de Reims, réaffirme son héritage capétien ; l'Italie, avec Venise et le Colisée, inscrit son identité dans la continuité de Rome et de la Renaissance. Mais cette patrimonialisation s'étend aussi aux cultures immatérielles, comme en témoigne la reconnaissance de la calligraphie arabe ou du fado portugais. Loin d'être de simples symboles culturels, ces éléments s'inscrivent dans une logique de *soft power* où l'État projette une image de sa propre identité sur la scène mondiale, usant du territoire et de la culture pour asseoir son influence.

Mais si l'État affirme son identité à travers la mise en valeur de son territoire, il doit également composer avec des identités culturelles minoritaires qui revendiquent une reconnaissance au sein même de cet espace souverain. Certaines nations, conscientes de la pluralité de leurs composantes identitaires, ont institué des statuts territoriaux spécifiques permettant de concilier souveraineté nationale et respect des identités locales. Le Canada, en créant le territoire du Nunavut en 1999, a reconnu aux Inuits un espace autonome leur permettant de préserver leur mode de vie et leurs traditions tout en restant sous l'autorité d'Ottawa. De même, le Chili a récemment accordé un statut spécial aux Mapuches, peuple autochtone historiquement marginalisé, afin de reconnaître leur identité culturelle et territoriale. Cette approche se distingue du modèle assimilationniste français, où le principe d'unité républicaine impose une uniformisation juridique qui ne reconnaît pas d'identités territoriales spécifiques, sauf en cas de particularismes historiques préexistants, comme en Corse ou en Nouvelle-Calédonie.

Toutefois, la reconnaissance d'identités culturelles au sein d'un territoire souverain demeure un enjeu de gouvernance particulièrement délicat, notamment lorsque ces revendications s'accompagnent d'aspirations à l'autodétermination. Le droit international, en consacrant le principe de souveraineté des États, entre en tension avec celui du droit des peuples à disposer d'eux-mêmes, comme en témoigne la situation des Kurdes, des Catalans ou des Ouïghours. Les Kurdes, répartis entre la Turquie, l'Irak, l'Iran et la Syrie, revendiquent depuis des décennies un État indépendant, mais se heurtent à la réticence des puissances régionales, qui perçoivent cette perspective comme une menace pour leur intégrité territoriale. La Catalogne, en Espagne, a tenté en 2017 de proclamer unilatéralement son indépendance, avant que Madrid ne réaffirme fermement sa souveraineté en suspendant l'autonomie régionale et en poursuivant les dirigeants séparatistes. En Chine, la répression de l'identité ouïghoure au Xinjiang illustre une stratégie inverse, où l'État cherche à homogénéiser par la force une région qu'il considère comme une partie inaliénable de son territoire. Ces cas montrent que la reconnaissance d'identités culturelles peut être tolérée dans la mesure où elle ne remet pas en cause l'unité étatique, mais qu'elle devient une ligne rouge dès lors qu'elle s'accompagne d'une remise en question de la souveraineté territoriale.

Cette dynamique est encore plus manifeste lorsque l'identité culturelle d'un territoire est revendiquée simultanément par plusieurs entités étatiques ou par des groupes aux aspirations divergentes. La Crimée, annexée par la Russie en 2014 après un référendum contesté, est un exemple frappant de la territorialisation du droit identitaire : Moscou justifie son contrôle de la péninsule en invoquant la majorité russophone de la population et le caractère historiquement russe du territoire, tandis que l'Ukraine et la communauté internationale dénoncent une violation flagrante du droit international. De manière similaire, Taiwan, bien que fonctionnant comme un État souverain de facto, est revendiqué par la Chine, qui considère l'île comme une province rebelle et use de pressions diplomatiques et militaires pour empêcher toute reconnaissance internationale de Taipei. Le conflit israélo-palestinien, quant à lui, repose fondamentalement sur une rivalité territoriale ancrée dans des narratifs identitaires antagonistes, où chaque camp revendique une légitimité historique sur la même terre, rendant toute solution juridico-politique particulièrement complexe.

Dans cette lutte pour la souveraineté territoriale et l'affirmation identitaire, le *soft power* devient un outil stratégique pour légitimer les revendications étatiques. La Chine investit massivement dans des instituts Confucius à travers le monde afin de promouvoir sa culture et d'associer son image à une civilisation millénaire, rendant son affirmation territoriale sur le Xinjiang, Taiwan et la mer de Chine méridionale plus cohérente dans son narratif national. La Russie, de son côté, mobilise l'orthodoxie et la langue russe comme leviers d'influence dans son voisinage proche, justifiant ainsi son intervention en Ukraine sous prétexte de protéger les populations russophones. Les États-Unis, en soutenant la démocratie libérale et la culture anglo-saxonne via Hollywood, les universités et les think tanks, créent un imaginaire mondial où leur modèle politique est présenté comme universel, ce qui leur permet de s'impliquer dans des conflits territoriaux sous couvert de défense des valeurs démocratiques.

L'État, en tant qu'acteur de la gouvernance mondiale, ne peut donc se soustraire à la question de la souveraineté territoriale et de l'identité culturelle. Il doit composer avec des identités internes, gérer des revendications territoriales complexes et user d'outils diplomatiques et culturels pour asseoir son autorité. La territorialisation du pouvoir, loin d'être un vestige d'un monde révolu, demeure une réalité incontournable où s'articulent identité, droit et stratégie.

Souveraineté nationale et normes internationales : entre affirmation identitaire et confrontations idéologiques

Le conflit entre souveraineté nationale et imposition de normes internationales ne saurait être réduit à une simple opposition juridique ou économique ; il constitue avant tout un affrontement entre différentes conceptions de l'autorité politique, de la légitimité et de l'identité collective. L'État, en tant que structure souveraine, ne se limite pas à un rôle administratif ou gestionnaire : il incarne un projet identitaire, une représentation d'un peuple et de ses valeurs au sein d'un cadre institutionnel propre. En ce sens, l'affirmation de la souveraineté nationale dans un monde où les organisations internationales prétendent fixer des normes communes relève autant d'un enjeu de gouvernance que d'un combat symbolique sur le sens de l'identité nationale et de la prise de décision politique.

L'époque contemporaine est marquée par un retour en force des États-nations comme acteurs centraux du système international. Alors que les décennies précédentes avaient vu l'essor de structures supranationales prétendant dépasser les logiques étatiques, la période récente témoigne d'une reconfiguration où la souveraineté nationale est brandie comme un instrument de résistance face aux normes perçues comme exogènes. Ce phénomène ne se limite pas aux États dits illibéraux ou autoritaires : même au sein des démocraties libérales, une réaffirmation des prérogatives nationales face aux organisations internationales s'observe dans des domaines aussi variés que la régulation économique, la définition des droits fondamentaux ou les politiques migratoires.

Ce regain de souveraineté s'inscrit dans un contexte de confrontation idéologique entre les partisans d'un ordre mondial fondé sur des principes prétendument universels et ceux qui revendiquent la primauté des identités nationales comme fondement de la décision politique. D'un côté, les institutions internationales telles que l'ONU, l'Union européenne ou le FMI défendent une approche où les États doivent se conformer à des standards élaborés dans une logique transnationale ; de l'autre, plusieurs gouvernements réaffirment leur droit à agir en fonction de leurs propres traditions, structures et objectifs politiques, contestant ainsi l'idée même d'une gouvernance mondiale contraignante.

Cette tension s'est cristallisée dans les récentes décisions prises par certains États en opposition avec des directives ou des injonctions internationales. L'Italie, sous le gouvernement de Giorgia Meloni, a durci sa politique migratoire en contradiction avec les accords européens, refusant d'accueillir certains navires humanitaires malgré les pressions de Bruxelles. Cette décision a été justifiée au nom de la souveraineté italienne et de la nécessité de préserver l'identité nationale face à des flux migratoires perçus comme une menace démographique et culturelle. En Hongrie, Viktor Orbán a poursuivi son bras de fer avec l'Union européenne en matière de droits civiques, refusant d'appliquer certaines législations européennes sur les minorités sexuelles et la liberté de la presse, au nom du respect des valeurs chrétiennes et traditionnelles du pays.

La question des normes sociales et culturelles constitue un autre terrain d'affrontement où la souveraineté nationale est invoquée pour rejeter des standards internationaux jugés incompatibles avec les spécificités nationales. En Russie, la récente interdiction de toute « propagande LGBT » dans les médias et l'espace public s'inscrit dans une volonté de défendre une conception conservatrice de la société contre des valeurs considérées comme imposées par l'Occident. Moscou ne se contente pas d'affirmer cette posture en interne : elle exporte activement ce modèle à travers des alliances idéologiques avec d'autres régimes opposés aux conceptions libérales des droits humains, notamment en Afrique et au Moyen-Orient. Cette instrumentalisation des valeurs culturelles comme levier de souveraineté démontre que l'affrontement entre États et normes internationales ne se réduit pas à des considérations juridiques, mais repose sur une bataille des représentations et des modèles civilisationnels.

L'un des domaines les plus sensibles où cette opposition se manifeste est celui du droit international et de l'autodétermination. Alors que l'ONU et les institutions occidentales prônent une reconnaissance des droits des peuples à disposer d'eux-mêmes, cette approche entre en contradiction avec le principe de l'intangibilité des frontières défendu par de nombreux États. En 2023, le cas du référendum néo-calédonien a illustré ces tensions : la France a été critiquée pour avoir organisé un scrutin dans des conditions contestées, refusant de reconnaître une autodétermination plus large des Kanaks sous prétexte de garantir l'unité nationale. De manière similaire, la question écossaise demeure un point de friction entre souveraineté et légitimité internationale : le refus de Londres d'accorder un nouveau référendum, malgré les demandes du gouvernement écossais, repose sur l'argument selon lequel l'indépendance d'une région ne peut être décidée de manière unilatérale en dehors du cadre constitutionnel de l'État.

Mais au-delà des revendications indépendantistes, c'est la capacité des États à prendre des décisions en toute autonomie qui se trouve remise en cause par l'imposition de normes globales. En 2024, le débat sur la taxation des multinationales a révélé cette tension : plusieurs pays, notamment en Asie et en Amérique latine, ont contesté l'initiative de l'OCDE visant à imposer une taxe minimale sur les grandes entreprises, arguant que cette mesure portait atteinte à leur souveraineté fiscale. De même, la question des sanctions économiques unilatérales, comme celles imposées par les États-Unis à l'Iran ou à la Russie, est perçue par de nombreux gouvernements comme une instrumentalisation des normes internationales au service d'intérêts géopolitiques spécifiques.

Dans cette configuration, les alliances régionales apparaissent comme une réponse au dilemme entre souveraineté et contraintes internationales. Face aux injonctions des grandes puissances et des organisations supranationales, des coalitions alternatives se forment pour défendre une vision plus souverainiste des relations internationales. L'Organisation de coopération de Shanghai, qui regroupe la Chine, la Russie, l'Inde et plusieurs pays d'Asie centrale, se pose en contrepoids au modèle occidental en promouvant un multilatéralisme respectueux des souverainetés nationales. Les BRICS (Brésil, Russie, Inde, Chine, Afrique du Sud) renforcent également leur coordination pour échapper à la tutelle économique du FMI et de la Banque mondiale, cherchant à établir des normes économiques indépendantes des standards occidentaux.

Le cas de l'Arabie saoudite illustre à lui seul la complexité de ce rapport de force. Riyad, tout en étant un acteur clé du système économique global, refuse d'adhérer aux normes occidentales en matière de droits humains et de gouvernance démocratique, imposant sa propre vision de la souveraineté comme principe absolu. Le récent rapprochement entre l'Arabie saoudite et la Chine en 2024, avec des accords stratégiques échappant aux cadres traditionnels occidentaux, marque une réorientation vers un modèle de relations internationales où les normes ne sont plus imposées par une autorité globale, mais négociées selon des rapports de force bilatéraux.

Dans cette logique, la question centrale qui se pose est celle de l'avenir de la gouvernance mondiale : les normes internationales peuvent-elles encore s'imposer dans un monde où la souveraineté redevient un étendard incontournable des stratégies étatiques ? La montée des régimes nationalistes, la fragmentation des alliances et la redéfinition des modèles de coopération suggèrent que la gouvernance mondiale ne pourra plus reposer sur l'uniformisation des normes, mais devra intégrer une diversité de conceptions concurrentes de la souveraineté et de l'identité nationale. Plus qu'un simple débat technique ou juridique, cette confrontation marque un basculement idéologique majeur, où la légitimité des normes internationales n'est plus garantie par leur prétendue universalité, mais constamment remise en cause par des États revendiquant leur propre souveraineté comme ultime fondement du politique.

Section 3. Quand l'Etat perd son monopole, d'autres se font entendre : l'écho des acteurs non-étatiques

L'universalité juridique, qui a longtemps servi d'horizon commun, se trouve aujourd'hui à la croisée des chemins. Elle vacille sous le poids des crises mondiales, des revendications multipolaires et des changements sociaux. Le monde actuel, fracturé mais interconnecté, impose au droit international de se redéfinir : non plus comme un édifice figé, mais comme une trame vivante, en perpétuel dialogue avec les réalités qu'il cherche à réguler.

L'identité, au lieu de représenter un obstacle, constitue une composante essentielle de l'universalité des droits humains. En tant que prisme, elle met en lumière les limites d'un système global prétendument neutre, tout en offrant des opportunités pour le réinventer. Dans cette perspective, l'État voit aujourd'hui son monopole s'effriter sous l'effet de forces émergentes qui recomposent en profondeur la gouvernance mondiale. Si la souveraineté nationale demeure le fondement du droit international, elle n'est plus un bastion imprenable, mais un terrain mouvant, contesté par des acteurs non étatiques de plus en plus influents. Blocs régionaux, organisations internationales, multinationales, ONG, juridictions supranationales et mouvements transnationaux s'imposent comme des agents de transformation qui redessinent les contours d'un ordre autrefois centré sur la primauté étatique. Cette dilution du monopole souverain n'est pas qu'un simple ajustement du jeu international ; elle traduit une mutation des rôles, des responsabilités et des rapports de force dans un monde où l'interdépendance redéfinit les paradigmes juridiques et politiques.

L'universalité juridique ne repose plus exclusivement entre les mains des États-nations. ONG, multinationales, juridictions internationales et mouvements sociaux transnationaux s'affirment comme des centres de pouvoir capables d'influencer l'agenda mondial. Cette montée en puissance s'explique par leur capacité à agir là où les États échouent, à combler les lacunes laissées par des institutions paralysées et à imposer des normes globales sans disposer de moyens de coercition traditionnels.

Les organisations internationales, des espaces de dialogue et un pouvoir normatif implanté

Les organisations internationales ne sont plus de simples arènes diplomatiques où les États négocient leurs différends : elles sont devenues des institutions productrices de normes, structurant la gouvernance mondiale et redéfinissant les rapports de force entre souveraineté nationale et régulation supranationale. Cette mutation, amorcée au lendemain de la Seconde Guerre mondiale avec la montée en puissance des Nations unies et des institutions de Bretton Woods, s'est accélérée avec la mondialisation économique, la multiplication des défis transnationaux et la montée en puissance d'acteurs non étatiques. Pourtant, si les OI jouent un rôle croissant dans l'élaboration du droit international, elles demeurent profondément marquées par la domination des États les plus influents, confirmant que la souveraineté nationale, bien que fragmentée et contestée, reste la pierre angulaire des relations internationales.

L'ONU incarne à elle seule cette tension entre l'idéal d'un droit international contraignant et la réalité d'un ordre fondé sur la puissance. Son Conseil de sécurité, conçu comme le gardien de la paix mondiale, fonctionne en pratique comme un club fermé où les membres permanents – États-Unis, Chine, Russie, France et Royaume-Uni – disposent d'un droit de veto leur permettant de bloquer toute décision contraire à leurs intérêts. L'incapacité de l'ONU à prévenir ou à résoudre les crises syrienne, ukrainienne ou yéménite illustre l'emprise persistante des logiques étatiques sur le droit international. À l'inverse, l'Assemblée générale, où chaque État dispose d'une voix, tente d'affirmer un multilatéralisme plus égalitaire, comme l'a montré l'adoption en 2022 d'une résolution condamnant l'invasion russe en Ukraine par une large majorité de pays. Cependant, ces déclarations, non contraignantes juridiquement, traduisent l'ambivalence du rôle normatif des OI : elles imposent des principes, mais peinent à les faire appliquer en l'absence d'un consensus entre les grandes puissances.

Au-delà de l'ONU, l'Organisation mondiale du commerce illustre le passage d'un multilatéralisme interétatique à une gouvernance fondée sur des règles contraignantes qui limitent la souveraineté des États. Son organe de règlement des différends (ORD) est l'un des rares mécanismes juridiques capables d'imposer des sanctions économiques aux gouvernements qui ne respectent pas les accords commerciaux internationaux. En 2019, il a condamné les États-Unis pour leurs subventions illégales à Boeing, entraînant des représailles commerciales de l'Union européenne. Toutefois, cette institution est elle-même vulnérable aux rapports de force politiques. En 2020, Washington a bloqué la nomination de nouveaux juges à l'ORD, paralysant de facto son fonctionnement et démontrant qu'aucune OI ne peut réellement s'imposer contre la volonté d'un État puissant.

L'évolution du droit international environnemental révèle une autre facette du rôle normatif des OI. Depuis le Sommet de Rio en 1992, les conférences climatiques organisées sous l'égide de la Convention-cadre des Nations unies sur les changements climatiques ont progressivement construit un cadre juridique global, du Protocole de Kyoto (1997) à l'Accord de Paris (2015). Ces accords, bien que fondés sur des engagements volontaires, traduisent une montée en puissance des OI dans la définition des normes environnementales. La COP28, qui s'est tenue à Dubaï en 2023, a marqué une inflexion en intégrant pour la première fois des engagements contraignants pour les entreprises, reconnaissant implicitement que les OI ne régulent plus uniquement les États, mais s'imposent également aux acteurs privés. Toutefois, ces avancées restent limitées par l'absence de sanctions efficaces : les États-Unis se sont retirés de l'Accord de Paris sous l'administration Trump avant d'y revenir sous Biden, soulignant la fragilité d'un droit international encore largement tributaire des choix souverains des gouvernements nationaux.

Dans le domaine du droit pénal international, la création de la Cour pénale internationale en 1998 a constitué une tentative majeure d'émancipation du droit international vis-à-vis des États. Dotée d'une compétence pour juger les crimes de guerre, les crimes contre l'humanité et les génocides, elle incarne une justice supranationale théoriquement indépendante des intérêts nationaux. Pourtant, son fonctionnement montre les limites de cette ambition : son action s'est concentrée principalement sur des dirigeants africains, suscitant des accusations de partialité, tandis que les grandes puissances – États-Unis, Russie, Chine – refusent de reconnaître sa juridiction. En 2023, l'émission d'un mandat d'arrêt contre Vladimir Poutine pour crimes de guerre en Ukraine a illustré le rôle croissant des OI dans la construction d'une responsabilité juridique internationale, mais a également révélé leurs limites : sans coopération des États, ces décisions restent largement symboliques.

La montée en puissance des OI dans la gouvernance mondiale ne se limite pas aux sphères politique, économique ou juridique : elle s'étend aussi à des domaines techniques et scientifiques, où elles imposent des standards de plus en plus contraignants. L'Organisation mondiale de la santé (OMS), longtemps cantonnée à un rôle consultatif, a vu son influence croître considérablement avec la pandémie de Covid-19. Ses recommandations sur la gestion sanitaire, la distribution des vaccins et les restrictions de déplacement ont directement influencé les politiques nationales, bien que certains États, comme la Chine et les États-Unis, aient contesté son impartialité. La réforme de l'OMS en 2024, visant à renforcer ses prérogatives contraignantes en cas de future pandémie, témoigne d'un glissement progressif vers une gouvernance transnationale où les OI acquièrent un rôle quasi-réglementaire face aux États.

Néanmoins, cette influence croissante des OI ne signifie pas la disparition de la souveraineté étatique, mais plutôt sa recomposition dans un espace où les normes internationales sont de plus en plus négociées, contestées et adaptées aux intérêts des grandes puissances. Les États conservent un pouvoir déterminant dans ces institutions : ils financent leur fonctionnement, nomment leurs dirigeants et orientent leurs priorités. L'Union européenne, par exemple, utilise activement les OI pour promouvoir son modèle réglementaire à l'échelle mondiale, imposant ses normes en matière de protection des données (RGPD) ou de lutte contre le changement climatique (mécanisme d'ajustement carbone aux frontières). De même, la Chine cherche à remodeler les institutions existantes à son avantage, en renforçant son influence au sein de l'ONU et en développant des alternatives comme l'Organisation de coopération de Shanghai ou la Banque asiatique d'investissement pour les infrastructures.

Ainsi, si les OI jouent un rôle croissant dans la gouvernance mondiale, elles ne remplacent pas les États : elles deviennent plutôt des espaces de négociation où se redéfinissent les contours du droit international sous l'influence combinée des puissances étatiques, des acteurs privés et de la société civile. Leur pouvoir normatif, bien que réel, reste conditionné par la volonté politique des États qui, tout en déléguant une partie de leur souveraineté, conservent la capacité de façonner l'agenda international à leur avantage. Les OI ne sont donc pas des entités autonomes dictant les règles d'un ordre mondial apolitique, mais des arènes où s'expriment, sous couvert de légitimité juridique et technique, les rapports de force qui structurent encore profondément les relations internationales.

Les multinationales : une redéfinition des rapports de force internationaux et de la souveraineté étatique

Les multinationales, ces entreprises transnationales dont les ramifications dépassent les cadres nationaux, ne sont plus de simples agents économiques. Elles façonnent aujourd'hui la géopolitique, restructurent les rapports de pouvoir entre États et redéfinissent les normes du droit international. Depuis les vagues successives de libéralisation initiées dans les années 1980 sous l'impulsion du Consensus de Washington, le capitalisme mondialisé a conduit à l'érosion progressive de la souveraineté étatique face à la montée en puissance de ces acteurs privés. L'Accord de Marrakech de 1994, qui a conduit à la création de l'Organisation mondiale du commerce (OMC), a marqué un tournant décisif : en réduisant drastiquement les barrières tarifaires et en favorisant la libre circulation des capitaux, il a permis aux entreprises transnationales d'accroître leur influence en contournant les réglementations nationales. Comme a pu le souligner Susan Strange dans les années 1990, l'État-nation n'a plus le monopole de la régulation économique et sociale, cédant de plus en plus d'espace à des structures transnationales capables d'imposer leurs propres règles du jeu.

L'ampleur de cette mutation s'observe dans les statistiques : en 2023, sur les 100 premières entités économiques mondiales, 63 étaient des multinationales et non des États. Walmart, avec un chiffre d'affaires de 611 milliards de dollars, dépasse le PIB de nombreux pays comme la Norvège (586 milliards de dollars). Apple et Saudi Aramco disposent de ressources financières telles qu'elles influencent directement les décisions gouvernementales et les négociations internationales, notamment en matière de commerce et de fiscalité. La théorie du « *Corporate Power* » développée par Stephen Gill met en évidence cette domination croissante des grandes entreprises, qui parviennent à imposer leur hégémonie en infiltrant les instances de gouvernance mondiale comme l'OMC, le G20 ou encore le Forum économique mondial de Davos.

L'un des terrains où s'exerce cette influence est celui du droit fiscal. L'optimisation fiscale agressive, notamment via le « profit shifting », permet aux multinationales de déplacer artificiellement leurs bénéfices vers des paradis fiscaux. En 2023, Apple, Microsoft et Amazon ont continué d'exploiter les failles du système international pour éviter des milliards de dollars d'impôts. L'OCDE a tenté de répondre à ce phénomène en introduisant en 2021 un impôt minimum mondial de 15% sur les multinationales, mais son application reste limitée par l'absence de mécanismes de sanction efficaces et par la concurrence fiscale entre États. Cette capacité des entreprises à négocier leur propre régime fiscal constitue une « privatisation de la souveraineté », selon Piketty, où les États doivent rivaliser pour attirer des investissements plutôt que d'imposer leurs propres règles.

Au-delà du domaine fiscal, les multinationales participent également à une privatisation des normes sociales et environnementales. L'effondrement du Rana Plaza au Bangladesh en 2013 a mis en lumière l'absence de cadre juridique contraignant pour ces entreprises, qui privilégient des codes de conduite volontaires plutôt qu'un véritable respect des régulations locales. L'accord sur la sécurité des bâtiments, signé sous pression des ONG par des marques comme H&M, Zara ou Uniqlo, demeure une initiative privée, échappant aux mécanismes de contrôle étatique. Cette stratégie s'inscrit dans ce que David Held décrit comme une gouvernance privée, où les grandes firmes tendent à remplacer les États dans la définition des normes internationales.

Dans le domaine stratégique, les multinationales technologiques exercent une influence croissante sur la souveraineté numérique des États. Google, Apple et Amazon dictent les conditions d'accès aux infrastructures numériques mondiales. L'affaire Huawei, où les États-Unis ont restreint l'accès de la firme chinoise aux marchés occidentaux sous prétexte de sécurité nationale, illustre la manière dont les multinationales s'insèrent dans la rivalité géopolitique sino-américaine. Henry Farrell et Abraham Newman, dans *Weaponized Interdependence: How Global Economic Networks Shape State Coercion*, analysent comment ces entreprises deviennent des instruments de coercition entre puissances étatiques, capables d'influencer des décisions stratégiques majeures.

L'exploitation des ressources naturelles est un autre domaine où les multinationales concurrencent directement l'autorité des États. En République démocratique du Congo, le contrôle du cobalt, un minerai essentiel aux batteries de véhicules électriques et aux smartphones, est disputé entre des entreprises comme Tesla et Samsung, mais aussi des groupes chinois soutenus par Pékin. Cette bataille pour l'accès aux ressources critiques reflète ce que Michael Klare qualifie de « guerres des matières premières », où les entreprises transnationales sont à la fois actrices et arbitres du jeu géopolitique, souvent au détriment des populations locales et de l'environnement.

Face à cette montée en puissance, certaines institutions internationales tentent d'encadrer ces acteurs, mais les avancées restent limitées. En 2023, l'Union européenne a adopté une directive sur le devoir de vigilance, obligeant les entreprises opérant sur son sol à garantir le respect des droits humains tout au long de leur chaîne de production. Toutefois, les sanctions restent insuffisantes et l'efficacité de ces régulations demeure entravée par le manque de coopération internationale.

Enfin, la montée en puissance des ONG dans la régulation des multinationales illustre un déplacement du pouvoir normatif vers des acteurs non étatiques. La Cour internationale de justice s'appuie de plus en plus sur des rapports d'organisations comme Human Rights Watch ou Amnesty International pour ouvrir des enquêtes, comme ce fut le cas en 2024 concernant les crimes commis contre les Rohingyas au Myanmar. Cependant, cette évolution soulève des questions de légitimité démocratique : contrairement aux États, les ONG ne sont pas élues et dépendent de financements privés, parfois biaisés. Cette transformation du droit international conduit alors à un système où les normes émergent d'une négociation entre acteurs publics et privés, affaiblissant le monopole étatique sur la régulation.

Les multinationales ne se contentent donc plus d'être des agents économiques : elles participent à une reconfiguration du système international, redéfinissant les rapports entre puissance publique et pouvoir privé. Leur influence sur la fiscalité, la régulation sociale, l'accès aux ressources stratégiques et même la diplomatie numérique questionne la souveraineté des États et met en lumière l'émergence d'une gouvernance hybride, où la norme ne découle plus exclusivement des États mais d'une négociation permanente entre acteurs publics et privés. Tant que la régulation restera fragmentée et que les entreprises continueront à exploiter les failles du système international, la souveraineté des États restera sous pression, et le droit international demeurera un champ de bataille où multinationales et institutions publiques tenteront d'imposer leurs propres règles.

Les ONG, éthique morale et justice privée : quelle légitimité sur la scène internationale ?

Les organisations non gouvernementales ne sont plus de simples vigies humanitaires ou des instruments d'influence morale en marge des États. Elles se sont progressivement imposées comme des acteurs incontournables de la gouvernance mondiale, participant à l'élaboration du droit international, influençant les politiques publiques et contestant la souveraineté étatique au nom de principes universels. Longtemps perçues comme des forces d'appoint, elles sont désormais intégrées aux processus de prise de décision, non plus seulement comme des observateurs, mais comme des parties prenantes consultées, voire co-législatrices de certaines normes transnationales.

Cependant, cette montée en puissance des ONG interroge la légitimité démocratique du système international : dans quelle mesure ces entités, non élues, financées de manière opaque et souvent alignées sur des intérêts spécifiques, contribuent-elles réellement à un ordre international plus juste et représentatif ?

L'évolution du rôle des ONG dans la gouvernance mondiale est indissociable de la transformation du droit international. Autrefois fondé sur la seule volonté des États souverains, ce dernier s'est progressivement ouvert à des acteurs non étatiques qui participent à la production et à l'interprétation des normes. Dès les années 1970, des ONG telles qu'Amnesty International et Human Rights Watch ont commencé à documenter les violations des droits de l'homme, influençant les décisions des tribunaux internationaux et les résolutions onusiennes. En 1998, leur travail d'expertise a contribué à la rédaction du Statut de Rome, qui a institué la Cour pénale internationale (CPI). Plus récemment, en 2024, la Cour internationale de justice (CIJ) s'est appuyée sur des rapports d'ONG pour ouvrir une enquête sur les exactions commises en Birmanie contre les Rohingyas, confirmant que la production de preuves et l'expertise juridique ne relèvent plus uniquement des États.

Dans le domaine du droit de l'environnement, les ONG sont devenues des forces structurantes du processus normatif international. Depuis le Sommet de Rio en 1992, elles jouent un rôle central dans la négociation des accords climatiques, allant jusqu'à influencer directement le contenu des textes. L'Accord de Paris de 2015, souvent présenté comme un succès du multilatéralisme, doit en réalité beaucoup au lobbying des ONG environnementales, qui ont imposé des mécanismes de suivi et de transparence. En 2023, lors de la COP28 à Dubaï, des organisations comme Greenpeace et le World Resources Institute ont pesé sur les débats en proposant des modèles de taxation carbone et en dénonçant les stratégies de greenwashing des grandes entreprises. Ces interventions montrent que les ONG ne se limitent plus à un rôle de dénonciation : elles façonnent les normes, rédigent des propositions et participent activement aux négociations, au point que certains États les perçoivent comme des concurrents dans l'élaboration des politiques globales.

Cette transformation est particulièrement visible au sein des Nations unies, où le statut consultatif des ONG a été progressivement renforcé. Le Conseil économique et social des Nations unies accorde désormais une accréditation à plusieurs milliers d'ONG, leur permettant d'intervenir officiellement dans les discussions internationales. Lors des négociations sur le Pacte mondial pour les migrations en 2018, des ONG comme Médecins Sans Frontières et le Conseil norvégien pour les réfugiés ont joué un rôle déterminant en définissant les standards humanitaires et en exerçant une pression sur les États réticents. Toutefois, cette influence croissante suscite des résistances : plusieurs pays, dont les États-Unis et la Hongrie, ont accusé les ONG de promouvoir des agendas idéologiques sous couvert de neutralité humanitaire, remettant en cause leur légitimité en tant qu'acteurs de la gouvernance mondiale.

Le rôle des ONG dans la régulation du secteur privé est une autre dimension de leur ascension. Face à l'incapacité des États à imposer des régulations contraignantes aux multinationales, de nombreuses ONG ont développé des mécanismes d'auto-régulation, créant des standards que les entreprises adoptent sous la pression de l'opinion publique. L'initiative du « devoir de vigilance », qui oblige les entreprises à garantir le respect des droits humains tout au long de leur chaîne d'approvisionnement, est directement issue des campagnes menées par des ONG. En 2023, sous la pression d'Oxfam et de Transparency International, l'Union européenne a adopté une directive obligeant les entreprises à publier des rapports détaillés sur leurs pratiques en matière de droits humains et d'impact environnemental. Cette évolution montre que les ONG ne se contentent plus d'interpeller les gouvernements : elles imposent des normes aux entreprises, modifiant ainsi les équilibres traditionnels du droit international.

Toutefois, cette montée en puissance des ONG pose des questions sur leur légitimité démocratique et leur indépendance. Contrairement aux États, elles ne sont pas élues par des citoyens et leur financement provient souvent d'acteurs privés ou d'institutions étatiques, ce qui peut biaiser leurs priorités. Le débat sur le financement des ONG opérant en Palestine en 2023-2025 a mis en lumière les tensions entre engagement humanitaire et influences politiques : certaines organisations ont été accusées d'adopter des positions partisanes en fonction de l'origine de leurs fonds, remettant en cause leur neutralité. De même, certaines ONG environnementales ont été critiquées pour leur proximité avec des fonds d'investissement promouvant des politiques de transition énergétique favorables à leurs intérêts économiques.

Cette ambiguïté se retrouve dans la relation entre ONG et souveraineté nationale. Si elles prétendent représenter une voix universelle, elles s'opposent parfois frontalement aux États, notamment dans les régimes autoritaires où elles sont perçues comme des instruments d'ingérence occidentale. La Russie, la Chine ou l'Inde ont ainsi renforcé leurs restrictions à l'égard des ONG internationales, les accusant d'être des vecteurs d'influence étrangère cherchant à déstabiliser leur ordre politique interne. Cette confrontation illustre les limites de la gouvernance mondiale fondée sur des acteurs non étatiques : tant que les États conservent le monopole du pouvoir coercitif, l'efficacité des ONG dépend largement de leur capacité à négocier avec les gouvernements plutôt qu'à les défier.

Ainsi, les ONG ne sont plus de simples contre-pouvoirs aux États, elles sont devenues des actrices centrales de la gouvernance mondiale, co-produisant les normes et influençant les politiques publiques. Toutefois, cette évolution ne signifie pas une dissolution de la souveraineté étatique : au contraire, elle témoigne d'un ajustement des relations internationales, où les États restent les arbitres finaux des décisions, tout en intégrant progressivement ces nouvelles forces dans le processus décisionnel. Loin d'être des substituts aux États, les ONG en deviennent des partenaires et des challengers, façonnant une gouvernance mondiale où le droit international ne se limite plus aux seules négociations intergouvernementales, mais s'écrit désormais dans un dialogue complexe entre pouvoirs publics, acteurs privés et société civile.

Une voix inattendue : les minorités ethniques et culturelles, une carte de visite dans les forums internationaux

Les minorités ethniques et culturelles, longtemps reléguées aux marges du droit international, se sont imposées progressivement comme des acteurs consultatifs au sein des forums internationaux, réclamant une reconnaissance institutionnelle et une participation effective aux processus décisionnels qui affectent leur existence. Cette évolution, encore inachevée, témoigne d'un double mouvement : d'une part, la consolidation de droits spécifiques pour ces groupes, notamment à travers la Déclaration des Nations unies sur les droits des peuples autochtones, et d'autre part, l'intégration progressive de leurs revendications au sein des mécanismes onusiens et régionaux, tels que le Mécanisme d'experts sur les droits des peuples autochtones, l'Instance permanente sur les questions autochtones ou encore le Forum des Nations unies sur les minorités. Toutefois, cette reconnaissance reste ambivalente : si les États semblent avoir admis la nécessité d'un dialogue avec ces groupes, ils leur refusent encore un véritable pouvoir décisionnel, maintenant ainsi leur propre prééminence dans la gouvernance mondiale.

Le droit international a longtemps été fondé sur un prisme strictement westphalien, où l'État-nation constituait l'unique entité souveraine, excluant de facto les peuples autochtones et les minorités de la scène juridique globale. Cette logique a commencé à être remise en question avec l'émergence du droit des peuples à disposer d'eux-mêmes, tel que consacré par l'Article 1 du Pacte international relatif aux droits civils et politiques et le Pacte international relatif aux droits économiques, sociaux et culturels. Toutefois, cette autodétermination a été interprétée dans un cadre étatique, laissant peu de place aux revendications des minorités en dehors des luttes anticoloniales. Il faudra attendre la Convention n°169 de l'Organisation internationale du travail en 1989 pour qu'une reconnaissance plus formelle des droits des peuples autochtones soit consacrée, bien que cette convention ne soit ratifiée que par une poignée d'États, témoignant des résistances persistantes.

L'adoption de la Déclaration des Nations unies sur les droits des peuples autochtones en 2007 marque une avancée majeure en établissant des principes fondamentaux tels que le droit à la consultation préalable, libre et informée, ou encore la protection des savoirs traditionnels. Toutefois, son absence de force contraignante limite son impact, et nombre d'États continuent d'ignorer ses dispositions lorsqu'elles entrent en contradiction avec leurs intérêts économiques ou politiques. La lutte contre l'extraction minière et pétrolière en territoire autochtone illustre parfaitement cette tension : au Brésil, malgré les protections offertes par la Constitution de 1988 et les recommandations des instances onusiennes, la déforestation de l'Amazonie et l'exploitation des terres indigènes se poursuivent sous l'impulsion de puissants lobbys économiques.

Face à cette inertie des États, les peuples autochtones et minorités culturelles ont investi les forums internationaux pour contourner les blocages nationaux et porter leurs revendications sur la scène mondiale. Le Mécanisme d'experts sur les droits des peuples autochtones, créé en 2007, constitue un espace consultatif crucial au sein du Conseil des droits de l'homme, permettant aux représentants autochtones de contribuer aux discussions sur les politiques qui les concernent. Si son rôle reste limité à l'émission de recommandations, il a néanmoins influencé plusieurs avancées, notamment l'adoption de lois de protection des langues autochtones au Canada en 2019 et en Nouvelle-Zélande en 2020, après que ces questions ont été mises à l'agenda international. De même, l'Instance permanente sur les questions autochtones joue un rôle fondamental dans l'élaboration de politiques globales, en intégrant les savoirs traditionnels dans les débats sur le changement climatique et la conservation de la biodiversité.

Cette reconnaissance internationale se manifeste également par une implication accrue dans les négociations climatiques. Lors des Conférences des Parties (COP) sur le climat, les représentants autochtones sont devenus des voix incontournables, dénonçant l'impact disproportionné des politiques extractivistes sur leurs territoires. En 2021, la COP26 de Glasgow a marqué un tournant en reconnaissant officiellement le rôle des peuples autochtones dans la préservation des écosystèmes, aboutissant à l'annonce d'un fonds de 1,7 milliard de dollars pour la protection des terres indigènes. Pourtant, cette avancée reste largement symbolique, car ces peuples ne disposent toujours pas d'un véritable droit de veto face aux projets industriels destructeurs de leur environnement.

Les minorités culturelles ont également obtenu une reconnaissance croissante au sein des institutions européennes et interaméricaines. La Cour européenne des droits de l'homme a, à plusieurs reprises, statué en faveur des minorités linguistiques et culturelles, renforçant leur droit à l'éducation dans leur langue maternelle. En 2019, l'affaire Mándli c. Hongrie a réaffirmé le droit des journalistes appartenant à des minorités culturelles à exprimer librement leurs revendications sans discrimination étatique. De même, la Cour interaméricaine des droits de l'homme a consolidé la protection des terres autochtones à travers des décisions emblématiques, comme l'affaire Saramaka c. Suriname de 2007, qui établit que les peuples autochtones ont un droit inaliénable sur leurs territoires ancestraux.

Toutefois, cette intégration des minorités dans les forums internationaux ne signifie pas un affaiblissement du monopole étatique sur la gouvernance mondiale. Les États conservent une position dominante dans ces espaces de dialogue et n'acceptent d'intégrer les revendications minoritaires que dans la mesure où elles ne remettent pas en cause leur souveraineté territoriale. Les peuples autochtones ne disposent toujours pas de reconnaissance juridique en tant que sujets de droit international, et leurs revendications restent subordonnées aux bonnes volontés étatiques. Le refus des Nations unies d'accorder aux peuples autochtones un statut équivalent à celui des États lors des négociations climatiques montre bien cette limite.

Ainsi, si les minorités ethniques et culturelles ont acquis un rôle consultatif non négligeable dans les instances internationales, leur pouvoir effectif reste limité. Leur influence se fait sentir principalement dans l'agenda normatif, où elles parviennent à introduire leurs préoccupations et à infléchir certaines politiques, mais elles demeurent largement dépendantes de la reconnaissance étatique pour voir leurs droits appliqués. Cette dynamique reflète l'évolution plus large de la gouvernance mondiale, où de nouveaux acteurs tentent d'imposer leurs revendications sans parvenir à renverser la prééminence des États. Les forums internationaux apparaissent ainsi comme des espaces de négociation asymétriques, où les minorités obtiennent une visibilité croissante, mais où le dernier mot appartient toujours aux gouvernements, seuls détenteurs du pouvoir coercitif. Le défi des décennies à venir sera donc de transformer cette consultation en une participation réelle, où les droits des peuples autochtones et des minorités ne seront plus de simples recommandations, mais des obligations contraignantes opposables aux États et aux entreprises transnationales.

Conclusion : quelle gouvernance mondiale pour le XXIe siècle à l'aune des fractures identitaires ?

L'architecture de la gouvernance mondiale, héritée des configurations westphaliennes et des grands cycles multilatéraux du XXe siècle, vacille aujourd'hui sous le poids des revendications identitaires, des fragmentations culturelles et des contestations de l'universalité normative. Alors que la mondialisation économique et technologique semblait annoncer l'avènement d'un ordre postnational régi par des logiques intégratives, le XXIe siècle révèle une tension persistante entre l'aspiration à un cadre global de régulation et l'affirmation croissante des particularismes identitaires. Cette dialectique entre homogénéisation et différenciation se traduit par une redéfinition des centres de pouvoir, où l'État-nation, bien que toujours prédominant, voit son autorité contestée par une multitude d'acteurs transnationaux porteurs de nouvelles légitimités. La gouvernance mondiale, dans ce contexte, ne peut plus être pensée comme un espace neutre de régulation technocratique, mais comme une arène où se négocient des visions du monde concurrentes, ancrées dans des récits historiques, culturels et civilisationnels spécifiques.

La crise du multilatéralisme qui s'est accélérée depuis les années 2010 illustre cette recomposition des rapports de force sous l'angle identitaire. L'ONU, conçue comme l'incarnation du droit international universaliste, peine à imposer une gouvernance légitime dans un monde où les puissances montantes, à l'instar de la Chine, de l'Inde ou de la Russie, revendiquent une lecture civilisationnelle de l'ordre international. Le projet chinois des Nouvelles Routes de la Soie (*Belt and Road Initiative*), bien plus qu'un programme d'investissement, traduit une volonté de remodeler les normes du développement selon une perspective sino-centrée, défiant ainsi les institutions financières occidentales. De même, le refus des États-Unis de se conformer aux décisions contraignantes de la Cour pénale internationale ou de s'engager pleinement dans l'Accord de Paris sur le climat souligne la persistance d'une souveraineté stratégique insensible aux injonctions globales. Ces dynamiques reflètent un retour à une logique où l'identité – qu'elle soit nationale, civilisationnelle ou culturelle – façonne les alliances et les antagonismes, reléguant les institutions multilatérales à un rôle d'arbitrage de plus en plus symbolique.

Les organisations internationales, autrefois perçues comme des espaces de dépassement des souverainetés nationales, sont ainsi confrontées à un double défi : elles doivent à la fois préserver une cohérence normative globale et intégrer les revendications de reconnaissance identitaire portées par divers acteurs. L'UNESCO illustre cette ambivalence : initialement fondée sur une vision universaliste du patrimoine et de la culture, elle a progressivement intégré une approche différentialiste, consacrant la notion de « diversité culturelle » comme principe structurant des politiques internationales. L'adoption de la Convention de 2005 sur la protection et la promotion de la diversité des expressions culturelles témoigne de cette évolution, mais révèle aussi les tensions inhérentes à ce modèle : peut-on réellement construire un cadre normatif commun tout en légitimant la pluralité des systèmes de valeurs ?

Cette question devient encore plus prégnante dans le domaine des droits humains, où l'universalité proclamée entre en collision avec des conceptions particularistes ancrées dans des traditions religieuses, philosophiques et historiques. Le débat sur les droits des minorités sexuelles dans les enceintes onusiennes illustre cette polarisation : alors que l'Union européenne et certains pays d'Amérique latine militent pour une reconnaissance juridique globale des droits LGBTQ+, des États comme la Russie, l'Arabie saoudite ou l'Ouganda invoquent la souveraineté culturelle pour refuser toute imposition normative extérieure. De même, les débats autour du droit à l'avortement ou de la liberté religieuse traduisent ces fractures idéologiques profondes qui structurent la gouvernance mondiale du XXIe siècle.

Dans ce contexte, les acteurs non étatiques émergent comme des médiateurs et des contre-pouvoirs au sein de cette reconfiguration identitaire de l'ordre international. Les ONG transnationales, bien qu'ancrées dans des systèmes de valeurs spécifiques, s'imposent comme des producteurs de normes alternatives, influençant le droit international par le biais du *soft law* et de la mobilisation sociétale. Amnesty International, Human Rights Watch ou Greenpeace façonnent ainsi l'agenda global en imposant des cadres de référence qui transcendent les frontières étatiques. Pourtant, ces organisations elles-mêmes ne sont pas exemptes de contestation : leur légitimité est remise en cause par des États qui dénoncent une instrumentalisation idéologique, comme l'a illustré la suspension de plusieurs ONG occidentales par l'Inde et la Russie sous prétexte d'« ingérence étrangère » dans les affaires nationales.

Le rôle croissant des peuples autochtones et des minorités culturelles dans les forums internationaux témoigne également d'une redéfinition identitaire de la gouvernance mondiale. Le Mécanisme d'experts sur les droits des peuples autochtones, le Forum permanent des Nations unies sur les questions autochtones et les négociations climatiques de la COP ont intégré des perspectives issues des cosmovisions indigènes, remettant en cause l'anthropocentrisme du droit international. L'adoption, en 2022, de la reconnaissance du crime d'écocide comme une catégorie juridique émergente s'inscrit dans cette dynamique, où des conceptions non occidentales de la relation entre l'homme et la nature influencent progressivement les cadres normatifs globaux.

Toutefois, si ces évolutions marquent une dilution relative du monopole étatique, elles ne signifient pas la disparition de l'État en tant qu'acteur central de la gouvernance mondiale. Loin d'être supplantés par les multinationales, les ONG ou les peuples autochtones, les États demeurent les arbitres ultimes de la légitimité des normes et des institutions. Cette prédominance s'illustre dans la structure même du Conseil de sécurité de l'ONU, où les grandes puissances conservent un droit de veto leur permettant de neutraliser toute évolution qui remettrait en cause leur souveraineté stratégique. Elle se manifeste également dans la montée des régulations étatiques sur l'économie numérique : en imposant des restrictions aux GAFAM (Google, Apple, Facebook, Amazon, Microsoft) ou aux BATX (Baidu, Alibaba, Tencent, Xiaomi), l'Union européenne et la Chine réaffirment leur contrôle sur les infrastructures informationnelles, limitant l'influence normative des entreprises transnationales.

Ainsi, la gouvernance mondiale du XXIᵉ siècle ne peut être appréhendée uniquement sous l'angle d'une convergence vers un modèle universel de régulation, mais doit être comprise comme un espace de négociation permanent entre des identités plurielles, des souverainetés réaffirmées et des normes en mutation. Loin de l'idéal kantien d'une paix perpétuelle fondée sur la raison universelle, le système international actuel oscille entre fragmentation et adaptation, où chaque acteur tente d'imposer son récit au sein d'une architecture institutionnelle en recomposition. Les institutions multilatérales, en quête d'un équilibre entre légitimité et efficacité, devront inévitablement intégrer ces revendications identitaires sans renoncer à la nécessité d'un cadre commun de régulation.

C'est là tout le défi du XXIᵉ siècle : concilier l'inévitable diversité des visions du monde avec la nécessité d'une coopération globale face aux défis existentiels de notre époque, du changement climatique à la révolution numérique en passant par les migrations transnationales. La gouvernance mondiale ne sera ni purement étatique, ni exclusivement transnationale : elle sera hybride, segmentée, évolutive – à l'image des tensions identitaires qui la façonnent.

Cette grille de lecture nous amène à visualiser la gouvernance mondiale sous l'angle d'un prisme identitaire, car le droit international évolue et que l'émergence d'un nouvel engagement civique se fait désormais écho dans les enceintes internationales, cherchant naïvement le retour d'un humanisme au siècle contemporain.

II. LA VOIX NOUVELLE DU CIVISME IDENTITAIRE DANS LA SOCIÉTÉ INTERNATIONALE CONTEMPORAINE

Dans un monde où les droits de l'homme sont de plus en plus tiraillés entre universalisme et particularisme, où les identités se fragmentent sous l'effet de la mondialisation tout en revendiquant leur reconnaissance, une nouvelle forme d'engagement citoyen émerge. Cette nouvelle forme d'engagement civique correspond à l'affirmation d'une appartenance collective dans l'espace public et juridique, non pas en opposition aux principes universels des droits humains, mais comme une modalité spécifique de leur mise en œuvre. Il ne s'agit ni d'un repli nationaliste, ni d'un communautarisme exclusif, mais d'une forme d'expression citoyenne qui se structure autour d'une identité, qu'elle soit culturelle, ethnique, linguistique ou sociale, dans le cadre du droit international et des mécanismes de gouvernance des droits fondamentaux. Cette conception, qui se distingue des notions classiques de citoyenneté nationale et de citoyenneté mondiale, renouvèle les cadres de la participation démocratique et de la revendication des droits. Elle s'inscrit dans un contexte où les institutions internationales peinent à concilier l'universalité des droits et la reconnaissance des spécificités locales, et où les acteurs non étatiques réclament une place plus visible dans la gouvernance globale des droits humains.

Section 1. Un nouvel engagement civique centré sur l'identité

Le civisme identitaire se présente comme une nouvelle forme d'engagement civique structurant la revendication des droits et l'influence normative à partir d'une identité spécifique, qu'elle soit culturelle, ethnique, religieuse, linguistique ou encore de genre. Contrairement à la conception classique de la citoyenneté, qui s'ancre dans l'appartenance à l'État-nation et l'exercice des droits politiques dans un cadre institutionnel national, le civisme identitaire opère dans un espace normatif plus fluide, où la distinction entre droit dur et droit souple s'amenuise et où les revendications identitaires trouvent une résonance transnationale. Cette dynamique se manifeste par une mobilisation qui transcende les structures étatiques et investit des arènes juridiques et politiques plurielles, des instances internationales aux juridictions transnationales, en passant par les mobilisations sociales et les dispositifs de gouvernance non contraignants.

À l'échelle internationale, le civisme identitaire infléchit la production normative par le biais de plaidoyers auprès d'organisations telles que l'ONU, la Cour pénale internationale ou encore la Cour européenne des droits de l'homme, contribuant ainsi à l'émergence de normes juridiques nouvelles consacrant des droits spécifiques. La reconnaissance des peuples autochtones ou des minorités sexuelles illustre la manière dont des mobilisations collectives ont réussi à façonner le droit international, notamment à travers des instruments non contraignants, comme les déclarations et pactes onusiens qui, bien qu'ayant une valeur juridique incertaine, exercent une influence indéniable sur les législations nationales.

À l'échelle régionale, cette forme de civisme transforme progressivement les mécanismes de gouvernance des organisations supranationales, lesquelles tendent à imposer des normes minimales en matière de protection des identités minoritaires. L'Union européenne, par exemple, a développé un cadre normatif où la reconnaissance des droits des groupes marginalisés constitue un critère essentiel de l'adhésion et du fonctionnement des institutions. Cette dynamique s'observe également en Afrique, où la Cour africaine des droits de l'homme et des peuples a progressivement intégré des standards internationaux en matière de protection des minorités ethniques et linguistiques. Dans ces configurations régionales, le civisme identitaire n'est pas seulement une revendication de droits mais devient un levier structurant de la gouvernance juridique, contraignant les États à adapter leurs normes internes aux évolutions transnationales.

Au niveau national, le civisme identitaire remet en cause la souveraineté normative des États en instaurant un dialogue juridique constant entre le droit interne et les principes issus des revendications transnationales. Il se manifeste par l'introduction de recours contentieux visant à modifier les cadres législatifs et constitutionnels, par une pression sur les législateurs pour une reconnaissance juridique des droits spécifiques et par une instrumentalisation stratégique du droit international pour contraindre les États à adopter de nouvelles normes. Ce phénomène est particulièrement visible dans les décisions des cours constitutionnelles et suprêmes qui, sous l'influence des mobilisations identitaires, adaptent leur jurisprudence en intégrant des principes issus du droit international et des conventions relatives aux droits de l'homme.

À l'échelle locale, les municipalités et les collectivités territoriales deviennent des espaces privilégiés où le civisme identitaire trouve une application concrète. Parfois, elles contournent même l'immobilisme des gouvernements centraux. L'apparition de « villes sanctuaires » ou l'adoption de politiques publiques ciblant les minorités démontrent comment l'échelon local peut servir de laboratoire d'innovation juridique et sociale, où les droits se développent en réponse aux identités réelles et diverses.

Vers une redéfinition pragmatique, inclusive et différenciée du droit international

D'un point de vue théorique, le civisme identitaire interroge les fondements du droit en ce qu'il remet en question la centralité de l'État dans la production normative et la garantie des droits. Il impose une relecture de la gouvernance juridique en la concevant non plus comme un processus purement institutionnel, mais comme un champ dynamique où interagissent acteurs publics et privés, normes contraignantes et *soft law*, juridictions nationales et tribunaux transnationaux. Il témoigne également d'un déplacement du centre de gravité du droit, qui ne se limite plus aux frontières étatiques mais s'inscrit dans un réseau complexe de sources normatives. Cette évolution pose un défi majeur aux États, confrontés à la nécessité d'articuler leurs propres cadres juridiques avec des exigences identitaires de plus en plus affirmées dans l'espace international.

D'un point de vue pratique, le civisme identitaire peut être défini comme un principe juridique et politique qui vise à articuler l'universalité des droits fondamentaux avec la reconnaissance des identités collectives dans un cadre normatif structuré et contraignant. Il repose sur l'idée que l'appartenance culturelle, historique ou communautaire d'un individu ne doit ni l'exclure du champ d'application des droits universels, ni être niée par une interprétation rigide de ces derniers. Contrairement à une approche strictement individualiste du droit, qui conçoit les normes comme applicables indépendamment des contextes sociaux, le civisme identitaire reconnaît que l'ancrage identitaire des individus influe sur leur rapport au droit et qu'il est nécessaire d'en tenir compte pour garantir une mise en œuvre effective et légitime des normes internationales.

L'application du civisme identitaire dans la gouvernance contemporaine s'illustre à travers des mobilisations juridiques récentes où des groupes identitaires façonnent le droit international en fonction de leurs réalités culturelles et historiques. En matière de droits autochtones, la décision de la Cour suprême du Canada dans l'affaire Mike Restoule a renforcé l'obligation de la Couronne d'honorer ses engagements financiers envers les Premières Nations, réaffirmant ainsi la reconnaissance des droits historiques à l'autodétermination et au développement économique des peuples autochtones[1]. Cette évolution trouve un écho en Amazonie, où la Cour interaméricaine des droits de l'homme a examiné en 2024 l'affaire Yanomami, concernant l'exploitation illégale de terres autochtones par des entreprises minières au Brésil, démontrant une instrumentalisation du droit international par les communautés indigènes pour protéger leur souveraineté territoriale[2].

Dans le domaine des libertés religieuses, la Cour de justice de l'Union européenne a rendu un arrêt en 2023 sur l'interdiction du hijab en entreprise[3], confirmant qu'une interdiction générale pouvait être légale sous certaines conditions, tout en soulignant que les employeurs devaient démontrer une nécessité proportionnée et non discriminatoire. Ce jugement illustre la tension entre un cadre universel de laïcité et la reconnaissance des identités religieuses, qui continuent d'être défendues devant d'autres instances comme le Comité des droits de l'homme de l'ONU[4].

Sur la question des droits linguistiques, le Tribunal constitutionnel espagnol a confirmé en 2023 l'obligation pour l'État de garantir un accès élargi à l'enseignement en catalan en Catalogne, illustrant ainsi comment les revendications identitaires s'imposent dans le cadre constitutionnel national[5]. Cette évolution s'inscrit dans un mouvement plus large de reconnaissance des identités culturelles, à l'image des réformes entreprises en 2024 par la Commission européenne visant à renforcer la protection des langues régionales au sein de l'Union européenne.

---

[1] Cour suprême du Canada. (2023). *Mike Restoule v. Canada*, SCC 28.
[2] Cour interaméricaine des droits de l'homme. (2024). *Pueblo Indígena Yanomami c. Brésil*. CIDH.
[3] Cour de justice de l'Union européenne. (2023). *LF c. SCRL*, C-344/20. CJUE.
[4] Récente condamnation de la France dans l'affaire *Yaker c. France* pour atteinte disproportionnée à la liberté religieuse. Organisation des Nations Unies. Comité des droits de l'homme. (2018). *Yaker c. France*, CCPR/C/123/D/2747/2016.
[5] Tribunal Constitucional. (2023). *STC 96/2023*. Tribunal constitutionnel espagnol.

Enfin, la mobilisation des diasporas africaines pour la reconnaissance des injustices coloniales connaît une montée en puissance dans les juridictions nationales et internationales. En 2023, des descendants d'esclaves ont déposé une plainte en France contre l'État et plusieurs entreprises pour complicité de crime contre l'humanité, invoquant les principes de responsabilité historique consacrés par l'ONU[6]. Parallèlement, la Belgique a restitué plusieurs œuvres d'art pillées à la République démocratique du Congo, une décision marquant une reconnaissance partielle des réparations historiques au niveau international[7]. Ces exemples démontrent que le civisme identitaire ne remet pas en cause les principes fondamentaux du droit international mais les redéfinit en fonction des identités collectives, influençant ainsi la gouvernance mondiale par une adaptation différenciée des normes universelles.

Le concept de civisme identitaire dans les autres branches du droit international

Cette nouvelle forme d'engagement civique trouve également à s'appliquer dans d'autres domaines que le droit international des droits de l'homme, où les tensions entre droits fondamentaux et spécificités identitaires exigent une régulation adaptée.

Dans le domaine du droit de l'éducation, par exemple, le civisme identitaire permettrait de concilier le principe d'égalité avec la nécessité de préserver les langues et traditions des minorités. Plutôt que d'imposer un modèle éducatif uniforme fondé sur une langue nationale unique, il impliquerait une obligation pour les États de garantir l'accès

---

[6] Organisation des Nations Unies. (2023). *Rapport sur les réparations et la justice transitionnelle pour les crimes historiques.* Conseil des droits de l'homme, A/HRC/54/32.
[7] Gouvernement belge. (2023). *Restitution des œuvres d'art à la République démocratique du Congo : Rapport officiel du ministère des Affaires étrangères.* Bruxelles, Belgique.

à un enseignement respectueux des identités collectives, sans pour autant sacrifier l'impératif de cohésion sociale. Une application concrète de ce modèle pourrait être observée dans la jurisprudence de la Cour suprême du Canada, qui, dans l'arrêt Mahe c. Alberta en 1990, a reconnu un droit spécifique aux minorités francophones en matière d'éducation, leur permettant de gérer leurs propres établissements scolaires afin de préserver leur langue et leur culture, tout en restant intégrées dans le cadre national.

Dans le droit du travail et de la non-discrimination, le civisme identitaire permettrait d'établir un équilibre entre les exigences du monde professionnel et les pratiques culturelles légitimes. Il ne s'agirait pas d'instaurer un droit à l'exemption généralisé, mais d'introduire un test de conciliation, obligeant les employeurs et les États à démontrer qu'une restriction à l'expression identitaire, à l'image d'une tenue vestimentaire ou de pratiques religieuses par exemple, soit strictement nécessaire et proportionnée[8].

Le civisme identitaire trouve également une application évidente en droit constitutionnel et en droit des minorités, où il permettrait de mieux encadrer les revendications d'autonomie culturelle et politique. Dans des États où coexistent plusieurs groupes culturels ou linguistiques, il offrirait un cadre normatif permettant de garantir à la fois l'unité nationale et la reconnaissance des identités locales, en définissant des critères précis pour accorder des statuts spécifiques ou des protections juridiques particulières. Cette approche a été mise en œuvre dans la loi fondamentale allemande, qui reconnaît explicitement des droits aux minorités danoises, frisonnes et sorabes, leur permettant de préserver leur culture et leur langue tout en restant pleinement

---

[8] Cette logique a déjà été esquissée par la Cour de justice de l'Union européenne (CJUE) dans les affaires Bougnaoui c. Micropole (2017) et Achbita c. G4S (2017), où elle a admis que les restrictions imposées aux signes religieux dans l'entreprise devaient être justifiées par un objectif légitime et une nécessité démontrée, sans pour autant autoriser un droit absolu à l'expression identitaire sur le lieu de travail

intégrées dans le cadre de l'État fédéral. Une application du civisme identitaire permettrait ainsi de renforcer la stabilité institutionnelle dans des États où les tensions identitaires sont source de contestation politique, en établissant des mécanismes de conciliation entre unité et diversité.

Enfin, en droit international humanitaire et en droit des réfugiés, le civisme identitaire offrirait un cadre permettant d'adapter les politiques d'accueil aux réalités culturelles des populations déplacées. Plutôt que d'imposer un modèle d'intégration uniforme fondé uniquement sur l'adhésion aux valeurs du pays d'accueil, il impliquerait une obligation pour les États d'assurer une transition respectueuse des identités culturelles des migrants, notamment par des dispositifs d'accompagnement linguistique et éducatif adaptés. Cette approche éviterait à la fois l'assimilation forcée et le communautarisme excluant, en garantissant une intégration progressive et équilibrée.

Que retenir du concept de « civisme identitaire » ?

La contestation de l'universalité des droits humains ne signifie pas la disparition du besoin de principes partagés ; elle traduit plutôt la nécessité d'un cadre plus souple, capable d'intégrer les spécificités culturelles sans renoncer aux fondements de la dignité humaine. Le civisme identitaire naît précisément de ce constat : une gouvernance juridique efficace ne peut se réduire à l'imposition d'un modèle abstrait, mais doit permettre aux communautés de s'approprier les normes de manière contextualisée. Cette approche repose sur un engagement renouvelé du citoyen, non plus comme simple sujet de droits, mais comme acteur d'un équilibre entre appartenance culturelle et respect des principes fondamentaux. Toutefois, pour éviter que cette démarche ne bascule dans un relativisme déstructurant, elle doit s'appuyer sur un cadre juridique précis qui en assure la cohérence et l'application.

Section 2. Une nouvelle voix venant du bas : l'éveil de mouvements identitaires transnationaux

Loin d'être de simples manifestations éphémères, les mouvements sociaux transnationaux s'imposent aujourd'hui comme des acteurs structurants de la gouvernance des droits de l'homme, recomposant les équilibres du droit international et contestant l'exclusivité des États dans l'élaboration des normes et des politiques publiques. Si la souveraineté nationale demeure le fondement des relations internationales, elle ne constitue plus un rempart infranchissable face à la montée en puissance de ces mobilisations civiques, culturelles, politiques et religieuses, dont l'influence s'étend désormais jusqu'aux instances supranationales.

L'exemple des mouvements environnementaux est particulièrement révélateur de cette dynamique. Fridays for Future, né en 2018 sous l'impulsion de Greta Thunberg, illustre la capacité d'un mouvement spontané à influencer non seulement l'agenda politique des États, mais aussi celui des organisations internationales. En multipliant les actions de désobéissance civile et en mobilisant les jeunes générations, cette initiative a contribué à renforcer la pression sur les gouvernements pour accélérer la transition écologique et à inscrire le dérèglement climatique comme une priorité absolue des institutions supranationales. En 2023, la CEDH a été saisie pour la première fois par un groupe de jeunes militants portugais qui reprochaient aux États européens leur inaction climatique[9]. Ce précédent, s'il aboutit à une condamnation des États fautifs, ouvrirait une brèche inédite dans la hiérarchie des normes, consacrant l'influence directe des mobilisations populaires sur le droit international public.

---

[9] Carazo, J. (2023). *Climate Justice and Human Rights: The European Court's New Frontier.* Routledge.

Les luttes pour les droits civiques et la justice raciale ont suivi une trajectoire similaire. Le mouvement Black Lives Matter, né aux États-Unis après la mort de Trayvon Martin en 2013, s'est rapidement étendu au-delà des frontières américaines, imposant un débat global sur le racisme structurel et les violences policières[10]. Cette internationalisation a conduit le Haut-Commissariat des Nations unies aux droits de l'homme à publier en 2021 un rapport accablant sur les violences racistes systémiques et la responsabilité des États dans ces abus[11]. Dans un registre similaire, les mobilisations en faveur des peuples autochtones ont conduit à la reconnaissance du principe du consentement libre, préalable et éclairé par la Déclaration des Nations unies sur les droits des peuples autochtones de 2007, aujourd'hui invoquée devant de nombreuses juridictions nationales et internationales pour protéger les territoires indigènes contre l'exploitation industrielle[12].

L'influence des mobilisations civiques ne se limite pas aux questions climatiques et raciales : elle s'étend aussi au domaine des droits politiques et sociaux. Le Printemps arabe de 2011 constitue un jalon fondamental dans la démonstration de la capacité des mouvements citoyens à bouleverser l'ordre juridique et politique. Ce cycle de contestations, parti de Tunisie avant de s'étendre à l'ensemble du monde arabe, a non seulement conduit à la chute de plusieurs régimes autoritaires, mais a aussi influencé les débats sur la démocratie et les droits fondamentaux au sein des instances internationales. En 2022, la Commission européenne a durci ses exigences en matière de conditionnalité démocratique pour l'octroi de financements aux régimes

---

[10] Bhabha, J. (2022). *Human Rights in a Post-Racial Age: Rethinking the Global Framework.* Princeton University Press.
[11] Bhabha, J. (2022). *Migration, Rights, and Justice in a Global Age.* Princeton University Press.
[12] Anaya, J. (2019). *Indigenous Peoples in International Law.* Oxford University Press.

autoritaires du voisinage méditerranéen, une évolution directement issue des enseignements tirés de ces révoltes populaires[13].

Les mobilisations d'ordre religieux constituent un autre levier d'influence sur le droit international. Depuis plusieurs décennies, les groupes religieux jouent un rôle central dans la promotion des normes de droits de l'homme, mais aussi dans leur contestation. Le Saint-Siège, par exemple, demeure un acteur diplomatique clé au sein des Nations unies, où il intervient activement sur des questions bioéthiques et sociales. L'influence du Vatican dans les débats relatifs à l'avortement et aux droits reproductifs en témoigne : lors des conférences de l'ONU sur la population et le développement, il a pesé de tout son poids pour limiter la reconnaissance internationale du droit à l'IVG [14]. À l'inverse, certaines organisations religieuses, comme Sant'Egidio, ont joué un rôle fondamental dans la médiation de conflits armés et la protection des minorités persécutées, notamment en Afrique subsaharienne[15].

Sur ce point, l'essor des réseaux sociaux et des mouvements politiques transnationaux constitue une reconfiguration avant-gardiste du pouvoir normatif au-delà de l'Etat. Cette mutation fondamentale a une influence directe sur la gouvernance contemporaine des droits de l'homme et la réception de l'identité culturelle à travers le prisme du numérique. Alors que les États ont longtemps été les seuls architectes des normes internationales, les plateformes numériques, les mobilisations féministes et LGBT+, ainsi que les dynamiques nationalistes et populistes redéfinissent aujourd'hui les rapports de force à l'échelle mondiale. Ces nouvelles formes d'influence transforment les canaux

---

[13] Bellin, E. (2023). *Political Reform and the Arab Uprisings: The Role of Transnational Activism*. Cambridge University Press.
[14] Peters, A. (2021). *The Holy See and Global Ethics: The Vatican's Influence in International Law*. Oxford University Press.
[15] Haynes, J. (2020). *Religious Actors in Global Politics: The Role of Faith-Based Organizations*. Palgrave Macmillan.

traditionnels de production normative, imposant un cadre hybride où la pression populaire, les algorithmes et les idéologies émergentes coexistent avec les institutions classiques du droit international.

Les réseaux sociaux se sont imposés comme des acteurs structurants de la scène internationale, permettant la diffusion immédiate d'informations, la mise en réseau d'activistes et la mobilisation de l'opinion publique à une échelle inédite[16]. Cette transformation a bouleversé la dynamique des mouvements sociaux, offrant une capacité d'action sans précédent aux individus et collectifs qui contestent l'ordre établi. L'impact des réseaux sociaux sur la gouvernance des droits humains s'illustre par leur rôle dans l'amplification des mobilisations transnationales. Ce qui a poussé, en 2023, l'ONU à inscrire la lutte contre la cyberviolence sexiste dans son programme prioritaire, sous l'impulsion de campagnes digitales dénonçant le harcèlement en ligne.

Les réseaux sociaux ont également permis d'imposer des questions autrefois marginalisées sur l'agenda des institutions internationales, à l'image du mouvement Black Lives Matter, par sa viralité, a contraint le Conseil des droits de l'homme de l'ONU à ouvrir une enquête sur les violences policières aux États-Unis en 2020, une initiative inédite contre une démocratie occidentale. Cependant, cette transformation pose une question essentielle : les réseaux sociaux permettent-ils une véritable démocratisation des débats juridiques et politiques, ou ne sont-ils qu'un nouvel instrument d'ingérence et de manipulation ? La guerre de l'information menée par divers États, les campagnes de désinformation et l'utilisation des plateformes numériques à des fins stratégiques montrent que cette nouvelle ère numérique est un espace de

---

[16] Tufekci, Z. (2017). *Twitter and Tear Gas: The Power and Fragility of Networked Protest*. Yale University Press.

pouvoir en mutation, où la légitimité des normes et des discours juridiques est en permanence disputée[17].

Les mouvements progressistes et les libertés fondamentales

Une autre dynamique émerge avec une force nouvelle : celle des mouvements progressistes, qui s'inscrivent dans une revendication radicale et systémique de l'universalité des droits. Cette confrontation entre l'universalisme des droits et la souveraineté identitaire dessine aujourd'hui un paysage politique et social profondément polarisé, où la question des libertés fondamentales devient le terrain d'un affrontement idéologique d'une intensité inédite. Si l'universalisme a longtemps été un principe défendu par les États et les institutions supranationales, il est désormais porté par des sociétés civiles qui contestent les restrictions normatives et exigent une extension continue des droits individuels. Dans un mouvement global, des collectifs transnationaux, des militants et des intellectuels œuvrent pour une redéfinition du droit autour des nouveaux impératifs de justice sociale, d'égalité des genres et de reconnaissance des minorités.

Si les droits des femmes et des minorités sexuelles ont longtemps été relégués aux marges des grands débats juridiques internationaux, les mobilisations féministes et LGBT+ ont progressivement imposé leurs revendications comme des enjeux centraux des politiques internationales[18]. Cette dynamique a conduit à une institutionnalisation progressive des normes de protection, mais aussi à une polarisation politique croissante, notamment face aux résistances de certains régimes conservateurs. Ces luttes traduisent une aspiration profonde à une plus grande autonomie individuelle et s'attaquent aux structures

---

[17] Benkler, Y., Faris, R., & Roberts, H. (2018). *Network Propaganda: Manipulation, Disinformation, and Radicalization in American Politics.* Oxford University Press.
[18] Butler, J. (2020). *The Force of Nonviolence: An Ethico-Political Bind.* Verso Books.

de domination encore inscrites dans les législations et les mentalités. Elles suscitent en retour des résistances féroces de la part des gouvernements, des institutions religieuses et de certaines catégories de la population, qui les perçoivent comme une menace contre l'ordre social, moral et identitaire.

Le féminisme global et la revendication d'une égalité réelle

Depuis les années 2010, le féminisme connaît une expansion fulgurante, porté par des campagnes de dénonciation inédites, une accélération des législations et une transformation des normes sociales. Ce qui était auparavant une revendication d'égalité devant la loi devient une contestation profonde des structures patriarcales, intégrant la question du pouvoir, des violences systémiques et des rapports de domination intégrés dans les institutions et la culture.

Le tournant décisif a lieu en 2017 avec l'irruption du mouvement #MeToo, qui marque une rupture historique dans la dénonciation des violences sexuelles et sexistes. Ce qui commence comme un scandale hollywoodien impliquant le producteur Harvey Weinstein devient un soulèvement mondial contre l'impunité des violences de genre, s'attaquant aux hiérarchies de pouvoir qui les rendent possibles. En quelques mois, #MeToo se répand à travers le monde, entraînant une vague de témoignages et de mobilisations. En France, sous le hashtag *#BalanceTonPorc*, des milliers de femmes dénoncent des abus au sein des entreprises, des administrations et des milieux politiques. En Inde, le mouvement révèle l'ampleur du harcèlement sexuel dans les industries du cinéma et de la technologie, provoquant des changements dans la réglementation du travail. Au Brésil, il s'inscrit dans une lutte plus large contre les violences faites aux femmes, alors que le pays affiche l'un des taux les plus élevés de féminicides au monde. En Chine, malgré la censure du gouvernement, des militantes utilisent les réseaux sociaux pour briser le silence sur les agressions sexuelles dans les universités et le monde du travail.

Cette vague de contestation se traduit par des avancées législatives majeures[19]. L'Espagne adopte en 2022 la loi dite *« seul un oui est un oui »*, qui inscrit le consentement explicite dans le Code pénal et renforce les sanctions contre les agressions sexuelles. La France criminalise en 2018 le harcèlement de rue et allonge à trente ans le délai de prescription pour les violences sexuelles sur mineurs. L'Inde, en réponse à une série de scandales, durcit en 2013 sa législation sur les violences sexuelles, élargissant la définition du viol et imposant des peines plus lourdes.

Mais ces avancées suscitent une résistance immédiate. Dans plusieurs États, l'égalité des sexes est perçue comme une menace contre l'ordre social et moral, et les gouvernements conservateurs s'efforcent de contenir ou d'inverser ces évolutions. L'Afghanistan des talibans, après leur retour au pouvoir en 2021, réinstaure la ségrégation des femmes dans l'espace public, leur interdisant l'éducation et l'accès au travail. En Pologne, le gouvernement ultraconservateur du PiS tente de démanteler les droits reproductifs en imposant l'une des législations anti-avortement les plus restrictives d'Europe, provoquant une vague de protestations massives en 2020 et 2021. Aux États-Unis, l'arrêt *Dobbs v. Jackson Women's Health Organization* en 2022 met fin à la garantie fédérale du droit à l'avortement, déclenchant une mobilisation féministe sans précédent, qui traverse les clivages partisans et ravive un affrontement idéologique majeur sur le rôle de l'État dans la régulation du corps des femmes. En un sens, et de manière paradoxale, plus les droits des femmes progressent dans certains pays, plus ils sont attaqués ailleurs, souvent sous couvert de la défense des valeurs culturelles ou religieuses locales. Le féminisme n'est plus seulement un mouvement

---

[19] Calhoun, C. (2023). *The Future of Feminist Law: From #MeToo to Legal Reform*. Harvard University Press.

social, il est devenu une ligne de fracture civilisationnelle entre des conceptions divergentes du rôle de la femme et du rapport entre individu et communauté.

La question se pose alors dans des termes plus larges : le droit peut-il être neutre et universel, ou est-il inévitablement l'expression d'un contexte social et politique qui conditionne son interprétation et son application ? À travers les luttes féministes, c'est une tension fondamentale du droit moderne qui apparaît, entre un modèle qui fait de l'individu un sujet souverain de ses choix et un autre qui l'inscrit dans des cadres normatifs fondés sur l'histoire, la culture ou la tradition.

Dans cette confrontation, les féministes progressistes s'appuient sur les institutions internationales et les principes de droits humains pour ancrer leurs revendications dans un cadre global. Mais les forces conservatrices répliquent en mobilisant les souverainetés nationales et les arguments religieux ou identitaires pour légitimer leurs restrictions. L'universalisme des droits est alors pris dans un étau, tiraillé entre l'affirmation de valeurs communes et la résistance de systèmes normatifs qui revendiquent leur autonomie. L'avenir de ces luttes se joue ainsi sur plusieurs fronts : la législation, qui reste le principal levier pour imposer des changements durables ; la transformation des normes sociales, qui détermine l'acceptabilité des évolutions juridiques ; et enfin, l'affrontement politique, qui oppose des visions radicalement opposées de la place des libertés individuelles dans l'édifice juridique et moral des sociétés contemporaines. Loin d'être apaisé, ce combat s'inscrit dans une dynamique historique longue, où chaque avancée est immédiatement contestée, chaque victoire partielle, et chaque droit acquis susceptible d'être remis en cause.

Si le féminisme est un combat séculaire, il s'est transformé au cours des dernières décennies en une revendication globale, portée par des mouvements transnationaux qui ne se contentent plus d'exiger l'égalité en droit, mais s'attaquent aux structures profondes des inégalités de genre. Loin d'être un bloc homogène, ces luttes prennent des formes diverses selon les contextes culturels, politiques et économiques, mais elles convergent vers une même ambition : inscrire les droits des femmes dans des cadres juridiques contraignants, qui ne puissent être facilement remis en cause par les fluctuations politiques ou les résistances sociales.

L'évolution du droit international en matière de protection des femmes témoigne de cette volonté d'ancrer l'égalité des sexes dans des principes universels. Si la Déclaration universelle des droits de l'homme de 1948 a posé un premier jalon en affirmant que « tous les êtres humains naissent libres et égaux en dignité et en droits », il faudra attendre la deuxième moitié du XXe siècle pour que la question du genre soit pleinement prise en compte dans les instruments juridiques internationaux. La Convention sur l'élimination de toutes les formes de discrimination à l'égard des femmes (CEDEF), adoptée par l'Assemblée générale des Nations unies en 1979 et entrée en vigueur en 1981, marque une avancée décisive. Elle constitue le principal traité international contraignant en matière de droits des femmes, engageant les États signataires à garantir l'égalité entre les sexes dans tous les domaines – politique, économique, social, culturel et familial. Contrairement aux déclarations de principes non contraignantes, la CEDEF impose aux États des obligations concrètes, notamment l'adoption de législations spécifiques pour lutter contre les discriminations et la mise en place de mécanismes de surveillance pour en évaluer l'application.

Toutefois, malgré son adoption par 189 États, cette convention fait l'objet de nombreuses réserves, notamment de la part de pays qui invoquent des motifs religieux ou culturels pour justifier des exemptions, en particulier sur les questions de droit familial, de mariage ou de succession. L'Arabie saoudite, par exemple, a ratifié la CEDEF en 2000, mais en émettant des réserves générales affirmant que l'application de la convention ne saurait contredire la *Shari'a* islamique. D'autres pays comme l'Iran ou le Soudan n'ont jamais signé le traité, considérant que ses dispositions contreviennent aux principes du droit islamique. Cette tension entre universalité des droits et résistances culturelles ou religieuses se retrouve dans les débats contemporains sur l'avortement, les violences de genre ou l'accès des femmes à certaines professions. Si des organisations comme ONU Femmes et le Comité CEDEF veillent à surveiller l'application de la convention, leur pouvoir reste limité face aux souverainetés nationales. La montée des régimes illibéraux ces dernières années, de la Hongrie de Viktor Orbán à la Pologne du PiS, a montré que les acquis féministes, même lorsqu'ils sont protégés par des textes internationaux, peuvent être remis en cause lorsque les rapports de force politiques évoluent.Dans ce contexte, les mouvements féministes contemporains jouent un rôle crucial pour maintenir la pression et forcer les États à respecter leurs engagements. Des collectifs comme Ni Una Menos en Amérique latine, le Mouvement des Femmes Kurdes, le Women's March aux États-Unis, ou encore les activistes féministes iraniennes s'illustrent par leurs actions de terrain, combinant mobilisation populaire et recours aux instances juridiques internationales pour faire avancer les droits des femmes.

L'Amérique latine est sans doute l'une des régions où ces mobilisations ont été les plus efficaces ces dernières années. Depuis les années 2010, Ni Una Menos, mouvement né en Argentine en réaction aux féminicides, s'est imposé comme une force majeure de transformation du droit[20]. Grâce à la pression exercée par les militantes, l'Argentine a légalisé l'avortement en 2020, suivie par la Colombie en 2022 et le Mexique en 2023. Ces victoires ont été obtenues malgré une forte opposition des secteurs conservateurs et de l'Église catholique, prouvant que les mobilisations féministes, lorsqu'elles sont bien organisées, peuvent influer directement sur l'élaboration du droit.

D'autres mouvements féministes se battent dans des contextes beaucoup plus répressifs. En Iran, où le port du voile est obligatoire depuis la Révolution islamique de 1979, les militantes des droits des femmes ont mené des campagnes de désobéissance civile

---

[20] Pisanó, I. (2021). *Feminicide and Gender-Based Violence in Latin America: A Legal Perspective.* Springer.

particulièrement courageuses. Dès 2017, la campagne *Les Filles de la rue de la Révolution*, initiée par l'activiste Masih Alinejad, incite les femmes à retirer leur voile en public en signe de protestation. Ces actes de résistance individuelle, bien que sévèrement réprimés par le régime, ont préparé le terrain au soulèvement de 2022, où les Iraniennes ont été en première ligne des manifestations déclenchées par la mort de Mahsa Amini. La répression qui s'en est suivie a été d'une violence extrême, avec des milliers d'arrestations et plusieurs exécutions, mais elle a aussi renforcé la détermination des militantes, qui continuent à dénoncer la législation discriminatoire en s'appuyant sur les conventions internationales ratifiées par l'Iran, notamment le Pacte international relatif aux droits civils et politiques.

Les mobilisations féministes ne se limitent pas aux pays du Sud. En Europe et aux États-Unis, elles prennent une forme plus institutionnelle, combinant activisme social et recours aux tribunaux pour faire évoluer le droit. Aux États-Unis, le Women's March, initié en 2017 en réaction à l'élection de Donald Trump, a rassemblé des millions de personnes pour défendre le droit à l'avortement et l'égalité salariale. Cette mobilisation a pris une nouvelle ampleur en 2022, après la décision de la Cour suprême de révoquer l'arrêt *Roe v. Wade*, qui garantissait le droit fédéral à l'avortement depuis 1973. Face à cette régression, plusieurs États américains, comme la Californie ou New York, ont renforcé leur propre législation pour protéger ce droit, illustrant comment les luttes féministes influencent directement les décisions politiques et juridiques.

L'avenir des droits des femmes dépendra de la capacité des mouvements féministes à conjuguer mobilisation sociale et ancrage institutionnel. C'est peut-être là la nature même du droit et de l'histoire des libertés : un équilibre toujours instable entre le progrès et la résistance, entre l'affirmation de principes universels et les tensions qu'ils suscitent lorsqu'ils se heurtent aux structures du pouvoir et aux héritages du passé.

Mouvements LGBTQ+ : une identité en marge d'une protection internationale consensuelle

Si la légalisation du mariage homosexuel semblait, dans les années 2010, marquer l'avancée d'un consensus progressiste dans de nombreuses démocraties, la décennie suivante montre au contraire une polarisation extrême des débats sur les identités de genre et l'orientation sexuelle. La question LGBTQ+ est désormais un terrain d'affrontement global entre, d'un côté, ceux qui défendent l'extension universelle des droits et, de l'autre, ceux qui revendiquent une différenciation culturelle et morale du droit, au nom d'une conception traditionnelle des rapports sociaux et de la famille. La fracture est d'autant plus marquée que les avancées législatives des années 2010 ont suscité une réaction violente dans certains pays, où la reconnaissance des droits LGBTQ+ est perçue comme un abandon des fondements civilisationnels nationaux. Les droits des minorités sexuelles ne sont plus seulement un enjeu de politique intérieure, ils sont devenus un étendard idéologique mondial, où chaque avancée d'un côté semble entraîner un durcissement de l'autre.

L'un des faits marquants des années 2020 est l'institutionnalisation des droits LGBTQ+ dans certains pays où le débat semblait encore bloqué. Alors que le mariage pour tous était encore, au début des années 2010, un sujet de crispation en Occident, il a progressivement été adopté dans des nations plus conservatrices sur le plan culturel. Le Chili, longtemps marqué par l'influence du catholicisme, légalise le mariage homosexuel en 2021 après des années de lutte des associations LGBTQ+. En Suisse, où le mariage restait une institution fortement encadrée par des normes juridiques traditionnelles, un référendum approuve massivement cette réforme en 2021. Au Népal, l'instauration d'un troisième genre légal dans les documents officiels dès 2007 trouve un prolongement en 2023, lorsque la Cour suprême impose la reconnaissance du mariage entre personnes de même sexe, faisant du pays un pionnier des droits LGBTQ+ en Asie du Sud. Dans une perspective similaire, la Cour interaméricaine des droits de l'homme a rendu en 2023 un arrêt imposant à tous les États membres de l'OEA de reconnaître le mariage homosexuel, sous peine de sanctions[21]. Cette décision s'inscrit dans une tendance où la pression des mouvements transnationaux (ILGA, OutRight Action International) pousse les juridictions régionales et nationales à élargir la protection des minorités sexuelles.

L'Amérique du Nord et l'Europe occidentale, quant à eux, continuent de renforcer les protections des minorités sexuelles : au Canada et en France, les thérapies de conversion sont interdites respectivement en 2021 et 2022, criminalisant les pratiques visant à « guérir l'homosexualité ». Les législations anti-discriminations s'étoffent et incluent de nouvelles catégories, notamment les identités non binaires et transgenres. Mais ces progrès législatifs ne se traduisent pas nécessairement par une pacification du débat. Dans de nombreux pays, le backlash conservateur est immédiat et féroce, dénonçant une idéologie qui serait imposée d'en haut, sans consultation des populations.

En parallèle de ces avancées, plusieurs gouvernements ont décidé de verrouiller, voire de restreindre sévèrement, les droits des personnes LGBTQ+, rejetant explicitement l'idée que les évolutions sociétales occidentales doivent être un modèle universel. La Russie incarne l'un des exemples les plus frappants de cette volonté de contrer ce qui est perçu comme un agenda progressiste occidental. En 2013, le pays adopte une loi interdisant la « propagande homosexuelle » auprès des mineurs, affirmant vouloir protéger la jeunesse contre une « influence étrangère ». Cette loi est renforcée en 2022, interdisant toute mention positive de l'homosexualité dans les médias, les films, les livres et les écoles. Cette offensive législative ne se limite pas à la Russie. En 2021, la Hongrie

---

[21] Inter-American Court of Human Rights (2023). *Advisory Opinion on Same-Sex Marriage and Non-Discrimination*.

adopte une loi similaire, interdisant l'évocation des questions LGBTQ+ dans les programmes scolaires et les contenus médiatiques accessibles aux jeunes. Viktor Orbán présente cette mesure comme une défense des valeurs chrétiennes européennes contre l'idéologie libérale-libertaire imposée par Bruxelles[22].

D'autres nations suivent cette trajectoire. La Pologne, dirigée par le parti Droit et Justice (PiS), multiplie les « zones sans idéologie LGBT », où les autorités locales affichent ouvertement leur refus de reconnaître les revendications des minorités sexuelles. En Ouganda, une loi adoptée en 2023 va encore plus loin, criminalisant purement et simplement l'homosexualité sous peine de mort dans certains cas. Le discours justifiant ces politiques repose sur un argument fondamental : la souveraineté culturelle[23]. Selon ces gouvernements, les droits LGBTQ+ ne sont pas des droits universels, mais une construction spécifique à la modernité occidentale, incompatible avec les traditions nationales et religieuses. L'idée sous-jacente est que chaque société doit être libre de définir ses propres normes morales et juridiques, sans subir l'influence des institutions internationales ou des ONG progressistes. Ainsi, le rejet des droits LGBTQ+ devient un symbole de résistance au modèle occidental, dans un contexte plus large de défiance envers l'universalisme. Cette dynamique se retrouve aussi dans des pays asiatiques et du Moyen-Orient, où la tolérance à l'égard des minorités sexuelles est souvent perçue comme un facteur de déstabilisation sociale et politique.

La Chine adopte une posture plus subtile mais non moins conservatrice. Le gouvernement ne s'attaque pas frontalement aux droits LGBTQ+, mais il verrouille toute visibilité du sujet. En 2021, Pékin interdit la « féminisation » des hommes dans les médias et les plateformes numériques, une mesure qui vise notamment les célébrités jugées trop

---

[22] Stanley, B. (2022). *The Far Right in Eastern Europe: Nationalism, Populism, and Anti-Liberalism*. Routledge.
[23] Kuhar, R., & Paternotte, D. (2018). *Anti-Gender Campaigns in Europe: Mobilizing against Equality*. Rowman & Littlefield.

androgynes. Cette décision reflète une volonté de rétablir des normes traditionnelles de masculinité et d'éliminer toute influence perçue comme décadente. Le Moyen-Orient, quant à lui, reste une région extrêmement hostile aux minorités sexuelles. Dans plusieurs pays du Golfe, l'homosexualité reste passible de la peine de mort. En Arabie saoudite, les autorités répriment sévèrement toute expression publique d'une identité LGBTQ+, considérant ces revendications comme une menace pour l'ordre moral et religieux de la société. Toutefois, certaines évolutions subtiles apparaissent. En Israël, des avancées ont eu lieu sur le mariage et l'adoption, bien que les débats restent tendus. Au Liban, où l'homosexualité est toujours criminalisée, la pression des associations locales commence à influer sur le débat public.

De sorte, le combat pour les droits LGBTQ+ est devenu un symbole des fractures idéologiques contemporaines. D'un côté, des États et des sociétés qui considèrent l'identité sexuelle comme une affaire strictement individuelle, justifiant une reconnaissance et une protection universelle des minorités. De l'autre, des régimes qui estiment que les normes de genre et de sexualité doivent être définies par des traditions culturelles, religieuses et morales propres à chaque nation. Cette divergence se retrouve dans les instances internationales, où les débats sur les résolutions pro-LGBTQ+ deviennent de véritables champs de bataille diplomatiques. Lors des votes à l'ONU, l'Union européenne et les États-Unis soutiennent massivement les mesures en faveur des minorités sexuelles, tandis que la Russie, la Chine, plusieurs pays africains et arabes s'y opposent systématiquement.

Ainsi, les droits LGBTQ+ ne sont plus une simple question sociétale, mais un enjeu de politique mondiale, révélateur des tensions entre universalisme et différenciation culturelle. Peut-on imaginer un compromis entre ces deux visions du droit et de la société ? Ou bien sommes-nous condamnés à une fragmentation normative, où chaque région du monde impose sa propre lecture des droits fondamentaux ?

Soulèvements contre l'autoritarisme et la restriction des libertés : vers une transformation du cadre normatif mondial ?

L'opposition entre universalisme et souveraineté identitaire ne se limite pas aux débats sur le genre ou l'égalité. Elle structure également les grands soulèvements politiques des dernières années, révélant un conflit profond entre des régimes qui revendiquent un droit souverain à définir les normes sociales et politiques et des mouvements citoyens qui réclament un retour aux principes fondamentaux des droits humains.

Depuis 2019, plusieurs contestations majeures ont ébranlé l'ordre établi : des manifestations en Iran et en Chine aux mobilisations aux États-Unis, une constante se dégage. Loin de n'être que des soulèvements conjoncturels, ces révoltes traduisent une tension croissante entre des régimes cherchant à restreindre les libertés au nom d'une vision nationale ou culturelle spécifique et des citoyens revendiquant une appartenance à une communauté mondiale des droits fondamentaux. Ce conflit met en lumière une question essentielle : l'universalisme peut-il encore se maintenir face à la montée des souverainetés identitaires ou assiste-t-on à une nouvelle phase de son évolution ?

Du côté de l'Iran, on observe une révolte contre la normalisation juridique d'un ordre théocratique. Lorsque Mahsa Amini est morte le 16 septembre 2022, après son arrestation par la police des mœurs pour un voile prétendument mal porté, l'Iran a basculé dans une révolte qui a rapidement dépassé la question du port du hijab. Ce soulèvement, porté en premier lieu par des femmes, s'est transformé en une contestation globale de la République islamique, mettant en cause son fondement même : la prétention à fonder le droit sur une norme religieuse exclusive. Ce qui se joue en Iran est à la fois une lutte nationale et une revendication universaliste. Nationalement, le mouvement défie un système où l'identité citoyenne est subordonnée à un cadre théocratique. Les slogans « *Femme, Vie, Liberté* » et « *Mort au dictateur* » témoignent d'un rejet absolu de l'État clérical, perçu non plus seulement comme autoritaire, mais comme un régime illégitime. Mais cette contestation s'inscrit également dans un mouvement plus vaste : celui du refus d'une définition essentialiste de la citoyenneté. Le rejet du voile obligatoire ne signifie pas seulement un rejet de l'islam politique, mais une affirmation du droit des individus à s'affranchir de tout cadre normatif imposé par l'État au nom d'une identité collective. L'Iran illustre ici un choc frontal entre souveraineté normative et universalité des libertés. Le régime revendique le droit de définir ses propres normes sociales et juridiques en fonction de son héritage religieux et culturel, s'opposant aux principes des droits de l'homme perçus comme une ingérence occidentale. À l'inverse, les manifestants ne demandent pas simplement une réforme interne, mais inscrivent leur combat dans une logique plus large, celle de l'autodétermination individuelle.

Du côté de la Chine, on retrouve plutôt la contestation de l'autoritarisme sous le prisme de la gouvernance technocratique. Loin du contexte iranien, la Chine offre un autre exemple de soulèvement contre un modèle politique revendiquant la primauté de la souveraineté sur les libertés individuelles, notamment à travers les manifestations de novembre 2022 contre la politique du « zéro Covid ». Il s'agit d'une première depuis le massacre de Tiananmen en 1989. Des milliers de citoyens ont osé défier l'appareil d'État chinois, dénonçant à la fois la gestion autoritaire de la pandémie et l'absence totale de libertés publiques. À première vue, cette révolte pouvait sembler strictement conjoncturelle. Les confinements abusifs, les camps de quarantaine forcés et la surveillance omniprésente ont exaspéré une population épuisée par trois ans de restrictions drastiques. Mais au-delà de la politique sanitaire, ce soulèvement révèle une contestation plus profonde : celle d'un État qui subordonne les libertés fondamentales à une logique de contrôle social et de stabilité politique. Contrairement aux démocraties libérales où les restrictions étaient justifiées par l'urgence sanitaire mais soumises à des débats publics, la Chine a imposé un ordre quasi militaire, mettant en lumière une conception alternative du droit et du rapport entre l'individu et l'État. Le droit chinois, fortement influencé par la tradition confucéenne et par le marxisme-léninisme, ne place pas l'individu au centre de l'ordre juridique, mais privilégie une vision holistique où la stabilité et l'harmonie collective priment sur les droits subjectifs. Les manifestations de 2022 ont révélé la fragilité de ce modèle. Le fait que des citoyens brandissent des feuilles blanches en guise de protestation muette, que des slogans tels que « *Xi Jinping, démission* ! » soient scandés en pleine rue, montre qu'il existe une aspiration universelle aux libertés, même dans un pays où l'ordre autoritaire semble solidement ancré. Cet épisode remet ainsi en question l'idée selon laquelle la population chinoise adhérerait pleinement au modèle du Parti communiste, réaffirmant que la contestation politique transcende les cadres culturels et les justifications souverainistes.

Du côté des États-Unis, de manière plus nuancée toutefois, on retrouve davantage une restriction des libertés par un affrontement idéologique exacerbé entre démocrates et républicains. Si l'autoritarisme est souvent perçu comme la principale menace contre les libertés fondamentales, l'exemple des États-Unis montre que celles-ci peuvent aussi être remises en cause dans un cadre démocratique. La décision de la Cour suprême en juin 2022, annulant l'arrêt *Roe v. Wade*, a marqué un tournant dans la redéfinition du droit à partir de références identitaires et religieuses, illustrant comment une société démocratique peut elle aussi produire des restrictions normatives sous l'effet de pressions culturelles et idéologiques. Le cas américain est particulièrement intéressant, car il ne repose pas sur une logique de contrôle autoritaire, mais sur une polarisation extrême entre progressisme et conservatisme. La remise en cause du droit à l'avortement, la prolifération des lois interdisant l'enseignement des questions raciales et de genre dans plusieurs États, témoignent d'un retour à une conception souverainiste de la norme, où chaque État fédéré peut imposer ses propres valeurs. Ce phénomène met en évidence une dynamique paradoxale : alors que les États-Unis ont historiquement été les principaux promoteurs d'universalité des droits, ils se retrouvent aujourd'hui à expérimenter une fragmentation normative, où les libertés fondamentales ne sont plus garanties de manière homogène sur tout le territoire. L'enjeu ici est moins la restriction des libertés par un État centralisé que la contestation même de l'idée qu'un socle universel de droits fondamentaux puisse s'imposer au-delà des particularismes culturels et religieux. Ce débat illustre une crise interne de l'universalisme, confronté à une montée en puissance des revendications identitaires au sein même des démocraties libérales.

Ces soulèvements révèlent une fracture fondamentale entre deux conceptions du droit et de la citoyenneté. D'un côté, des régimes et des mouvements politiques qui invoquent la souveraineté culturelle et l'identité nationale pour justifier des restrictions normatives. De l'autre, des mobilisations qui revendiquent une appartenance universelle aux principes de liberté et d'autodétermination. L'universalisme est-il condamné à se fragmenter sous la pression des nationalismes et des particularismes culturels ? Ou bien assiste-t-on à une nouvelle phase de son évolution, où les résistances actuelles ne seraient que les symptômes d'un processus inévitable d'extension des libertés à l'échelle planétaire ? L'histoire récente ne fournit pas de réponse définitive, mais elle témoigne d'une lutte où l'enjeu réside dans la définition même de ce que signifie la condition humaine au XXIe siècle.

Mouvements populistes et nationalistes : quelles conséquences sur l'effectivité des libertés fondamentales ?

Si les mobilisations progressistes ont profondément influencé la gouvernance des droits humains, l'essor des mouvements populistes et nationalistes vient complexifier cette dynamique. Loin d'être un simple phénomène réactionnaire, cette vague politique traduit une contestation de l'ordre juridique international, souvent perçu comme une ingérence étrangère contraire aux souverainetés nationales.

L'élection de Donald Trump en 2016 et sa réélection en 2024, la montée du Rassemblement National en France ou encore l'implantation durable de partis d'extrême droite en Italie et en Allemagne témoignent d'une transformation profonde du débat sur les droits humains. Ces forces politiques contestent la légitimité des juridictions internationales[24], prônent une reprise en main nationale des politiques migratoires et dénoncent un prétendu « gouvernement des juges » imposé par des institutions comme la Cour européenne des droits de l'homme[25].

Cette dynamique a eu des conséquences directes sur la gouvernance mondiale. En 2022, la Hongrie et la Pologne ont utilisé leur droit de veto au sein de l'Union européenne pour bloquer un mécanisme de conditionnalité des fonds européens au respect de l'État de droit, illustrant une fronde juridique inédite contre Bruxelles[26]. En Italie, l'élection de Giorgia Meloni a conduit à un durcissement des politiques migratoires, tandis qu'au Brésil, le gouvernement de Bolsonaro a remis en question la légitimité des engagements climatiques internationaux, mettant en péril les accords de préservation de l'Amazonie[27].

Loin d'être marginales, ces forces redéfinissent les équilibres de la gouvernance des droits de l'homme, posant un défi inédit aux institutions internationales. Face à la montée des revendications populistes et conservatrices, le droit international doit-il évoluer vers une approche plus flexible, respectueuse des souverainetés nationales, ou au contraire renforcer ses mécanismes contraignants pour préserver l'universalité des droits ? Les réseaux sociaux, les mobilisations féministes et LGBT+, ainsi que les mouvements populistes et nationalistes, réécrivent les rapports de force en matière de gouvernance mondiale.

---

[24] Mudde, C., & Rovira Kaltwasser, C. (2017). *Populism: A Very Short Introduction*. Oxford University Press.

[25] Goodwin, M. (2021). *The Populist Revolt and the Future of Democracy*. Cambridge University Press.

[26] Sadurski, W. (2023). *Democratic Decline in Hungary and Poland: Law and Politics*. Oxford University Press.

[27] Casado, L. (2022). *Amazonia: Environmental Policies and International Relations*. Routledge.

Entre contestation et institutionnalisation, ces dynamiques transforment la production normative en un processus hybride, mêlant revendications populaires, réaffirmation des souverainetés nationales et réponses supranationales.

L'analyse des dynamiques transnationales des mouvements sociaux révèle ainsi une recomposition des rapports de force dans la gouvernance des droits de l'homme. Si l'État conserve une position centrale, il n'est plus l'unique source de production normative. Face aux revendications climatiques, aux luttes contre les discriminations, aux exigences démocratiques et aux mobilisations religieuses, les instances internationales se retrouvent dans une position d'arbitre, sommées de traduire ces pressions en principes juridiques applicables. Cette évolution ne remet pas seulement en cause la souveraineté étatique, elle pose également la question de la légitimité des nouvelles normes émergeant de ces mouvements. Il sera question à l'avenir de leur influence sur la gouvernance mondiale, aujourd'hui prise dans un processus d'hybridation entre normes étatiques et revendications transnationales où l'autorité du droit international est sans cesse redéfinie par des forces antagonistes en lutte pour imposer leur vision du monde.

Section 3. Le prisme identitaire comme alternative pragmatique aux doctrines juridiques classiques

Le civisme identitaire, en tant que concept émergent dans la gouvernance des droits humains, ne naît pas dans un vide théorique. Il s'articule avec plusieurs courants de pensée juridique et politique qui, chacun à leur manière, ont tenté de concilier l'individualité et la collectivité, l'universel et le particulier, la souveraineté et la transnationalité. Toutefois, si certaines de ces doctrines poursuivent des objectifs similaires, elles s'en distinguent par leur portée, leur méthodologie et leurs implications institutionnelles. À travers un examen approfondi des principales doctrines contemporaines, il apparait que le civisme identitaire n'est ni un prolongement du multiculturalisme juridique, ni une simple reformulation du postcolonialisme juridique, ni une extension de la gouvernance participative. Cette approche autonome tente de dépasser les limites de ces concepts en proposant une refonte du droit international fondée sur une reconnaissance active des identités collectives dans la gouvernance mondiale des droits de l'homme.

Différence avec l'universalisme juridique : une approche contextualisée de l'universalité

L'universalisme juridique repose sur l'idée qu'il existe des normes et des valeurs fondamentales applicables à tous les individus, indépendamment de leur origine, de leur culture ou de leur appartenance nationale[28]. Il se veut un rempart contre l'arbitraire des États et contre les dérives particularistes qui, au nom de traditions ou de considérations identitaires, pourraient légitimer des atteintes aux droits fondamentaux[29]. Cette conception s'est imposée comme le fondement du droit international des droits de l'homme, notamment à travers la Déclaration universelle des droits de l'homme, qui postule que certains droits sont inhérents à la dignité humaine et donc intangibles. À cette approche se rattache une prétention à l'uniformité normative : les principes fondamentaux, tels que l'égalité, la liberté d'expression ou l'interdiction de la torture, doivent s'appliquer de la même manière à toutes les sociétés, sans exception. L'universalisme s'appuie ainsi sur une lecture abstraite du sujet de droit, où l'individu est conçu avant tout comme une entité autonome, détachée de son ancrage culturel ou communautaire. Cependant, plusieurs auteurs ont mis en lumière les

---

[28] Donnelly, J. (2013). *Universal Human Rights in Theory and Practice*. Cornell University
[29] Cassese, A. (2005). *International Law*. Oxford University

paradoxes et limites de cet universalisme. Koskenniemi souligne que le droit international, bien qu'il se présente comme universel, a historiquement été façonné par des dynamiques de pouvoir qui favorisent certains États et marginalisent d'autres[30]. De son côté, Buchanan insiste sur la nécessité de repenser la légitimité des normes universelles en prenant en compte les aspirations pluralistes des sociétés contemporaines[31].

Le civisme identitaire, en revanche, tout en reconnaissant la nécessité d'un socle commun de droits fondamentaux, remet en question le dogme d'une application indifférenciée des normes universelles. Il ne rejette pas l'universalité des principes fondamentaux, mais refuse l'idée selon laquelle leur mise en œuvre pourrait s'affranchir des réalités identitaires des sociétés concernées. Là où l'universalisme tend à imposer une lecture homogénéisante des droits, le civisme identitaire défend une approche contextualisée, où la diversité culturelle et historique est intégrée comme un élément structurant de l'application normative. Loin de remettre en cause les principes fondamentaux, il propose une méthodologie différenciée, visant à adapter leur mise en œuvre sans en altérer la substance. Il ne s'agit donc pas d'un rejet des droits universels, mais d'un ajustement méthodologique, permettant d'assurer leur effectivité dans des contextes où une application rigide et uniformisée se heurterait à une résistance sociale et politique contreproductive.

Cette différence théorique se traduit par des implications concrètes en droit international. L'universalisme s'appuie sur un modèle prescriptif, où les États sont tenus d'appliquer les normes internationales de manière uniforme, indépendamment des contingences locales. Cette approche a permis des avancées majeures en matière de

---

[30] Koskenniemi, M. (2001). *The Gentle Civilizer of Nations: The Rise and Fall of International Law 1870-1960*. Cambridge University
[31] Buchanan, A. (2004). *Justice, Legitimacy, and Self-Determination: Moral Foundations for International Law*. Oxford University Press.

protection des droits humains, mais elle a également montré ses limites, notamment lorsqu'elle entre en conflit avec des systèmes de valeurs enracinés dans des traditions culturelles différentes. Un exemple frappant en est la jurisprudence de la CEDH, qui, dans certaines affaires, a dû trancher entre une interprétation rigide des droits universels et la prise en compte du contexte national. Ainsi, dans l'affaire Leyla Şahin de 2005, la Cour a validé l'interdiction du voile dans les universités turques au nom du principe de laïcité, illustrant comment l'universalisme peut parfois entrer en conflit avec l'expression des identités collectives.

Le civisme identitaire, quant à lui, propose une médiation normative, où l'universalité du droit ne s'exerce pas de manière uniforme, mais à travers un processus d'interprétation contextualisée. Il ne s'agit pas d'affaiblir les droits fondamentaux, mais d'instaurer un mécanisme d'adaptation contrôlée, garantissant que les spécificités culturelles soient prises en compte dans l'application des normes internationales. Cela implique l'introduction de garanties procédurales, telles qu'un test de proportionnalité renforcé, obligeant les États à démontrer que toute modulation des normes universelles répond à une nécessité objective, qu'elle est proportionnée et qu'elle ne remet pas en cause l'essence même des droits fondamentaux. À cette exigence s'ajoute un mécanisme de médiation obligatoire, permettant d'éviter les affrontements entre normes internationales et traditions locales par la recherche de solutions négociées.

Un exemple emblématique de cette approche se retrouve dans la protection des droits des peuples autochtones. L'universalisme, appliqué de manière rigide, impliquerait que les normes du droit du travail ou du droit foncier s'appliquent de manière uniforme à tous les citoyens, sans distinction. Or, la reconnaissance des droits collectifs des peuples autochtones a conduit à une adaptation différenciée des normes universelles, comme en témoigne la Convention 169 de l'Organisation internationale du travail (OIT, 1989), qui reconnaît des droits spécifiques aux communautés indigènes en matière d'usage des terres et de préservation des traditions culturelles. Cette approche, qui correspond à la logique du civisme identitaire, permet d'intégrer des revendications identitaires dans le cadre du droit international, sans remettre en cause l'existence d'un socle commun de droits. De même, la jurisprudence de la Cour interaméricaine des droits de l'homme a progressivement reconnu que les peuples autochtones pouvaient bénéficier d'une protection spécifique, tout en respectant les principes fondamentaux de dignité et d'égalité.

La distinction entre universalisme et civisme identitaire ne se situe donc pas dans l'existence même des normes internationales, mais dans la méthode de leur mise en œuvre. L'universalisme prône une application uniforme, sans prise en compte des contextes spécifiques, au risque de générer des résistances et de limiter l'effectivité des normes internationales. Le civisme identitaire, en revanche, défend une universalité contextualisée, où la reconnaissance des identités collectives ne constitue pas une menace pour les droits fondamentaux, mais une modalité d'application plus adaptée et plus légitime. Il ne s'agit pas d'une remise en cause de l'idéal universaliste, mais d'une réinterprétation méthodologique, visant à assurer une meilleure adhésion aux principes fondamentaux en tenant compte des réalités culturelles et historiques des sociétés concernées. En ce sens, le civisme identitaire ne s'oppose pas à l'universalité des droits, mais en propose une lecture plus souple et plus efficace, fondée sur une harmonisation différenciée plutôt qu'une imposition uniforme.

Différence avec le multiculturalisme juridique : au-delà des régimes d'exception nationaux

Le multiculturalisme juridique, tel que Will Kymlicka le développe, repose sur l'idée que les droits des minorités doivent faire l'objet de protections spécifiques, distinctes du régime général des droits fondamentaux[32]. Cette approche met l'accent sur l'intégration des communautés culturelles et ethniques dans le cadre des États-nations en leur octroyant des droits différenciés pour préserver leur identité. L'exemple caractéristique s'incarne soit dans les droits des autochtones au Canada, où la Loi sur les Indiens et les traités historiques garantissent des régimes juridiques distincts pour les Premières Nations.

Le civisme identitaire s'éloigne du multiculturalisme juridique en plusieurs points essentiels. Tout d'abord, il ne se limite pas au cadre national. Là où le multiculturalisme juridique repose sur l'idée que les États doivent accommoder leurs minorités à travers des régimes particuliers à l'échelle nationale[33], le civisme identitaire transcende les frontières en inscrivant les revendications identitaires dans un cadre transnational et en s'appuyant sur des normes internationales pour légitimer ces identités collectives. Ainsi, plutôt que d'obtenir des droits spéciaux au sein d'un État donné, les groupes mobilisant le civisme identitaire cherchent à influencer les normes mondiales pour qu'elles intègrent leurs spécificités. Il mobilise notamment des mécanismes juridiques internationaux, tels que les organes des Nations Unies et la jurisprudence des cours régionales des droits de l'homme[34]. Par exemple, la lutte pour la reconnaissance des langues minoritaires au sein de l'Union européenne s'inscrit dans cette dynamique transnationale. Au lieu de demander à chaque État membre de reconnaitre des droits spécifiques, les militants pour la diversité linguistique cherchent à inscrire ces protections dans les politiques de l'UE et devant la Cour européenne des droits de l'homme. De la même façon, les revendications des diasporas africaines pour obtenir une représentation

---

[32] Kymlicka, W. (1995). *Multicultural Citizenship: A Liberal Theory of Minority Rights*. Oxford University Press.
[33] Tully, J. (1995). *Strange Multiplicity: Constitutionalism in an Age of Diversity*. Cambridge University Press.
[34] Eisenberg, A. (2014). *Diversity and Equality: The Changing Framework of Freedom in Canada*. UBC Press.

institutionnelle dans les discussions sur le développement postcolonial illustrent cette approche déterritorialisée du civisme identitaire.

Enfin, contrairement au multiculturalisme juridique, qui s'appuie en substance sur des dispositifs juridiques nationaux, le civisme identitaire mobilise une diversité de mécanismes supranationaux, surtout les organes des Nations Unies, les cours régionales des droits de l'homme et encore la *soft law*, qui façonne progressivement de nouvelles normes.

Différence avec le relativisme juridique : de la contestation du dogme universel à l'universalité contextualisée

Le civisme identitaire, en tant que cadre normatif, se distingue fondamentalement du relativisme juridique par son approche de l'universalité des droits humains[35]. Là où le relativisme postule que chaque culture est souveraine dans la définition de ses propres normes, au risque de dissoudre toute référence universelle, le civisme identitaire propose au contraire une réinterprétation des standards internationaux, garantissant leur adaptation contrôlée aux spécificités culturelles sans en altérer la substance fondamentale. Cette distinction est cruciale car elle conditionne la légitimité du projet : si le civisme identitaire venait à légitimer des atteintes aux droits fondamentaux sous couvert de diversité, il ne serait rien de plus qu'un relativisme sous un autre nom. Or, ce que ce concept défend, ce n'est pas l'émiettement des normes en fonction des traditions locales, mais une harmonisation différenciée, où l'identité collective devient un paramètre d'interprétation des obligations étatiques, dans un cadre strictement encadré.

---

[35] Renteln, A. D. (1990). *International Human Rights: Universalism Versus Relativism*. Sage Publications.

Le relativisme juridique se caractérise par son refus d'un cadre normatif universel, au motif que toute norme est historiquement et culturellement contingente. Cette posture s'est notamment illustrée dans les critiques postcoloniales du droit international, qui dénoncent un universalisme biaisé, façonné par l'histoire occidentale et imposé aux autres sociétés. Un exemple emblématique de cette logique se retrouve dans les réserves formulées par certains États à la Convention sur l'élimination de toutes les formes de discrimination à l'égard des femmes de 1979, où des pays invoquent des arguments culturels pour ne pas appliquer certaines dispositions fondamentales en matière d'égalité des sexes[36]. Cette posture relativiste a été contestée à plusieurs reprises par les juridictions internationales, comme en témoigne l'affaire Toonen en 1994 devant le Comité des droits de l'homme des Nations unies, qui a rejeté l'argument selon lequel la criminalisation de l'homosexualité pouvait être justifiée par des valeurs traditionnelles. Dans cette logique, le relativisme juridique tend à fragmenter l'ordre normatif en une multitude de référentiels concurrentiels, où chaque société définit sa propre hiérarchie des droits, ce qui conduit à une dilution des protections fondamentales et à un affaiblissement du caractère contraignant des engagements internationaux[37].

Le civisme identitaire, à l'inverse, repose sur une approche qui ne nie pas l'existence de normes universelles, mais en propose une application modulée, fondée sur des critères objectifs et encadrés juridiquement. Il ne s'agit pas d'autoriser des exemptions discrétionnaires sous prétexte d'identité culturelle, mais d'introduire une lecture contextualisée du droit, qui permette aux obligations internationales d'être mises en œuvre de manière plus légitime et plus efficace. Cette différenciation repose sur deux garanties essentielles. D'une part, l'instauration d'un test de proportionnalité renforcé, obligeant tout État invoquant

---

[36] Merry, S. E. (2006). *Human Rights and Gender Violence: Translating International Law into Local Justice.* University of Chicago Press.
[37] Zumbansen, P. (2012). *Comparative, Global and Transnational Constitutionalism: The Emergence of a New Constitutional Pluralism?.* Oxford University Press.

une justification identitaire à démontrer que la restriction d'un droit universel répond à une nécessité avérée, qu'aucune alternative moins restrictive ne permet d'atteindre le même objectif et que l'équilibre entre droits individuels et identité collective est préservé. D'autre part, la mise en place d'un mécanisme de médiation obligatoire avant tout recours juridictionnel, permettant d'instaurer un dialogue structuré entre les parties concernées, évitant ainsi une confrontation brutale entre l'universalité des normes et les particularismes locaux. Ce modèle se distingue nettement du relativisme juridique, dans la mesure où il impose une double exigence de justification et de contrôle : aucune identité ne peut être invoquée comme un simple prétexte normatif, et toute modulation des obligations universelles doit être soumise à un examen rigoureux, fondé sur des critères objectifs.

L'illustration la plus pertinente de cette logique se retrouve dans le droit des peuples autochtones. Contrairement au relativisme qui permettrait à un État de nier totalement leurs droits au nom d'une souveraineté culturelle absolue, le civisme identitaire impose une reconnaissance encadrée des spécificités collectives, dans le respect d'un seuil incompressible de droits fondamentaux. Ainsi, dans l'affaire Pueblo Indígena Kichwa de Sarayaku, la Cour interaméricaine des droits de l'homme a affirmé que si les peuples autochtones pouvaient revendiquer la protection de leurs traditions culturelles, cette reconnaissance ne pouvait en aucun cas se faire au détriment de principes fondamentaux de dignité et d'égalité. De même, la marge d'appréciation nationale développée par la CEDH illustre un mécanisme proche du civisme identitaire, en autorisant des ajustements contextuels dans l'application des normes universelles, tout en imposant des limites claires et proportionnées. Dans l'affaire S.A.S. c. France en 2014, la Cour a admis que le contexte national pouvait être pris en compte dans l'interdiction du voile intégral, à condition que cette restriction ne porte pas une atteinte disproportionnée aux libertés fondamentales. Ce modèle démontre que la prise en compte des identités collectives n'implique pas une négation des droits universels, mais une articulation raisonnée entre universalité et diversité normative.

La distinction entre relativisme juridique et civisme identitaire repose donc sur un point fondamental : le premier nie l'existence d'un socle commun de normes, alors que le second en propose une adaptation encadrée, dans un souci de légitimité et d'effectivité. Le relativisme autorise des réserves culturelles discrétionnaires, là où le civisme identitaire impose un contrôle juridictionnel rigoureux et une méthodologie stricte de différenciation normative. Enfin, le relativisme favorise un éclatement du droit international en blocs autonomes et incompatibles, tandis que le civisme identitaire cherche à structurer une harmonisation différenciée, permettant une application plus fine et plus adaptée des normes universelles, sans en altérer la portée fondamentale. En ce sens, il ne constitue ni une remise en cause de l'universalisme, ni un repli particulariste, mais une relecture méthodologique du droit international, visant à rendre ses principes à la fois plus respectueux des identités collectives et plus opérants dans la réalité des sociétés contemporaines.

Différence avec le postcolonialisme juridique : une approche constructive du droit international

Le postcolonialisme juridique, développé par les théoriciens du Third World Approaches to International Law (TWAIL), tels qu'Anghie[38] et Chimni[39], critique la manière dont le droit international a été historiquement façonné par les puissances coloniales pour institutionnaliser des rapports de domination. Cette approche met en

---

[38] Anghie, A. (2005). *Imperialism, Sovereignty and the Making of International Law*. Cambridge University Press.
[39] Chimni, B. S. (2006). *Third World Approaches to International Law: A Manifesto*. International Community Law Review, 8(1), 3-27.

avant l'idée que le droit international, loin d'être neutre, est marqué par un passé d'exclusion et d'oppression des peuples du Sud global, et que les institutions internationales actuelles perpétuent, consciemment ou non, des logiques impérialistes[40].

Si le civisme identitaire partage certaines préoccupations du postcolonialisme juridique, en particulier en ce qui concerne la marginalisation de certaines identités collectives dans la gouvernance mondiale, il s'en distingue fondamentalement par son positionnement constructif et normatif. Alors que les théories postcoloniales remettent en question la légitimité des institutions internationales, considérées comme des instruments de domination occidentale, le civisme identitaire ne prône pas un rejet du système juridique global. Il cherche plutôt à l'adapter et à le réformer en y intégrant la reconnaissance des identités collectives. Un exemple concret de cette divergence se retrouve dans les débats autour du droit au développement. Tandis que les postcolonialistes dénoncent la manière dont les institutions financières internationales (Banque mondiale, FMI) imposent des politiques économiques néolibérales aux pays du Sud, les défenseurs du civisme identitaire mobilisent ces mêmes institutions pour revendiquer un développement adapté aux cultures et aux besoins locaux. Ainsi, des programmes de finance inclusive destinés aux communautés rurales ou aux femmes entrepreneures en Afrique ne sont pas nécessairement rejetés comme des instruments néocoloniaux, mais sont au contraire revendiqués par des acteurs identitaires comme des moyens d'autonomisation économique adaptés aux réalités locales.

De même, alors que le postcolonialisme juridique remet en cause la notion même d'universalité des droits humains, considérée comme un outil d'hégémonie culturelle, le civisme identitaire maintient cette universalité mais cherche à l'enrichir par une diversité de perspectives.

---

[40] Mutua, M. (2001). *Savages, Victims, and Saviors: The Metaphor of Human Rights*. Harvard International Law Journal, 42(1), 201-245.

On doit plutôt concevoir les droits humains de la même manière qu'un espace de dialogue et de co-construction entre différentes traditions juridiques et culturelles[41].

Au-delà du pluralisme juridique : vers une refonte méthodologique des identités collectives dans le droit international

Plutôt que d'apparaître comme un simple projet de réinterprétation des droits humains, le civisme identitaire s'inscrit dans une dynamique plus large de réforme des fondements du droit global, en répondant aux limites du néoconstitutionnalisme, au cynisme du droit postlibéral et à la fragmentation du pluralisme juridique.

D'abord, l'objectif de la conceptualisation du civisme identitaire est de repenser la légitimité des normes internationales à l'inverse du néoconstitutionnalisme global, qui lui désigne la tendance à vouloir transposer les principes du constitutionnalisme national à l'échelle internationale en érigeant les droits fondamentaux et les institutions supranationales en autorités normatives incontestables[42]. Cette approche, défendue par certains courants du droit international postguerre froide, repose sur l'idée qu'un ordre juridique universel et contraignant est nécessaire pour garantir la primauté des droits humains et du multilatéralisme sur les souverainetés nationales[43]. Cependant, plusieurs auteurs ont souligné les limites de cette approche. Anne Peters critique ainsi l'idée d'un droit international conçu comme une hiérarchie rigide, où les ordres juridiques nationaux devraient s'aligner sur des principes supranationaux sans prise en compte des contextes

---

[41] Sen, A. (2009). *The Idea of Justice*. Harvard University Press.
[42] Peters, A. (2017). *Global Constitutionalism in a Nutshell*. In *Research Handbook on Global Administrative Law* (pp. 39-57). Edward Elgar Publishing.
[43] Krisch, N. (2010). *Beyond Constitutionalism: The Pluralist Structure of Postnational Law*. Oxford University Press.

locaux[44]. Cette vision universaliste et prescriptive pose deux problèmes majeurs : d'une part, elle renforce le déficit démocratique des normes internationales, souvent élaborées par des élites juridiques éloignées des réalités sociales ; d'autre part, elle tend à imposer des standards homogénéisés, ignorant les identités culturelles et politiques propres à chaque société[45]. Le civisme identitaire apporte une alternative crédible à ce modèle en proposant un cadre d'harmonisation différenciée. Plutôt que d'exiger une adhésion uniforme aux normes globales, il introduit des mécanismes d'ajustement contextuel, permettant aux États et aux communautés locales d'interpréter et d'appliquer les normes internationales dans le respect de leurs réalités identitaires. Il ne s'agit pas d'un rejet du cadre normatif international, mais d'une relecture méthodologique, qui garantit que l'universalité des principes ne se transforme pas en instrument de domination technocratique. Cette approche rejoint les critiques contemporaines du néoconstitutionnalisme global en plaidant pour un droit international plus souple, plus pluraliste et plus démocratique dans sa mise en œuvre[46].

D'autre part, la conceptualisation du civisme identitaire permet de dépasser le pragmatisme juridique sans tomber dans un cynisme total à l'inverse du droit international postlibéral. Le droit international postlibéral, qui a émergé en réaction aux échecs du multilatéralisme classique, repose sur une logique pragmatique et instrumentale du droit international[47]. Contrairement aux visions idéalistes du droit comme outil de transformation sociale, cette approche considère que les normes ne sont efficaces que si elles s'adaptent aux rapports de force

---

[44] Peters, A. (2009). *The Merits of Global Constitutionalism*. Indiana Journal of Global Legal Studies, 16(2), 397-411.
[45] Walker, N. (2012). *The Idea of Constitutional Pluralism*. Modern Law Review, 65(3), 317-359.
[46] Teubner, G. (2012). *Constitutional Fragments: Societal Constitutionalism and Globalization*. Oxford University Press.
[47] Slaughter, A.-M. (2004). *A New World Order*. Princeton University Press.

géopolitiques[48]. Les travaux de David Kennedy[49] et de Martti Koskenniemi[50] dénoncent ainsi l'hypocrisie du droit international, souvent mobilisé non pas pour protéger les droits humains de manière impartiale, mais comme un outil stratégique au service des États puissants et des organisations internationales. Dans cette perspective, le cynisme juridique que décrit David Kennedy traduit une crise de légitimité des institutions internationales, qui prétendent incarner l'universalité tout en appliquant les normes de manière sélective. Par exemple, les interventions militaires justifiées au nom des droits humains au Kosovo en 1999 ou en Libye en 2011 montrent comment l'universalisme peut être instrumentalisé à des fins géopolitiques, tandis que des violations massives des droits fondamentaux sont tolérées lorsqu'elles concernent des États jugés stratégiques (Arabie saoudite, Chine, Israël)[51]. Cette instrumentalisation du droit alimente un sentiment d'injustice normative, où certaines communautés perçoivent les institutions internationales comme des outils de domination plus que comme des garants d'une justice universelle. Le civisme identitaire peut contribuer à répondre à cette crise de légitimité en proposant un cadre d'application des normes fondé sur des critères objectifs et non sur des intérêts politiques fluctuants. En introduisant des mécanismes de justification identitaire contrôlée, il permettrait de restaurer la crédibilité du droit international en assurant une application plus équitable et plus cohérente des normes[52]. En d'autres termes, il offre une alternative au cynisme juridique en définissant un cadre où l'ajustement des normes n'est pas laissé à l'arbitraire des puissances dominantes, mais repose

---

[48] Koskenniemi, M. (2005). *From Apology to Utopia: The Structure of International Legal Argument*. Cambridge University Press.
[49] Kennedy, D. (2006). *Of War and Law*. Princeton University Press.
[50] Ibid
[51] Chimni, B. S. (2004). *International Law and World Order: A Critique of Contemporary Approaches*. Cambridge University Press.
[52] D'Aspremont, J. (2011). *Formalism and the Sources of International Law: A Theory of the Ascertainment of Legal Rules*. Oxford University Press.

sur des principes clairs, encadrés juridiquement et applicables à tous les États de manière équitable.

Enfin, la conceptualisation du civisme identitaire est également l'occasion de prescrire un modèle d'interprétation différenciée des normes universelles à l'inverse du pluralisme juridique mondial. Le pluralisme juridique mondial, tel que développé par Anne Peters[53], Paul Schiff Berman[54] ou Günther Teubner[55], repose sur l'idée que le droit international ne peut plus être conçu comme un ordre unique et homogène, mais comme un ensemble d'interactions entre des normes issues de sphères diverses (étatiques, régionales, transnationales, coutumières, autochtones, religieuses, économiques). Cette perspective remet en cause la vision monolithique et hiérarchique du droit international classique, où les États étaient les seuls sujets de droit légitimes. Cette approche rejoint directement la logique du civisme identitaire, qui plaide pour une articulation entre les différentes sources normatives sans remettre en cause l'existence d'un socle commun de droits fondamentaux[56]. Par exemple, la reconnaissance des droits autochtones dans des juridictions comme la Cour interaméricaine des droits de l'homme ou la Cour africaine des droits de l'homme et des peuples montre que les identités collectives peuvent être intégrées au droit international sans menacer son unité[57].

Le civisme identitaire pourrait être un outil permettant de formaliser et d'encadrer ce pluralisme juridique, en définissant des critères

---

[53] Peters, A. (2016). *The Refinement of International Law: From Fragmentation to Regime Interaction and Politicization.* International Journal of Constitutional Law, 15(3), 671-704.
[54] Berman, P. S. (2012). *Global Legal Pluralism: A Jurisprudence of Law Beyond Borders.* Cambridge University Press.
[55] Teubner, G. (2012). *Constitutional Fragments: Societal Constitutionalism and Globalization.* Oxford University Press.
[56] Glenn, H. P. (2014). *Legal Traditions of the World: Sustainable Diversity in Law.* Oxford University Press.
[57] Tamanaha, B. (2001). *A General Jurisprudence of Law and Society.* Oxford University Press.

précis d'adaptation des normes universelles en fonction des identités collectives. Il ne s'agirait pas d'accepter toutes les formes de pluralisme juridique (comme les systèmes discriminatoires fondés sur des traditions locales), mais d'introduire un cadre structuré permettant aux juridictions internationales d'évaluer dans quelles conditions une différenciation normative est légitime. Cette approche permettrait ainsi d'institutionnaliser un pluralisme contrôlé, garantissant à la fois la diversité juridique et la cohérence du système international.

De la participation à la co-construction normative : l'apport du civisme identitaire à la gouvernance participative

La gouvernance participative repose sur l'idée que les citoyens doivent être directement impliqués dans les processus de prise de décision, surtout à travers des mécanismes de consultation, des budgets participatifs et des référendums locaux. Les théoriciens de la démocratie délibérative, comme Jürgen Habermas[58], mettent largement de l'avant cette approche, qui insiste sur l'importance du dialogue public pour légitimer les décisions politiques. Benhabib[59] propose ainsi une vision de la gouvernance où l'intégration des voix marginalisées permet une refonte démocratique du droit. Cette approche est illustrée par l'émergence de forums transnationaux, tels que les conférences mondiales sur les droits de l'homme organisées sous l'égide des Nations Unies, où les représentants de la société civile participent aux processus normatifs. De son côté, Teubner analyse comment la gouvernance participative favorise l'émergence d'un « constitutionnalisme sociétal », où

---

[58] Habermas, J. (1996). *Between Facts and Norms: Contributions to a Discourse Theory of Law and Democracy*. MIT Press.
[59] Benhabib, S. (2004). *The Rights of Others: Aliens, Residents, and Citizens*. Cambridge University Press.

les normes ne sont pas seulement imposées par les États mais coconstruites par différents acteurs transnationaux[60].

Le civisme identitaire partage cet intérêt pour l'inclusion des populations concernées dans l'élaboration des normes, mais il diffère sur deux aspects fondamentaux. Premièrement, alors que la gouvernance participative s'applique principalement au niveau territorial et se concentre sur des espaces démocratiques nationaux ou locaux, le civisme identitaire se manifeste à une échelle transnationale. Il vise une représentation institutionnelle des groupes identitaires au sein des instances internationales, et pas seulement dans les démocraties locales. Deuxièmement, la gouvernance participative fonctionne principalement sur un modèle horizontal, où tous les citoyens peuvent s'exprimer de manière égale dans le processus délibératif. À l'inverse, le civisme identitaire reconnaît que certains groupes possèdent des revendications spécifiques qui nécessitent une protection et une représentation différenciées. Un exemple frappant est celui des conseils consultatifs autochtones auprès des Nations Unies, qui ne sont pas simplement des forums participatifs, mais des instances avec une légitimité propre, fondée sur des identités historiques et culturelles distinctes.

Que retenir de cette redéfinition pragmatique, différenciée et inclusive des fondements du droit international ?

L'universalisme des droits humains, tel qu'il s'est imposé depuis la seconde moitié du XXe siècle, a fait l'objet de critiques de plus en plus affirmées, tant sur le plan théorique qu'à travers les réalités géopolitiques. Le droit international s'est historiquement construit comme une discipline façonnée par les structures impériales et la suprématie

---

[60] Teubner, G. (2012). *Constitutional Fragments: Societal Constitutionalism and Globalization*. Oxford University Press.

des puissances occidentales, un héritage que les théories postcoloniales et critiques du TWAIL ont mis en lumière. La prétendue neutralité des normes universelles s'efface alors face à l'évidence d'une asymétrie dans leur mise en œuvre, où la légitimation d'interventions internationales sous couvert de protection des droits humains révèle un déséquilibre structurel entre Nord et Sud. Parallèlement, le multiculturalisme juridique a cherché à réhabiliter les particularismes normatifs, mais en créant un cadre qui peine à concilier reconnaissance des identités collectives et préservation d'un socle commun de libertés fondamentales.

À mesure que l'universalité du droit s'effrite sous ces multiples contestations, se pose alors la question d'un dépassement de cette fracture, sans sombrer dans le relativisme juridique ou dans une uniformisation rigide des normes internationales. Loin d'opposer identité et universalité, le civisme identitaire propose une refonte du cadre juridique fondée sur une articulation plus souple entre ces deux dimensions. Il ne s'agit pas d'une simple reconnaissance passive des particularismes, mais d'un mécanisme d'adaptation où la norme universelle demeure le point de référence, tout en intégrant les réalités propres à chaque société. Ce processus implique une refonte du dialogue entre systèmes juridiques, où l'uniformité cède la place à un modèle de compatibilité progressive entre principes fondamentaux et pratiques locales.

Le civisme identitaire fondé sur l'identité, n'émerge pas dans un vide juridique. Il est avant tout le symptôme d'une mutation plus profonde : celle d'un universalisme juridique qui peine à s'adapter aux réalités du XXIe siècle. Si ce nouvel engagement civique se présente comme une alternative crédible, c'est précisément parce que l'universalisme juridique, dans sa forme actuelle, montre des signes d'essoufflement. Conçu comme un cadre normatif incontestable, il se heurte désormais aux réalités politiques, culturelles et sociales qui en contestent l'uniformité. C'est cette crise de légitimité que nous devons maintenant interroger à travers un chapitre qui interroge les limites de ce modèle, et la manière dont son essoufflement nourrit la montée d'alternatives comme le civisme identitaire.

III. UN UNIVERSALISME JURIDIQUE ESSOUFLÉ : QUELLE LÉGITIMITÉ POUR LES DROITS DE L'HOMME ?

A l'essence même de la conceptualisation humaniste et universaliste des droits attribués à l'individu, l'idée d'un lien entre les nations prospère. Un fil tendu entre la singularité des peuples et l'horizon d'une humanité commune, cherchant à transcender les particularismes des royaumes et des empires pour établir un ordre normatif universel. Cette liaison, dangereuse ou pleine d'espoir, incarne-t-elle un pont entre les civilisations ou un mirage d'unité masquant des luttes de pouvoir et des sympathies opposées ? Le droit international, telle une liaison fragile entre les peuples, puise sa force et ses contradictions dans ses fondements philosophiques et historiques, où s'indignent idéal universel et intérêts particuliers. Cette tension se reflète dans la codification des normes éclatante en apparence, mais souvent prisonnière des luttes de pouvoir et des contingences politiques. Les critiques postcoloniales et les théories contemporaines révèlent également les limites d'un universalisme hérité, invitant à repenser ce cadre à l'aune des crises globales et des revendications émergentes.

Section 1 : Les origines philosophiques et architectes de l'universalisme juridique

L'universalisme juridique ne se transmet pas comme un héritage incontesté à travers les générations. Fruit triomphant d'un combat d'idées, il exacerbe une tension constante entre utopie et pragmatisme, entre des idéaux qui rêvent d'humanité et les contraintes brutales des réalités politiques. Ce long cheminement a mobilisé les philosophes et les juristes, les théologiens et les stratèges, dans une quête où la justice se voulait souveraine, là où, jusqu'alors, seuls la force et l'opportunisme dominaient. Cette aspiration d'universalité, comme toute construction bienfaisante, revêt les ambiguïtés de son époque.

L'écho du rêve d'harmonie entre les nations se mêle souvent au bruit des conquêtes, des intérêts économiques et des ambitions impériales. À travers les siècles, cette quête s'est articulée autour de figures majeures, architectes d'un ordre universel encore balbutiant, mais porteurs d'un souffle nouveau dans la gouvernance des relations humaines. Chacun de ces architectes à leur manière a forgé des visions où la justice prétendait transcender les clivages religieux, culturels et politiques. Pourtant, à chaque étape, ces visions furent confrontées aux contradictions de leur époque, révélant une tension irréductible entre l'idéal et les contingences historiques.

Hugo Grotius : fondateur de l'universalisme ou serviteur d'un ordre impérial ?

Hugo Grotius, ce juriste et philosophe hollandais du XVIIe siècle, a émergé dans des eaux troubles comme une figure centrale dans l'histoire de l'universalisme juridique. Son œuvre maîtresse se présente comme une tentative audacieuse de poser les bases d'un droit international capable de réguler la violence entre les nations[61].

Sans se perdre dans les travers d'une Europe en proie aux conflits religieux et aux luttes dynastiques, Hugo Grotius proposait alors un système légal basé sur un principe juridique universel, ancré non pas dans les particularismes culturels ou les convictions spirituelles, mais

---

[61] Grotius, H. (1625). *De Jure Belli ac Pacis*. In *Hugo Grotius on the Law of War and Peace* (A. C. Campbell, Ed.). Carnegie Endowment for International Peace, 1925.

directement dans la raison humaine. Inspirée par les stoïciens et nourrie par une théologie rationaliste, cette loi s'affranchirait des spécificités culturelles et des croyances religieuses : elle appartient à l'humanité tout entière. Selon Grotius, l'universalité du droit réside simplement dans un ordre cartésien accessible à tous, fruit de la raison humaine. De fait, la guerre, absurdité humaine par nature, bien qu'elle ne puisse être éradiquée, doit être encadrée par des normes communes. Il a ainsi codifié les justifications excusables de la violence, comme la légitime défense ou la réparation d'un tort grave. Justement, le pragmatisme derrière cette approche repose sur les seuils d'un monde fragmenté, tout en cherchant à limiter les excès les plus destructeurs de la nature humaine.

Cependant, la vision de Grotius, bien qu'empreinte d'universalité et en un sens d'humanisme, trahit les intérêts de son temps. Dans son traité *Mare Liberum*, il défend le principe de la liberté des mers, de la liberté de naviguer à la liberté d'exploiter les ressources halieutiques considérées comme ineffables et infinies, affirmant par la même occasion que nul État ne peut revendiquer le monopole sur les océans. Mais derrière ce principe universel se cache une justification des ambitions maritimes concrètes des Pays-Bas, alors en pleine expansion commerciale. Comme le souligne Martti Koskenniemi[62], cette universalité apparente supplée une domination économique et politique, révélant une tension fondamentale. Elle est celle d'un droit qui prétend transcender les intérêts des nations, mais qui reste façonné par les rapports de pouvoir. Grotius incarne ainsi une double figure, à la fois visionnaire et serviteur des dynamiques impériales de son époque. Reste qu'il n'est pas le seul architecte du droit international à souffrir de ces contradictions sinueuses.

---

[62] Koskenniemi M. "The legal conscience of the civilized world." In: *The Gentle Civilizer of Nations: The Rise and Fall of International Law 1870–1960*. Hersch Lauterpacht Memorial Lectures. Cambridge University Press; 2001:11-97.

Les théologiens de Salamanque : aux prémices d'un droit des peuples universel

Avant Grotius, dans l'Espagne impériale aux cieux contrastés, une autre tentative de concevoir l'universalité a émergé. Les théologiens de l'École de Salamanque, au XVIe siècle, se sont heurtés aux excès de la colonisation des Amériques et ont jeté les bases d'un droit des peuples. Parmi eux, Francisco de Vitoria et Francisco Suárez se distinguent par leur volonté de dépasser les justifications morales traditionnelles de la conquête pour penser un ordre juridique fondé sur des principes universels.

Dans ses *Relecciones De Indis*, Francisco de Vitoria s'élève contre la prétention des Espagnols de dominer les peuples autochtones au nom d'une fierté religieuse ou culturelle. Il avance que les Amérindiens, même non convertis, possèdent des droits naturels inhérents à leur condition humaine[63]. Cette perspective, audacieuse pour l'époque, marque le début d'une réflexion sur les droits de l'homme universels. Mais l'ambition de Vitoria est loin, elle aussi, de se révéler exempte de contradictions. Tout en dénonçant les abus des conquistadors, il accepte en fait que des interventions et inquisitions fussent justifiées lorsque les usages locaux contrevenaient à la « loi naturelle », une notion qui reflète davantage les standards européens.

Dans une veine proche, Francisco Suárez a creusé la réflexion sur la souveraineté des nations sous le prisme d'un droit des peuples universel. Il soutenait que le pouvoir politique, bien que restant d'origine divine, reposerait sur un pacte entre les gouvernés et les gouvernants[64]. Cette idée, qui influence les conceptions modernes de l'État-nation, réaffirme la dignité des peuples face aux ingérences étrangères. Cette

---

[63] Vitoria, F. (1532). *Relecciones de Indis*. In *The Political Writings of Francisco de Vitoria* (A. Pagden & J. Lawrence, Eds.). Cambridge University Press, 1991.
[64] Suárez, F. (1612). *De Legibus ac Deo Legislatore*. In *Francisco Suárez: Selections from Three Works* (D. P. O'Connor, Ed.). Oxford University Press, 1995.

tension, comme le souligne Antony Anghie[65], incarne imparablement une ambigüité structurelle dans la naissance de l'universalisme juridique. Celle-ci consiste en un cadre qui prône l'égalité théorique de tous les peuples, mais qui légitime des pratiques inégalitaires au nom de la « civilisation ».

Les théologiens de Salamanque, bien qu'imprégnés des biais de leur époque, ont ainsi posé les fondements d'un droit qui reconnait la pluralité des cultures tout en cherchant une justice universelle à l'ombre des ambitions impériales perfides. Ils inspireront une approche humaniste de l'universalisme des architectes modernes du droit international. Elle sera notamment reçue et renouvelée par les penseurs des Lumières au XVIIIe siècle, dont Kant et sa « République cosmopolitique ».

La République cosmopolitique kantienne : un idéal régulateur et humaniste ?

Au XVIIIe siècle, Emmanuel Kant se détourne des approches pragmatiques pour proposer une vision radicalement utopique de l'universalisme. Il envisage un ordre global fondé sur une communauté morale des nations, où la raison et la liberté domineraient sur la force et les rivalités[66].

Pour Kant, la paix véritable ne peut émerger que dans un monde composé de républiques respectant les principes de liberté et d'égalité. Ces républiques, par leur essence rationnelle, seraient intrinsèquement enclines à collaborer, formant une fédération d'États pour prévenir les guerres. Mais au-delà des relations interétatiques, Kant introduit la

---

[65] Anghie, A. (2005). *Imperialism, Sovereignty and the Making of International Law*. Cambridge University Press.
[66] Kant, E. (1795). *Perpetual Peace: A Philosophical Essay*. In *Political Writings* (H. Reiss, Ed.). Cambridge University Press, 1991.

notion novatrice de droit cosmopolitique, qui reconnaît des droits fondamentaux à chaque individu, indépendamment de leur appartenance nationale. De sorte que « le droit cosmopolitique doit se borner aux conditions d'une hospitalité universelle », puisqu'il « considère les hommes et les États, dans leurs relations extérieures et dans leur influence réciproque, comme des citoyens d'un État universel de l'humanité »[67]. Kant posait ainsi un droit que possède chaque individu de ne pas être traité en ennemi dans un pays qui n'est pas le sien[68].

Cependant, l'idéal kantien, bien que puissant, demeure profondément utopique. Comme l'explique Hannah Arendt[69], il présuppose une adhésion universelle à des principes abstraits, sans tenir compte des dynamiques de pouvoir et des particularismes culturels. Pourtant, cet idéal régulateur continue d'inspirer les réflexions sur le droit international, offrant une boussole morale dans un monde en quête de justice. Les juristes positivistes du XIXe siècle, tels que John Austin[70], ont en effet critiqué cette vision trop romantique du droit international. Ils rejetaient l'idée d'un droit universel « naturel », argüant qu'il s'agissait plutôt d'une création de l'État, influencée par les rapports de pouvoir et les particularités culturelles. Cette critique résonne avec les théories modernes qui mettent en garde contre les dangers d'un universalisme perçu comme un moyen de domination culturelle.

---

[67] Kant, *Projet de paix perpétuelle, op. cit.*, VIII 349, p. 31
[68] Marc Belissa et Florence Gauthier, « Kant, le droit cosmopolitique et la société civile des nations », *Annales historiques de la Révolution française*, 317 | 1999, 495-511.
[69] « Hannah Arendt et la Faculté de Juger », *in* Hannah Arendt, *Juger. Sur la philosophie politique de Kant*, Paris, Seuil, 1991, p. 135
[70] Lobban M. John Austin. In: Spaak T, Mindus P, eds. *The Cambridge Companion to Legal Positivism*. Cambridge Companions to Law. Cambridge University Press; 2021:225-247.

Les autres conceptions des droits de l'homme : l'héritage trop oublié de philosophies non-occidentales

L'universalité des droits de l'homme est une ambition née de la modernité occidentale, une tentative de dégager des principes intangibles s'imposant à toute humanité, indépendamment des contextes historiques et culturels. Pourtant, cette construction intellectuelle repose sur une conception bien particulière du sujet de droit : celle de l'individu autonome, rationnel et doté d'attributs immuables. C'est cette définition même qui, aujourd'hui, se heurte aux visions alternatives de la nature humaine et des rapports sociaux. Loin d'être simplement un rejet politique ou stratégique de l'universalisme, la remise en cause contemporaine de ce modèle procède d'une divergence plus fondamentale, ancrée dans des conceptions philosophiques, juridiques et anthropologiques profondément différentes.

Dès l'Antiquité, le droit n'a jamais été conçu comme un ensemble de prérogatives naturelles et individuelles mais comme une harmonisation des relations sociales. En Chine, le confucianisme structure un ordre où l'individu n'existe pas en soi mais dans ses liens avec la famille, la communauté et l'État. Le sujet n'est pas porteur de droits absolus, mais d'un devoir d'harmonie avec l'ordre du monde. La philosophie juridique chinoise, influencée par le légisme autant que par Confucius, privilégie un droit malléable, non pas fondé sur des principes abstraits mais sur des ajustements pragmatiques dictés par la nécessité politique et sociale. À cela s'ajoute la pensée taoïste, qui perçoit l'universel non comme une norme figée mais comme une dynamique d'équilibre (*Dao*), ajustée aux réalités changeantes du monde. L'introduction du concept d'universalité dans un tel cadre apparaît comme une contradiction, une tentative d'imposer un modèle de responsabilité individuelle dans un espace où la morale et l'autorité priment sur la revendication de droits inaliénables.

Cette vision contraste avec l'héritage occidental, où le droit romain et le christianisme ont progressivement élaboré l'idée d'un sujet personnel porteur d'une dignité irréductible. Déjà, chez Augustin et Thomas d'Aquin, la personne humaine est dotée de droits par sa seule existence, indépendamment de son inscription dans un ordre politique donné. Cette pensée aboutit, après les Lumières, à la sacralisation de l'individu autonome, dont les droits naturels précèdent et transcendent l'organisation sociale. Mais c'est précisément cette abstraction qui est contestée dans d'autres traditions philosophiques.

Dans l'hindouisme, par exemple, le droit ne repose pas sur une liste de libertés individuelles, mais sur le *Dharma*, un équilibre entre devoirs et responsabilités mutuelles. La justice n'est pas une question d'égalité abstraite, mais de respect des rôles assignés à chacun dans l'ordre cosmique et social. Le jaïnisme va encore plus loin en affirmant le principe de *anekantavada*, selon lequel la vérité et la réalité sont multiples et perçues différemment selon les individus. Ainsi, plutôt que d'imposer une conception unique du droit, cette philosophie prône l'acceptation de perspectives plurielles. Lorsque l'Inde adopte une constitution moderne en 1950, elle se trouve en tension entre ce cadre universaliste et des conceptions locales du droit, qui insistent sur la primauté des devoirs sur les libertés. Loin d'être une simple adaptation technique, cette contradiction révèle une divergence profonde sur la nature même de l'individu et de son rapport au collectif.

Dans la pensée islamique classique, la notion de droit est également distincte du modèle occidental. Le droit musulman (*fiqh*) n'est pas conçu comme un ensemble de règles destinées à garantir des prérogatives individuelles, mais comme une structure morale et juridique visant le bien commun. L'individu y est un dépositaire de devoirs bien plus que de droits : son existence s'inscrit dans un équilibre entre ses obligations envers Dieu (*huquq Allah*) et envers ses semblables (*huquq al-'ibad*). La doctrine des *Maqasid al-Sharia* (objectifs de la loi islamique) met l'accent sur la protection de la vie, de la religion, de la raison, de la descendance et des biens, illustrant une vision des droits fondée sur la préservation de l'ordre moral et social. Cette différence conceptuelle explique les tensions persistantes entre les principes de la Déclaration universelle des droits de l'homme et certaines interprétations du droit islamique, qui rejettent l'idée d'un individu souverain détaché de toute communauté spirituelle et morale. Toutefois, des penseurs contemporains comme Abdullahi An-Na'im travaillent à une réconciliation entre la charia et les droits humains, en proposant une lecture réformiste où la religion peut être un moteur d'universalité plutôt qu'un obstacle.

À ces divergences philosophiques s'ajoutent les réflexions contemporaines sur la pluralité juridique. Le panafricanisme, influencé par des penseurs comme Cheikh Anta Diop et Fabien Eboussi Boulaga, critique l'universalisme comme un prolongement de l'épistémologie coloniale, imposant aux sociétés africaines des catégories juridiques étrangères à leur histoire. L'anthropologie du droit montre que les structures juridiques africaines traditionnelles reposent moins sur des règles impersonnelles et abstraites que sur un principe de médiation et de négociation collective. La philosophie Ubuntu, qui imprègne les sociétés bantoues, affirme une vision relationnelle de l'être humain : *Umuntu ngumuntu ngabantu* (« Une personne est une personne par les autres »). Ici, les droits ne sont pas pensés comme des attributs individuels intangibles, mais comme des réalités fluides dépendant du tissu social. Ce modèle a eu une influence notable sur des pratiques contemporaines telles que la justice transitionnelle en Afrique du Sud, où la réconciliation a été privilégiée sur la punition, dans une logique de réparation collective plutôt que de sanction individuelle.

Ces oppositions théoriques prennent aujourd'hui une ampleur nouvelle à l'heure du monde multipolaire. Alors que l'Occident ne se pose plus comme le centre incontesté de la production normative, d'autres modèles de gouvernance et de justice émergent, portés par des États et des civilisations qui revendiquent une lecture différenciée des droits humains. La Russie, la Chine, certaines nations du Moyen-Orient ne se contentent plus d'ignorer les prescriptions de l'universalisme : elles les contestent frontalement en affirmant des conceptions alternatives du droit. C'est ainsi que la Charte arabe des droits de l'homme, adoptée en 1994 et révisée en 2004, propose une lecture des droits qui se veut compatible avec la *shari'a*, remettant en question le modèle onusien. De même, la Déclaration de Bangkok de 1993, portée par plusieurs nations asiatiques, insiste sur le respect des « valeurs culturelles propres » et refuse l'imposition de standards occidentaux.

Loin d'être une simple résistance stratégique, ces revendications traduisent une interrogation plus profonde sur la possibilité d'un universalisme qui ne serait pas une homogénéisation. Plutôt qu'un cadre unique de droits imposé d'en haut, ces traditions philosophiques et juridiques suggèrent une pluralité de formes d'universalité, enracinées dans les réalités historiques et culturelles de chaque civilisation. Le défi contemporain n'est pas de nier l'universel, mais de le repenser à partir de ces dialogues multiples, afin de construire une gouvernance mondiale véritablement inclusive.

Que retenir du concept d'universalisme juridique ?

L'universalisme juridique s'est érigé sur une conception rationaliste du droit, portée par l'idée que certains principes transcendent les spécificités culturelles et historiques. Toutefois, cette prétention à l'universalité s'est avérée indissociable des cadres philosophiques occidentaux qui l'ont façonnée, des doctrines jusnaturalistes aux théories contractualistes, toutes ancrées dans des contextes spécifiques, parfois au grand dam des philosophies non occidentales. Si cette construction a permis de dégager un langage normatif commun, elle a également laissé en suspens la question de son applicabilité hors du cadre conceptuel qui l'a vu naître. Cette première ambiguïté deviendra manifeste avec l'entrée du droit international dans l'ère de la codification moderne, où l'universalité proclamée se confronte aux contingences géopolitiques et aux rapports de domination.

Section 2 : La codification éclatante d'un idéal dans l'ombre des contingences historiques

L'histoire de la codification du droit international des droits de l'homme raconte une quête inlassable. Celle d'imposer l'ordre au chaos, d'ériger des principes universels capables de transcender les querelles humaines, et enfin de bâtir un édifice juridique apte à résister aux tourments des âges. Cette ambition, que d'aucuns qualifieraient d'utopique, trouve sa source dans les désastres récurrents d'un monde en guerre, mais aussi dans les idéaux philosophiques qui jalonnent le récit de la pensée humaine. Pourtant, les rapports de force et les contingences historiques façonnent le droit international, conçu comme le vecteur d'une justice universelle. Ses structures, loin d'être immuables, apparaissent avec le reflet fragile d'une humanité en constante négociation avec elle-même.

La genèse de la codification : un consensus facile entre diplomatie et contingences guerrières ?

La codification des relations entre nations ne s'est pas produite ex nihilo. Elle a émergé comme une réponse à la nécessité pour ériger des balises de justice au cœur des tumultes de l'histoire. Les premières prémices d'un droit international peuvent être retracées jusqu'à l'Antiquité, avec des accords de paix tels que le traité conclu entre les Hittites et les Égyptiens après la bataille de Qadesh en 1259 av. J.-C. Ces accords, bien que rudimentaires, témoignent déjà d'un désir de réguler les conflits et d'éviter leur perpétuation. C'est donc plutôt avec l'émergence des États modernes, après la paix de Westphalie, en 1648, que le concept d'un ordre juridique international se manifeste véritablement. L'« ordre westphalien », illustre traité posant les bases des relations internationales des temps modernes, consacre la souveraineté comme principe fondamental, affirmant que chaque État détient un pouvoir absolu dans ses frontières. Chacun résidant maitre en son domaine, sans ingérence extérieure. Pourtant, cette proclamation d'autonomie engendre un paradoxe : si chaque nation est souveraine, quel mécanisme peut prévenir le chaos de la compétition entre elles ? L'idée de codification est apparue comme un pacte de survie, une tentative de concilier la souveraineté des États avec la nécessité d'un cadre communautaire. Si cette souveraineté garantit une certaine stabilité, alors elle devait créer également une mosaïque de juridictions autonomes, rendant difficile l'élaboration de normes communes.

La codification apparaissait donc comme une approche réaliste et pragmatique du droit international pour limiter les affrontements, notamment à travers des accords bilatéraux ou multilatéraux, avec les premiers traités de commerce ou les conventions de neutralité en temps de guerre. Sur ce point, il faut noter que le XIXe siècle marque une accélération des efforts de standardisation, en particulier avec les conférences de La Haye de 1899 et 1907, qui visaient à établir des règles pour la conduite de la guerre et la résolution pacifique des différends. Ces conférences, initiées par des puissances européennes, incarnent toujours cependant une tension sous-jacente. Elles prétendent promouvoir des principes universels, mais servent aussi à légitimer les appétits géopolitiques des nations prééminentes. On en retient que derrière l'apparente universalité des normes élaborées se cache une vérité moins glorieuse. Ces conférences reflètent, en partie sans être l'unique raison, les intérêts des empires coloniaux, désireux d'utiliser la codification pour conforter leur domination au moyen d'un système juridique.

L'idéal humaniste de paix est alors entrelacé à une réalité d'inégalités structurelles. Comme l'a écrit Martti Koskenniemi[71], le droit

---

[71] Koskenniemi M. "The legal conscience of the civilized world." In: *The Gentle Civilizer of Nations: The Rise and Fall of International Law 1870–1960*. Hersch Lauterpacht Memorial Lectures. Cambridge University Press; 2001:11-97.

international à cette époque oscillait entre un humanisme affiché et une instrumentalisation politique, où les puissances coloniales façonnaient les règles selon leurs propres intérêts. Cette dualité entre idéalisme et contingences avides se retrouve pleinement dans le droit des mers au sein duquel régnait en maitre le principe de liberté des océans pour tous, récupéré dès le XVIIe siècle par les puissances maritimes pour justifier leur domination économique et territoriale. De sorte, la codification du droit international a pu être considéré tel un outil stratégique, un idéal devenu « arme juridique » qui servirait à assoir des intérêts hégémoniques[72]. Ainsi, parait-il pertinent de considérer que la codification ne transcende pas toujours les rapports de force : elle en devient souvent le miroir, en tout cas pour ces détracteurs.

La Déclaration universelle des droits de l'homme : une arme stratégique au service d'une vision humaniste ?

Le théâtre tragique de l'infamie fraternelle a marqué un tournant dans la codification internationale au lendemain de la Seconde Guerre mondiale. L'horreur des crimes de masse et la volonté de construire un rempart moral ont inspiré la création des Nations unies en 1945 et l'adoption de la Déclaration universelle des droits de l'homme (DUDH) en 1948. C'est là qu'a émergé une tentative ambitieuse de bâtir un socle commun de principes pour protéger la dignité humaine[73].

Ce texte, qualifié par beaucoup de « *Magna Carta de l'humanité* », représente un moment de consensus international apparent. Pourtant,

---

[72] Orford A. Practices of Protection: From the Parliament of Man to International Executive Rule. In: *International Authority and the Responsibility to Protect*. Cambridge University Press; 2011:42-108.

[73] Cassin, R. (1951). *La Déclaration universelle des droits de l'homme et ses implications pour les droits fondamentaux des individus*. Revue des droits de l'homme, 3(1), 35-52.

cette déclaration manifeste n'est pas exempte, elle encore, dans son élaboration des fractures géopolitiques de l'époque. En fait, les puissances occidentales, sous l'égide des États-Unis et de la France, se sont coalisées en faveur des droits civils et politiques, tels que la liberté d'expression et le droit à un procès équitable. L'Union soviétique et ses alliés, quant à eux, se sont concentrés sur les droits économiques et sociaux, tels que le droit au travail et à l'éducation[74]. Rédigée à l'aube de la Guerre froide, la Déclaration est un papier froissé par des intérêts contradictoires à l'étape même de sa conceptualisation que de sa substance et portée. Cette opposition entre les défenseurs d'une liberté individuelle affirmée et ceux de droits communautaires établis trouvera son point de crête dans les années 1960 avec l'adoption du Pacte international relatif aux droits civils et politiques et du Pacte international relatif aux droits économiques, sociaux et culturels.

Si l'on revient davantage sur la Déclaration universelle des droits de l'homme, on s'aperçoit qu'elle est née d'un processus où se mêlent aspirations universalistes et impératifs politiques. En effet, son élaboration se révéla difficile : alors que le Royaume-Uni plaidait pour une convention contraignante, les États-Unis, eux, privilégiaient une déclaration de principes, plus souple et plus symbolique. Entre ces visions opposées, la Commission des droits de l'homme, réunie en novembre 1947, s'efforça d'orchestrer un compromis. Il en résulta une Déclaration non contraignante, destinée à tracer les grandes lignes d'un édifice juridique appelé à se déployer dans le temps. Mais cette ambition se heurta aux limites du droit international de l'époque.

L'Assemblée générale des Nations unies, corsetée par les articles 10 et 13 de la Charte de San Francisco, ne disposait pas du pouvoir législatif nécessaire pour imposer aux États des obligations juridiquement contraignantes. Il fallut donc envisager la Déclaration comme le premier mouvement d'une composition plus vaste. Elle

---

[74] Glendon, M. A. (2001). *A World Made New: Eleanor Roosevelt and the Universal Declaration of Human Rights*. Random House.

devait représenter une architecture normative en devenir, complétée par des conventions et des mécanismes de mise en œuvre a posteriori. Dès son adoption en 1948, la Déclaration est alors pensée à la manière d'un prélude, un socle destiné à structurer un système de protection des droits humains à l'échelle mondiale. Prolongeant l'esprit de la Charte de San Francisco, la DUDH s'inscrit dans le phénomène contemporain d'internationalisation des droits fondamentaux[75]. Elle traduit l'idéal d'une humanité unifiée dans le respect de principes communs, un idéal que les Nations unies s'étaient engagées à promouvoir dès 1945.

On notera par ailleurs le choix sémantique d'une Déclaration qui se veut universelle plutôt que d'une simple Déclaration « internationale ». Ce choix crucial se justifie par un moyen opportun de dépasser le cadre purement interétatique, l'unique jeu des souverainetés, pour imposer un patrimoine moral et juridique de toute l'humanité. Le terme « universel » exprimait ainsi cette volonté de s'adresser directement aux individus, affirmant que chaque être humain, indépendamment de sa nationalité, de son milieu social ou de son lieu de naissance, possédait ces droits inaliénables. « Tous les êtres humains naissent libres et égaux en dignité et en droits » (art. 1er) et « Chacun peut se prévaloir de tous les droits et de toutes les libertés proclamés dans la présente Déclaration, sans distinction aucune... » (art. 2). Ces principes ont posé les bases d'une révolution juridique. Pour la première fois, le droit international ne se contentait plus d'organiser les relations entre États, mais il reconnaissait l'individu comme sujet central du droit. Dans une même vue, son préambule en témoigne. Il proclame la nécessité d'un cadre normatif garantissant la dignité de chaque être humain, sans distinction de race, de sexe, de langue ou de

---

[75] Pour G. Scelle, « les organes de l'ONU en matière de protection des droits individuels possèdent [...] une compétence, sinon d'intervention au sens fort du terme, au moins d'interférence dans les affaires domestiques » (Cours de droit international public, Paris, Les Cours de droit, 1947-1948, p. 513).

religion. La Déclaration marque alors de manière explicite l'admission de l'individu comme sujet direct du droit international contemporain, officialisant la suite logique d'une évolution commencée vingt ans auparavant par la Cour permanente de justice internationale[76], qui avait reconnu l'individu au même degré qu'un sujet de droit international.

Toutefois, ce projet d'universalité reste précaire. Il n'avait pas la force juridique contraignante d'un traité et n'avait pas vocation à s'imposer directement aux États. De sorte, ce projet commun était l'objet d'un pari osé : celui d'une adhésion progressive des nations qui, au moyen d'une intégration persuasive de ses principes aux législations intérieures et pratiques interétatiques, finirait peut-être un jour par en faire une norme effective dans le concert des nations. Fallait-il alors la considérer comme un simple code moral, dépourvu de portée contraignante ?

« Heureusement, non », s'exclamait René Cassin, architecte de ce document, qui était conscient de cette contradiction. Pour résoudre le paradoxe entre l'absence de pouvoir coercitif de la DUDH avec son ambition de transformation juridique et politique, il suggérait de la percevoir comme un manuel pour les politiques gouvernementales et internationales : elle devait être un « guide pour la politique des gouvernements et un phare pour l'espoir des peuples, une plate-forme pour l'action des associations nationales ou internationales de caractère civique »[77]. Lorsque René Cassin a présenté la Déclaration universelle des droits de l'homme en 1951, il lui a attribué deux missions :

---

[76] La première étape de la subjectivisation du droit international résidant dans une fameuse décision de la Cour permanente de justice internationale : Avis du 3 mars 1928, Affaire de la Compétence des tribunaux de Dantzig, série B, n° 15.
[77] René Cassin dans son discours prononcé à la séance du 9 décembre 1948 de l'Assemblée générale des Nations unies.

devenir un point de référence sur la scène internationale tout en influençant profondément les constitutions et législations nationales[78].

D'abord, au sein des États, la Déclaration s'est ancrée dans les fondements mêmes du droit constitutionnel. Elle a été incorporée dans les préambules de nombreuses constitutions, en particulier africaines, où elle a servi de guide dans la reconnaissance des droits fondamentaux. En Europe, elle est devenue une référence implicite pour les cours constitutionnelles, guidant l'interprétation des normes internes en matière de libertés fondamentales. Reste que, l'une des tensions fondamentales réside dans l'opposition entre la souveraineté des États et l'obligation de respecter les droits humains. Simmons a notamment mis en lumière cette contradiction en expliquant que si les États reconnaissent de plus en plus le droit international des droits de l'homme, ils n'hésitent pas à invoquer leur souveraineté pour limiter son application sur leur territoire[79]. De sorte en termes de législations nationale, les mécanismes de protection des droits humains restent largement conditionnés par la volonté politique des gouvernements nationaux.

Ensuite, sur le plan régional, elle a contribué à mettre en place des systèmes de protection des droits humains. La Convention européenne des droits de l'homme de 1950 en constitue un écho fidèle, son préambule engageant les États contractants à « assurer la garantie collective » de certains des droits énoncés dans la Déclaration. La Convention américaine des droits de l'homme de 1969 s'inscrit également dans cette filiation, réaffirmant et enrichissant les principes fondateurs de 1948. Ces instruments témoignent d'une volonté de traduire l'idéal universel en dispositifs tangibles, mais aussi d'une fragmentation

---

[78] . Cassin, « La Déclaration universelle… », p. 291 et 292. (« De la promotion à la protection des Droits de l'homme », in La protection des Droits de l'homme et l'évolution du droit international, p. 103).
[79] Simmons, B. A. (2009). *Mobilizing for Human Rights: International Law in Domestic Politics*. Cambridge University Press.

progressive, où chaque région ajuste la partition selon sa propre sensibilité juridique et culturelle.

Sur la scène internationale, la Déclaration a acquis un statut paradoxal. À la fois emblème et point de référence, elle est citée dans de nombreux textes, conventionnels ou non, souvent au même titre que la Charte de San Francisco de 1945, bien que leur nature juridique diffère[80]. La Cour internationale de justice elle-même a entériné cette reconnaissance, notamment dans un arrêt de 1980 où elle statuait que toute privation abusive de liberté était incompatible avec les principes de la Charte des Nations unies et ceux énoncés dans la Déclaration universelle[81]. En ce sens, l'intuition de Cassin selon laquelle la Déclaration serait constamment placée aux côtés des traités les plus structurants du droit international s'est avérée prophétique.

Cependant, cette portée symbolique ne doit pas occulter un échec majeur : l'absence d'un véritable recours juridictionnel universel pour garantir les droits qu'elle proclame. Cassin envisageait une justice où chaque individu pourrait déposer une plainte devant une cour internationale spécialisée en matière de droits de l'homme. Or, si des mécanismes ont vu le jour — à l'image de la procédure 1503 de l'ONU ou des comités onusiens recevant des communications individuelles — ces instances n'ont qu'une portée déclarative. Elles constatent les violations, mais ne disposent d'aucun pouvoir contraignant pour sanctionner les États récalcitrants. Seules les juridictions régionales, notamment la Cour européenne des droits de l'homme, offrent aujourd'hui une véritable voie de recours pour les individus, incarnant partiellement l'idéal esquissé par Cassin.

---

[80] Bardo Fassbender, F. (2012). *The United Nations Charter as the Constitution of the International Community. Martinus Nijhoff Publishers.*
[81] Personnel diplomatique et consulaire des États-Unis à Téhéran, arrêt du 24 mai 1980, CIJ, Recueil, 1980, p. 3, § 91.

La Déclaration universelle : un instrument à l'ombre des critiques contemporaines ?

Loin d'être dénué de sens que d'explorer l'histoire de la codification du droit international des droits de l'homme, les limites de l'universalisme juridique se fait ressentir dans l'évolution institutionnelle récente de la gouvernance mondiale. En 2006, la Commission des droits de l'homme de l'ONU, minée par les conflits diplomatiques et la politisation des débats, a été remplacée par le Conseil des droits de l'homme[82]. Conçu comme un organe plus efficace, chargé d'examiner les violations flagrantes et systémiques, il a néanmoins eu du mal à assumer le rôle de référence morale et juridique que Cassin avait imaginé. L'Examen périodique universel, qui devrait garantir une évaluation équitable de tous les pays du respect de leurs obligations et engagements en matière de droits de l'homme, est entravé par les mêmes blocages géopolitiques que ses prédécesseurs[83]. Au lieu de marquer la fin de l'évolution de la gouvernance mondiale des droits humains, cette réforme met en évidence les profondes tensions qui entravent encore l'aspiration universelle. Il est d'abord judicieux de mentionner l'avis de Hans Kelsen, l'un des principaux théoriciens du droit international au XXe siècle, qui a également mis en garde contre les incohérences inhérentes à l'universalité prétendue des droits de l'homme. Bien que les droits humains soient conçus comme universels, ils restent juridiquement dépendants de la souveraineté des États[84]. Selon Kelsen, cette « souveraineté universelle limitée » reflète un paradoxe fondamental : les droits universels ne peuvent s'imposer que dans la mesure où les États acceptent de les respecter.

---

[82] Résolution 60/251 de l'Assemblée générale des Nations unies.
[83] Lindahl, H. (2013). *Authority and the Globalisation of Inclusion: The International Community, Sovereignty and Human Rights*. Cambridge University Press.
[84] Kelsen, H. (1944). *The Legal Foundation of the International Community*. Oxford University Press.

Malgré les efforts des pères fondateurs de la Grande Déclaration, il faut admettre qu'ils n'ont pas réussi à faire inscrire celle-ci dans la charte de San Francisco. La DUDH demeure une œuvre inachevée, un texte dont la force repose moins sur son statut juridique que sur son pouvoir d'influence[85]. Aujourd'hui, cette symphonie inachevée soulève une question cruciale : l'universalisme est-il encore un horizon viable, ou ne reste-t-il qu'un idéal nostalgique face aux réalités multipolaires du XXIe siècle ? Est-il possible de concilier la quête d'une harmonie mondiale avec les variations identitaires qui jalonnent le monde ?

Entre fragmentation et adaptation, la gouvernance des droits humains cherche toujours son tempo. Au début du XXIe siècle, la législation moderne s'étend bien au-delà du simple champ des droits de l'homme. Elle voit également émerger de nouveaux champs juridiques, comme celui du droit de l'environnement ou du droit pénal international. Ces domaines, bien qu'innovants, reproduisent les tensions entre idéal universaliste et contingences politiques, révélant à chaque fois les fractures d'un monde multipolaire. Face à ces défis, la codification peut-elle prétendre à une véritable universalité ?

Certains, comme le serbe Michael Walzer[86], plaident pour une approche pluraliste, où les normes internationales seraient adaptées aux contextes culturels et historiques des nations. Dans ce cadre, il propose de développer une forme d'« égalité complexe », c'est-à-dire qui ne se limite pas à la répartition juste des biens socio-économiques. Il est effectivement important de distinguer dans la société plusieurs sphères — politique, économique, mais aussi familiale, éducative, religieuse, médicale, récréative, etc. — qui correspondent à des biens différents. Cette vision respectueuse de la diversité soulève néanmoins la question de la cohérence et du risque de fragmentation du droit. À l'inverse, une universalité stricte, imposée sans concertation, risque d'être

---

[85] Henkin, L. (1990). *The Age of Rights*. Columbia University Press.
[86] M. Walzer, *Sphères de justice*, Seuil, 1997.

perçue comme un outil de domination. La solution, peut-être, réside dans un dialogue constant entre ces deux approches, où les principes universels seraient enracinés dans une reconnaissance des particularismes.

Un texte inadapté aux revendications sociétales contemporaines ?

Mélodie d'abord portée par l'enthousiasme révolutionnaire, puis réorchestrée par les nécessités du droit international, les droits de l'homme ont connu un essor fulgurant jusqu'à devenir le refrain incontournable du discours normatif mondial. Pourtant, derrière leur apparente neutralité, ils se révèlent aussi être un champ de tensions, où s'affrontent des visions concurrentes du droit, du politique et de la justice.

Dans les années 1980, alors que l'humanitaire montait en puissance, Alain Pellet dénonçait ce qu'il appelait le « droits-de-l'hommisme »[87]. Selon lui, cette approche, qui se voulait une émancipation juridique, tendait à isoler les droits humains du droit international général et à les ériger en un dogme inattaquable. Cette critique visait non seulement l'autonomie croissante des droits de l'homme par rapport au droit international public, mais aussi leur attitude quasi messianique. C'était un projet où des aspirations politiques se transformaient en vérités juridiques, au mépris des contraintes méthodologiques et des réalités techniques du droit.

Trente ans plus tard, ce phénomène s'est accru. Dans un monde où les grandes idéologies se sont effondrées, les droits de l'homme apparaissent comme la « dernière utopie », un langage universel destiné à arbitrer toutes les questions sociales et politiques. Leur sacralisation

---

[87] Pell, A. (1986). *Human Rights and Global Justice*. Harvard International Law Journal, 27(2), 227-250.

s'accompagne d'un processus d'« humanisation du droit international », voire d' « individualisation ». Selon certains, ce phénomène aurait transformé la nature même du droit international. Jadis réservé aux États-nations, il serait maintenant orienté vers la protection des individus. Ce triomphe apparent des droits de l'homme comme fondement de toutes les règlementations cache néanmoins une tension sous-jacente : en les érigeant en étendard ultime, on risque de les dénaturer et de les réduire à un instrument d'uniformisation globale, déconnecté des luttes sociales réelles et concrètes.

C'est dans ce contexte qu'a émergé une critique plus acerbe, celle du « droits-de-l'hommisme intégral », une approche hégémonique qui tend à soumettre toute question sociale ou politique à la grille des droits de l'homme. Cette posture se manifeste notamment par la volonté d'inclure systématiquement les droits humains comme principe de régulation du pluralisme juridique, en les élevant au rang de normes suprêmes, infaillibles et incontestables. Ce phénomène, loin d'être une simple extension du projet universaliste, conduit à une hypertrophie des droits. Leur prolifération entraine paradoxalement une dilution de leur signification. Or, à vouloir tout exprimer dans le langage des droits, ne risque-t-on pas de perdre la capacité de penser les structures profondes de l'injustice? En imposant une lecture strictement juridique des conflits sociaux, le droits-de-l'hommisme intégral tend à occulter les rapports de force économiques, à neutraliser les revendications politiques et à enfermer les alternatives dans un cadre institutionnel rigide[88]. Il peut parfois empêcher de concevoir des solutions systémiques en limitant le champ des possibles à ce qui est juridiquement défendable.

Alors que la hiérarchie des normes au niveau national consacre souvent la suprématie de ces droits sur le droit commun, l'échelle internationale joue une partition entièrement différente. Le droit des

---

[88] Derrida, J. (1993). *Spectres of Marx: The State of the Debt, the Work of Mourning, & the New International*. Routledge.

investissements, du commerce ou de la guerre ne s'adapte pas aux mélodies des droits fondamentaux ; il leur oppose une stricte équivalence fonctionnelle, les confinant dans une polyphonie sans chef d'orchestre. Cependant, cette juxtaposition sans hiérarchie génère des dissonances profondes. Bien que les droits de l'homme aient acquis une puissance rhétorique indéniable en s'imposant comme l'un des langages dominants de la scène internationale, leur force s'amenuise lorsqu'ils entrent en conflit avec d'autres logiques normatives. Par conséquent, leur assimilation dans le domaine juridique économique et les organismes financiers internationaux se bute aux impératifs du marché, donnant lieu à des contradictions où les impératifs de croissance et de compétitivité entravent la réalisation des droits sociaux et économiques.

Cette opposition fondamentale entre le « bras droit » du libéralisme économique et le « bras gauche » des aspirations égalitaires n'est pas simplement un débat juridique. Il s'agit d'un requiem pour l'idéal d'un droit international des droits de l'homme qui triompherait. Comme l'a rappelé Marx : « entre droits égaux, c'est la force qui décide ». Et cette force, insidieuse et omniprésente, s'incarne dans la logique du capitalisme globalisé, qui impose sa logique austère à un droit international trop souvent réduit au rôle de discret accompagnateur d'un concert économique où la rentabilité prime sur la dignité.

Face à cette cacophonie, la stratégie de « *transversalisation des droits de l'homme* » apparaît comme une tentative de réorchestration[89]. Intégrés dans les discours du développement, de la finance ou du changement climatique, ils s'immiscent dans toutes les partitions juridiques. Mais cette harmonisation apparente porte en elle un risque subtil : en devenant un élément du langage technocratique, les droits de l'homme se muent en un simple mode de gouvernance, absorbé dans la rationalité institutionnelle et vidé de sa radicalité première. Leur

---

[89] Fassin, D. (2011). *Humanitarian Reason: A Moral History of the Present.* University of California Press.

voix, jadis celle d'une contestation vibrante, s'atténue en un murmure conformiste, légitimant parfois les structures mêmes qui génèrent les inégalités qu'ils prétendent combattre. Pire encore, cette dilution des droits de l'homme peut conduire à une régression intellectuelle : en réduisant les crises systémiques à des violations ponctuelles, en confiant aux tribunaux et aux procédures légales la résolution de problèmes intrinsèquement politiques, on perd de vue les causes profondes des injustices. Le langage des droits, censé incarner l'émancipation, risque ainsi de masquer les mécanismes de domination sous-jacents, de canaliser la révolte dans des cadres institutionnels qui neutralisent sa portée révolutionnaire.

Les droits de l'homme ne sont pas une fin en soi, mais une arme tactique, un langage de résistance dont l'efficacité dépend de son articulation avec des mobilisations politiques plus larges[90]. Ce n'est pas dans un droits-de-l'hommisme intégral, mais dans un droits-de-l'hommisme de combat que réside la clé d'un avenir où justice et dignité ne seraient plus de simples notes dissonantes dans le concert du droit international, mais bien les accords majeurs d'un monde plus équitable. Cette critique n'est de sorte pas un rejet global des droits de l'homme, mais une mise en garde contre leur instrumentalisation et leur fétichisation. Si les droits de l'homme ont historiquement été porteurs d'émancipation, leur rigidification actuelle risque d'étouffer leur potentiel transformateur. Plutôt que d'en faire un absolu incontestable, peut-être faut-il les replacer dans une dynamique plus ouverte, où ils cesseraient d'être un dogme pour redevenir un outil de lutte et d'émancipation, capable de s'adapter aux réalités mouvantes du monde.

De sorte, la généralisation du discours des droits humains a accompagné l'émergence d'un droit international structuré, inscrit dans des institutions et des traités à vocation normative. Pourtant, cette standardisation n'a pas éliminé les tensions inhérentes à l'universalité du

---

[90] Derrida, J. (1993). *Spectres of Marx: The State of the Debt, the Work of Mourning, & the New International*. Routledge.

modèle : l'affirmation de principes globaux s'est souvent heurtée à la réalité des souverainetés étatiques et aux dissymétries historiques entre nations dominantes et dominées. Loin de produire un cadre uniforme d'application, la codification des droits humains a révélé une stratification normative où l'idéal d'égalité s'est trouvé modulé par des intérêts politiques divergents. Ces fractures, loin de s'estomper, se sont approfondies à mesure que le modèle universaliste s'est imposé comme référentiel absolu, suscitant des résistances croissantes. Ces contestations ne se limitent pas à des revendications politiques : elles s'inscrivent dans une critique plus large de la nature même de l'universalisme et de ses prétentions à la neutralité.

Section 3. L'écho de notes particulières contre l'universalisme juridique des droits de l'homme

En ce début de XXIe siècle, cette étoile semble vaciller. La Déclaration universelle des droits de l'homme, adoptée en 1948 dans un élan de foi collective, apparaît aujourd'hui comme une utopie qui se heurte à des vents contraires, puissants et persistants. La mondialisation, que certains voyaient au même degré qu'un vecteur naturel de l'universalité, a révélé ses limites. Elle a multiplié les échanges, mais elle a aussi exacerbé les inégalités. Elle a uniformisé certaines pratiques, mais elle a réveillé des identités en sommeil. Plus encore, elle a montré que l'idée d'un droit universel n'échappe pas à une critique redoutable : celle de masquer, sous une apparente neutralité, des biais culturels, historiques et politiques. L'universalisme juridique s'avère être une partition alambiquée à l'aube des nombreuses critiques contemporaines qui se font écho, dont l'« universalité hégémonique », le traditionnel bras de fer Nord et « Sud global » ou encore le défi des nouvelles puissances au droit au développement ainsi que le paradoxe singulier des droits de l'homme dans les « démocraties illibérales ». Ces critiques, loin d'être impertinente, expliquent l'évolution actuelle du droit international des droits de l'homme vers une lecture tournée vers le soi, vers l'identité même de la nation dans ses intérêts, traditions et pratiques[91]. À l'aube de la gouvernance mondiale des droits de l'homme, des notes particulières s'élèvent en conséquence contre une universalité stricte et demande reconnaissance au cœur des forums internationaux sur diverses thématiques actuelles[92].

L'universalisme, un produit des empires selon le post-colonialisme

Le développement du droit international moderne est inextricablement lié à l'histoire coloniale, des lignes tracées par les conquêtes impériales. Le droit international n'a pas émergé d'un souci égalitaire entre les nations, mais d'une tentative de régulation des relations entre puissances européennes tout en légitimant leur domination sur le reste du monde[93]. Les idéaux de justice universelle ne sont pas tombés du ciel : ils ont germé dans les foyers des métropoles coloniales, nourris par une rhétorique exaltant la civilisation occidentale comme sommet indépassable de l'humanité[94].

Le concept de « civilisation » ainsi que la prétendue bienpensante distinction entre nations « civilisées » et « barbares », omniprésents dans le discours juridique des XVIIIe et XIXe siècles, servaient à hiérarchiser les nations en fonction de critères eurocentrés. Les États jugés « civilisés » possédaient des droits souverains, tandis que les peuples « barbares » ou « primitifs » se voyaient refuser le droit à l'autodétermination, justifiant ainsi leur colonisation : elles ont subjugué ces

---

[91] Donnelly, J. (2003). *Universal Human Rights in Theory and Practice*. Cornell University Press.
[92] Fassin, D. (2011). *Humanitarian Reason: A Moral History of the Present*. University of California Press.
[93] Anghie, A. (2004). *Imperialism, Sovereignty, and the Making of International Law*. Cambridge University Press.
[94] Said, E. W. (1993). *Culture and Imperialism*. Knopf.

peuples, leur culture, leur organisation sociale et leurs institutions[95]. La rhétorique de la « mission civilisatrice » s'appuyait sur une prétendue universalité des normes pour imposer des systèmes juridiques et culturels européens, comme en témoignent les traités inégaux réclamés aux pays d'Asie et d'Afrique.

En réalité, l'universalité proclamée servait souvent de façade pour des logiques impérialistes : une domination brutale sous des dehors de bienveillance. Comme le souligne Makau Mutua, cette construction eurocentrée figerait les peuples colonisés dans un statut de subalternes, privés de la capacité de définir les normes qui les régissent[96]. De sorte qu'au cours des cinquante dernières années, le droit international des droits de l'homme n'a cessé d'atteindre un plateau moral rarement associé au droit des gens. Un assortiment diversifié et éclectique d'individus et d'entités invoque aujourd'hui les normes des droits de l'homme et la phraséologie qui les accompagne dans l'intention de se dissimuler, eux et leurs causes, dans la puissance et la droiture perçues du paradigme. Ce qui s'avère intéressant, c'est l'échec de cette confiance universelle dans le langage des droits de l'homme pour créer un accord sur la portée, le contenu et les bases philosophiques du corpus des droits de l'homme[97]. Décrivant cette singularité toute particulière, Antony Anghie constatait que « l'universalité juridique, dans son essence historique, a souvent été un projet d'hégémonie culturelle, masqué sous les traits d'une norme commune ». L'universalisme, loin de se montrer neutre, devenait alors un outil de domination culturelle et politique, mettant en œuvre un ordre mondial asymétrique.

À partir des années 1970, les théories postcoloniales ont en effet entrepris de déconstruire l'idée d'un droit international prétendument

---

[95] Baxi, U. (2006). *The Future of Human Rights*. Oxford University Press.
[96] Mutua, M. (2002). *Human Rights: A Political and Cultural Critique*. University of Pennsylvania Press.
[97] Mutua, Makau. "Human Rights as an Ideology." *Human Rights: A Political and Cultural Critique*, University of Pennsylvania Press, 2002, pp. 39–70.

impartial et apolitique. Des penseurs tels que Frantz Fanon[98] ont dénoncé l'hypocrisie des droits universels, souvent suspendus pour maintenir l'ordre colonial. Pour Fanon, la déshumanisation structurelle des colonisés n'était pas un échec du système, mais sa condition d'existence. De manière complémentaire, Gayatri Spivak analyse comment les structures internationales continuent, même après les indépendances, à exclure les voix des peuples marginalisés. Le silence imposé aux subalternes dans les forums internationaux illustre un « universalisme discursif » où seules les puissances dominantes participent à l'élaboration des normes[99].

Les institutions internationales, telles que les Nations unies ou la Banque mondiale, encourent elles aussi ces critiques[100]. Ces organes, bien qu'officiellement créés pour promouvoir une coopération globale, servent d'espaces de perpétuation des asymétries historiques. La conditionnalité des prêts ou des aides au développement impose souvent des réformes inspirées des modèles occidentaux, au détriment des besoins locaux.

A l'apothéose de l'instrumentalisation politique, l'intervention militaire en Libye sous le cadre de la doctrine de la « responsabilité de protéger » (aussi appelée R2P), bien que justifiée par la nécessité de défendre les civils en raison des réalités opérationnelles. Elle a démontré le besoin d'une action humanitaire soutenue, que de nombreux analystes ont perçue comme une forme de néocolonialisme humanitaire[101]. Pour des penseurs tels qu'Achille Mbembe, cette intervention témoigne d'un recours récurrent à l'humanitarisme pour dissimuler

---

[98] Le grand classique du tiers-mondisme : F. Fanon, *Les damnés de la terre*, 1961
[99] Spivak, Gayatri Chakravorty. "'Can the Subaltern Speak?': Revised Edition, from the 'History' Chapter of Critique of Postcolonial Reason." *Can the Subaltern Speak?: Reflections on the History of an Idea*, edited by ROSALIND C. MORRIS, Columbia University Press, 2010, pp. 21–78.
[100] Chomsky, N. (1999). *Profit Over People: Neoliberalism and Global Order. Seven Stories Press.*
[101] Kaldor, M. (2003). *New and Old Wars: Organized Violence in a Global Era. PoliPoint-Press.*

des objectifs géopolitiques, notamment en Afrique où règne une instabilité politique concurrente dans plusieurs États[102].

Le développement de l'ethnoculturalisme et la renaissance des nationalismes : la pensée universaliste à bout de souffle ?

Si l'universalisme des droits de l'homme s'est imposé comme un idéal structurant du système international d'après-guerre, il se heurte, au tournant des années 2010, à une montée en puissance des doctrines ethnoculturalistes et nationalistes, qui contestent son hégémonie au nom de la souveraineté et de l'identité collective. Cette évolution n'est pas simplement réactionnaire ou conjoncturelle ; elle traduit une transformation profonde des rapports de force idéologiques, dans un monde où la globalisation a cessé d'être perçue comme un horizon de progrès inévitable et s'est muée en facteur d'anxiété civilisationnelle. La croyance dans un ordre mondial intégré, fondé sur des normes partagées et l'interdépendance économique, a cédé la place à des revendications identitaires et à un rejet des institutions supranationales, accusées d'éroder les fondements culturels des nations.

Derrière cette dynamique, un basculement s'est opéré dans la perception du rôle de l'État-nation : longtemps considéré comme un cadre dépassé, une simple structure administrative vouée à s'effacer au profit d'une gouvernance mondiale rationnelle et coopérative, il est aujourd'hui exalté comme l'ultime bastion de la souveraineté populaire. Ce retournement est alimenté par une double désillusion : d'une part, celle née des crises économiques et migratoires qui ont mis à mal la promesse d'un développement partagé sous l'égide des institutions transnationales ; d'autre part, celle d'une gouvernance libérale qui, en

---

[102] *Mbembe, A., Mongin, O., Lempereur, N. et Schlegel, J. (2006). Qu'est-ce que la pensée postcoloniale ? Esprit*

sacralisant les droits individuels, est perçue par certains peuples comme un vecteur d'effacement des identités collectives. La résurgence des discours nationalistes s'inscrit dans cette volonté de réhabilitation d'un cadre juridique et politique fondé sur une communauté historique spécifique, plutôt que sur une universalité abstraite.

Dans l'ensemble des démocraties occidentales, la montée des partis et mouvements populistes repose largement sur une critique de l'universalisme, accusé de masquer une forme de dissolution identitaire imposée par les élites mondialistes. De Viktor Orbán en Hongrie à Donald Trump aux États-Unis, en passant par le Rassemblement national en France et la Lega en Italie, le rejet des institutions supranationales et des normes juridiques globales s'accompagne d'une exaltation de la nation comme seule entité légitime de production du droit. Le Brexit a cristallisé cette dynamique en Europe, traduisant un rejet explicite du cadre juridique européen au nom du *« taking back control »*, slogan révélateur d'une volonté de réappropriation de la souveraineté normative. Le message implicite est clair : l'idée même d'un droit universel serait une négation du droit des peuples à se gouverner selon leurs propres références.

Mais ce rejet ne se limite pas aux sphères politiques : il s'accompagne d'une reconstruction intellectuelle du nationalisme, dans laquelle l'ethnoculturalisme joue un rôle central. Contrairement aux nationalismes du XIXe et du début du XXe siècle, qui reposaient sur une conception politique et territorialiste de l'État-nation, l'ethnoculturalisme contemporain se fonde sur l'idée que chaque peuple est porteur d'une essence spécifique, qui se manifeste non seulement dans son territoire et son histoire, mais aussi dans son rapport au droit, à la morale et aux structures sociales. Il ne s'agit plus simplement d'affirmer la souveraineté des États contre les institutions internationales, mais de défendre une vision différenciée du droit et de l'organisation sociale en fonction des héritages culturels propres à chaque civilisation.

Cette pensée trouve un écho particulier en Europe de l'Est, où la transition post-communiste a renforcé la méfiance envers les modèles juridiques transnationaux. La Hongrie d'Orbán a ainsi théorisé un régime illibéral, où les droits individuels ne sont plus considérés comme un fondement inaliénable, mais comme des éléments ajustables en fonction des impératifs culturels et identitaires. Le droit, au lieu d'être un instrument d'émancipation universelle, redevient un outil de préservation de l'homogénéité nationale. Dans la même logique, la Pologne du parti Droit et Justice a adopté une rhétorique similaire, affirmant la primauté des traditions chrétiennes et polonaises face aux injonctions du droit européen, en particulier sur des sujets comme l'avortement et les droits LGBTQ+.

Cette reconfiguration du nationalisme ne concerne pas seulement l'Europe. En Russie, la doctrine du « *Russkiy Mir* » (*monde russe*), conceptualisée sous Vladimir Poutine, justifie une expansion juridique et géopolitique au nom d'une continuité civilisationnelle entre la Russie et ses voisins. Cette idéologie repose sur l'idée que la nation n'est pas un simple espace politique défini par ses frontières, mais une entité culturelle et spirituelle dont le droit doit être façonné par l'héritage orthodoxe et impérial russe. Le rejet des droits humains universels dans ce cadre n'est pas un simple choix politique, mais une affirmation d'un modèle juridique concurrent, où l'ordre moral collectif prime sur les libertés individuelles.

L'Asie, bien que suivant une trajectoire différente, s'inscrit dans cette contestation de l'universalisme par la revendication d'un relativisme juridique fondé sur la culture et l'histoire locale. La Chine, sous Xi Jinping, a institutionnalisé cette approche avec l'idée d'un « *socialisme aux caractéristiques chinoises* », qui rejette les droits humains universels au profit d'un cadre normatif façonné par la culture confucéenne et la centralité de l'État. Dans cette perspective, les droits ne sont pas des attributs naturels de l'individu, mais des concessions accordées en fonction de l'intérêt collectif et du maintien de l'harmonie sociale. Cette lecture justifie une restriction sévère des libertés fondamentales, considérées non pas comme un progrès mais comme un facteur de déstabilisation.

Mais cette résurgence du nationalisme ne se limite pas aux grandes puissances. Partout, des gouvernements revendiquent désormais un « droit à la différenciation culturelle » face aux injonctions des institutions internationales. L'Inde, sous Narendra Modi, a inscrit dans sa politique un tournant nationaliste hindou (*Hindutva*), illustré par la révocation du statut spécial du Cachemire et la marginalisation progressive des minorités musulmanes. Le Brésil, sous Jair Bolsonaro, a justifié le démantèlement des protections environnementales et des droits autochtones par une rhétorique anti-globaliste, rejetant toute ingérence étrangère sur les questions de souveraineté. En Turquie, Recep Tayyip Erdoğan a adopté une ligne similaire, exaltant une identité turco-islamique en opposition aux valeurs occidentales considérées comme « *décadentes* » et incompatibles avec la structure traditionnelle de la société turque.

Ces dynamiques convergent vers une même critique : celle d'un droit international conçu comme une imposition étrangère, un carcan normatif dont il faudrait se libérer pour préserver les traditions et la cohésion nationale. Ce mouvement, bien que varié dans ses formes, repose sur une idée commune : l'universel est une fiction occidentale, et les peuples doivent reprendre le contrôle de leur destin juridique et moral. Cette tendance interroge non seulement l'avenir du droit international, mais aussi la possibilité même d'un dialogue entre des conceptions fondamentalement opposées du droit et de l'individu. Peut-on encore espérer une convergence normative, ou bien sommes-nous entrés dans une ère de fragmentation irréversible, où chaque espace civilisationnel réaffirme ses propres standards, quitte à créer un monde juridiquement morcelé et conflictuel ?

Crises globales et conflits armés : une fragilisation accélérée de la pensée universaliste à l'aune d'une géopolitique de la peur ?

Dans le tumulte des crises globales qui secouent notre époque, l'humanité se trouve confrontée à des défis d'une ampleur sans précédent. Ces épreuves révèlent la fragilité de l'universalisme des droits de l'homme, souvent supplanté par les impératifs du droit de la guerre ou les revendications de souveraineté nationale. Au cœur de ce maelström, l'identité culturelle de l'individu cherche sa place, oscillant entre préservation et transformation.

Le réchauffement climatique, autre champ de bataille entre souveraineté nationale et universalité des droits, agit comme un catalyseur des crises migratoires. L'élévation du niveau des mers menace des nations entières, comme les Maldives ou le Bangladesh, tandis que la désertification accélérée en Afrique pousse des millions de personnes sur les routes. Pourtant, face à ce défi global, la réponse des États demeure fragmentée, dictée par des logiques nationales plus que par un véritable engagement collectif. En Europe, l'Italie et la Grèce, premières lignes de la crise migratoire méditerranéenne, réclament un partage du fardeau, tandis que la France et l'Allemagne renforcent leurs politiques d'expulsion. Aux États-Unis, la pression migratoire venue d'Amérique centrale, exacerbée par la sécheresse et l'effondrement des rendements agricoles, alimente un discours sécuritaire qui relègue la dimension humanitaire au second plan. Pendant ce temps, les pays du Golfe investissent massivement dans la désalinisation de l'eau et la protection de leurs infrastructures, mais refusent d'accueillir les réfugiés climatiques du Moyen-Orient. Ainsi, le réchauffement climatique révèle une nouvelle fracture mondiale : entre ceux qui ont les moyens d'adapter leur territoire et ceux qui, poussés à l'exil, se heurtent aux murs d'un monde qui, au lieu de reconnaître leur droit à la survie, les considère comme une menace.

Parallèlement, les crises migratoires posent des défis complexes aux sociétés d'accueil. Les migrations massives, qu'elles soient provoquées par les conflits, les persécutions politiques ou les catastrophes environnementales liées au changement climatique, confrontent les nations à des dilemmes humanitaires et identitaires. Les migrants apportent avec eux leurs cultures, leurs langues et leurs traditions, enrichissant le tissu social des pays d'accueil, mais suscitant également des tensions liées à l'intégration et à la préservation des identités culturelles locales.

D'un point de vue conceptuel, la philosophie du droit peine à concilier cette tension entre souveraineté et universalisme. Kant, dans son projet de paix perpétuelle, entrevoyait un ordre juridique fondé sur une raison universelle et la coexistence pacifique des peuples. Pour lui, le droit devait s'émanciper de la contingence politique pour devenir un cadre éthique universel, garant de la dignité humaine. Or, cette ambition kantienne s'est heurtée aux réalités du monde moderne : les États, soucieux de leur souveraineté, rejettent toute contrainte qui limiterait leur autonomie, tandis que les institutions internationales censées incarner cet idéal peinent à imposer leurs décisions. La modernité a accouché d'un paradoxe : plus le droit international se veut absolu, plus son effectivité est relative. Le jus cogens, censé représenter les normes impératives du droit international – interdiction de la torture, des génocides, des crimes contre l'humanité –, s'efface devant les rapports de force géopolitiques.

Le recours au concept de crime de guerre ou de crime contre l'humanité a montré ses limites. La Cour pénale internationale (CPI), censée être un organe impartial de justice mondiale, est contestée par les grandes puissances qui refusent de se soumettre à sa juridiction. Les États-Unis n'ont jamais ratifié le Statut de Rome et vont jusqu'à menacer de sanctions les juges de la CPI lorsqu'ils enquêtent sur des crimes présumés commis par l'armée américaine. En parallèle, la Russie, visée par un mandat d'arrêt de la CPI contre Vladimir Poutine pour déportation d'enfants ukrainiens, dénonce une « justice occidentale à sens unique ». L'Afrique, qui a vu plusieurs de ses chefs d'État poursuivis alors que des dirigeants occidentaux ou chinois échappent à toute inculpation, perçoit la CPI comme un instrument néocolonial. La justice pénale internationale demeure paralysée par le jeu des influences : les enquêtes avancent si elles ne contrarient pas les intérêts des grandes puissances, et les condamnations, rares, sont souvent perçues comme sélectives. La reconnaissance des droits fondamentaux reste ainsi une fiction juridique tant que leur application dépend du bon vouloir des États et de leur capacité à faire respecter la norme.

Les conflits actuels illustrent cruellement l'érosion des principes universels censés protéger chaque être humain. Depuis la Déclaration universelle de 1948, les droits fondamentaux se présentent comme une promesse éthique, censée transcender les États et les régimes politiques. Pourtant, des situations récentes illustrent une réalité brutale : dans les rapports de force internationaux, le droit de la guerre l'emporte souvent sur le droit des hommes. Partant de ce postulat, la primauté accordée au droit de la guerre et à la souveraineté nationale au détriment des droits humains universels. Les États invoquent leur souveraineté pour justifier des actions militaires ou des politiques répressives, reléguant au second plan les engagements internationaux en matière de droits de l'homme. Cette dynamique est exacerbée par une diplomatie transactionnelle, où les intérêts politiques et économiques priment sur les principes éthiques, affaiblissant ainsi le système international de protection des droits humains.

Au Soudan, depuis le début du conflit en avril 2023, les violations graves des droits de l'enfant se multiplient. Le conflit entre l'armée régulière et les Forces de soutien rapide (FSR) a engendré une catastrophe humanitaire sans précédent. Depuis le début des hostilités en avril 2023, plus de 4 millions de personnes ont été déplacées, dont 3 millions à l'intérieur du pays. Les conditions sanitaires se détériorent rapidement, avec des pénuries de médicaments et une augmentation alarmante des taux de malnutrition et des épidémies, notamment de rougeole, touchant gravement les enfants de moins de cinq ans. Les agences humanitaires, sous-financées, peinent à répondre aux besoins croissants, tandis que les combats entravent l'accès aux populations vulnérables. Selon l'UNICEF, au moins 435 enfants ont été tués et 2 025 blessés au cours des 100 premiers jours du conflit, soit une moyenne de plus d'un enfant par heure. Ces chiffres, probablement sous-estimés, témoignent de l'impact dévastateur de la guerre sur les plus vulnérables. Les infrastructures essentielles, telles que les hôpitaux et les écoles, sont ciblées ou utilisées à des fins militaires, exacerbant la crise humanitaire.

En Ukraine, l'annexion de territoires par la Russie et les combats incessants ont conduit à des violations massives des droits de l'homme. Les populations civiles sont prises en étau entre les forces en présence, subissant déplacements forcés, exactions et privations. Les infrastructures civiles, notamment énergétiques, sont régulièrement ciblées, plongeant des millions de personnes dans des conditions de vie précaires, surtout en période hivernale. Les efforts diplomatiques pour instaurer des corridors humanitaires sont souvent entravés par des considérations stratégiques, reléguant la protection des civils au second plan. En mars 2025, la guerre en Ukraine a pris une tournure préoccupante avec l'émergence de divergences notables entre les États-Unis et l'Union européenne. Le président américain, Donald Trump, a récemment décidé de suspendre l'aide militaire à l'Ukraine et de cesser le partage de renseignements avec Kyiv, une mesure qualifiée de brutale par la députée ukrainienne Kira Rudik, qui craint une augmentation des pertes civiles. Cette décision a poussé les dirigeants européens à se réunir en urgence à Bruxelles pour renforcer leurs capacités de défense indépendamment des États-Unis. La présidente de la Commission européenne, Ursula von der Leyen, a souligné la nécessité d'une action rapide pour assurer une Europe plus forte et souveraine. Cependant, des divisions internes au sein de l'UE, notamment le soutien de la Hongrie et de la Slovaquie au plan de Trump, compliquent l'élaboration d'une stratégie unifiée. Ces tensions géopolitiques ont des répercussions directes sur la situation des droits de l'homme en Ukraine. La réduction du soutien militaire et du partage de renseignements affaiblit la capacité de l'Ukraine à se défendre, exposant davantage la population civile aux exactions et aux violations des droits fondamentaux. Face à cette situation, l'Union européenne a proposé de prolonger la protection temporaire accordée aux personnes fuyant le conflit, offrant ainsi un soutien continu à plus de 4 millions de réfugiés ukrainiens. Néanmoins, l'avenir des droits de l'homme sur le sol ukrainien demeure incertain, dépendant étroitement de l'évolution des alliances internationales et de l'engagement des puissances mondiales à soutenir la souveraineté et l'intégrité territoriale de l'Ukraine.

À Gaza, les offensives militaires israéliennes en réponse aux attaques du Hamas ont entraîné des destructions massives et un nombre élevé de victimes civiles. L'accès à l'aide humanitaire est fréquemment restreint, conditionné par les impératifs sécuritaires d'Israël. Les populations civiles, déjà éprouvées par des années de blocus, voient leurs droits fondamentaux bafoués, avec un accès limité aux soins, à l'eau potable et à l'éducation. Les appels internationaux à un cessez-le-feu et à la protection des civils peinent à se traduire en actions concrètes, illustrant la primauté des considérations militaires sur les obligations humanitaires. En début de l'an 2025, la situation entre Israël et Gaza demeure extrêmement tendue, malgré l'accord de cessez-le-feu conclu. Cet accord, entré en vigueur le 19 janvier, prévoyait une suspension des hostilités et un échange progressif d'otages et de prisonniers. Cependant, des violations alléguées de cet accord, notamment le blocage de l'aide humanitaire par Israël, ont conduit le Hamas à menacer de suspendre la libération des otages prévue pour le 15 février 2025. En réponse, Israël a brandi la menace d'une nouvelle guerre visant à mettre en œuvre le plan de Trump, qui propose de placer Gaza sous contrôle américain et de déplacer ses 2,4 millions d'habitants vers l'Égypte ou la Jordanie. Parallèlement, les États-Unis ont confirmé engager des négociations directes avec le Hamas pour la première fois, dans le but de libérer les otages américains et de mettre fin au conflit. Ces pourparlers, menés par l'envoyé présidentiel

Adam Boehler à Doha, se concentrent notamment sur la libération d'Edan Alexander, dernier otage américain à Gaza. De leur côté, le Royaume-Uni, la France et l'Allemagne ont exhorté Israël à respecter ses obligations internationales en matière d'accès à l'aide humanitaire à Gaza, soulignant que cette assistance doit être fournie de manière complète, rapide, sûre et sans entrave, sans être conditionnée à un cessez-le-feu ou utilisée comme outil politique. Malgré ces efforts diplomatiques, la situation humanitaire à Gaza se détériore, avec des pénuries alimentaires et une crise humanitaire exacerbée par le blocage de l'aide. Les perspectives de paix restent incertaines, alors que les tensions persistent et que les négociations peinent à aboutir à une solution durable.

En Centrafrique, les affrontements entre groupes armés et forces gouvernementales ont plongé le pays dans une crise humanitaire sans précédent. Les civils sont victimes de violences sexuelles, de recrutements forcés et de déplacements massifs. Malgré la présence de forces internationales, la protection des populations reste insuffisante, et les violations des droits de l'homme se poursuivent en toute impunité. La fragilité des institutions étatiques et les intérêts divergents des acteurs internationaux compliquent la mise en œuvre de solutions durables. En début de l'an 2025, la République centrafricaine demeure un foyer de crises humanitaires et sécuritaires majeures. Malgré les efforts de paix, des groupes rebelles tels que les 3R (Retour, Réclamation et Réhabilitation) continuent de semer la terreur. Une attaque récente dans le village de Nzoroh a causé la mort de neuf personnes et la destruction de plus de 700 habitations, forçant les habitants à fuir. D'autres allégations graves pèsent sur les casques bleus de la MINUSCA, accusés d'abus sexuels envers la population qu'ils sont censés protéger, exacerbant la méfiance et l'instabilité.

Dans ces contextes, la protection des civils devient une variable d'ajustement, suspendue aux intérêts stratégiques des grandes puissances. Les principes du droit international humanitaire, censés garantir la protection des non-combattants, sont régulièrement violés ou ignorés. L'individu, pourtant sujet du droit, est ramené à une condition tragique :

celle de la vulnérabilité face aux intérêts des États et des alliances. Cette réalité interpelle sur l'effectivité des mécanismes internationaux de protection des droits de l'homme et sur la volonté politique des acteurs étatiques à les respecter et les faire respecter, le plus souvent ombragés par des revendications identitaires fortes qui résultent d'un monde en tension.

La place de l'identité culturelle dans l'équilibre vacillant du droit

Dans cette perspective de fragilisation de la portée universelle des droits de l'homme, en temps de guerres et en temps de crises, la protection de l'identité culturelle de l'individu devient un enjeu central. Face à la mondialisation et aux crises qui l'accompagnent, les individus cherchent à préserver leur héritage culturel tout en s'adaptant à de nouveaux environnements. Cette quête d'identité peut être perçue comme une résistance à l'homogénéisation culturelle, mais elle peut aussi engendrer des replis communautaires ou nationalistes, exacerbant les divisions au sein des sociétés.

L'identité culturelle, quant à elle, se trouve instrumentalisée dans ce jeu de puissance. D'un côté, elle sert d'argument pour refuser l'imposition d'un modèle juridique occidental, au nom de spécificités locales. La Chine, par exemple, justifie son rejet des critiques sur le sort des Ouïghours ou des dissidents hongkongais en invoquant un « modèle chinois » des droits de l'homme, où la stabilité prime sur les libertés individuelles. De l'autre, elle est utilisée comme justification pour légitimer la répression. En Russie, l'invasion de l'Ukraine est narrée comme une lutte contre une « contamination occidentale », où l'identité russe orthodoxe doit être préservée face aux valeurs libérales de l'Europe et des États-Unis. En Inde, la montée du nationalisme hindou sous Narendra Modi aboutit à une marginalisation croissante des minorités musulmanes, au nom d'une hindouisation du pays.

Dans cette perspective, l'identité culturelle devient un double tranchant : protectrice de la diversité humaine, mais aussi prétexte à l'oppression. Ce paradoxe est d'autant plus frappant que l'Occident lui-même n'échappe pas à cette instrumentalisation. Aux États-Unis et en Europe, la montée des discours identitaires oppose un universalisme théorique – celui des Lumières et des droits de l'homme – à des revendications nationalistes et protectionnistes qui refusent toute ingérence extérieure. Entre souveraineté des États, intérêts stratégiques et impératif humanitaire, les droits de l'homme apparaissent aujourd'hui non comme un socle intangible, mais comme un champ de bataille où s'affrontent visions du monde et rapports de force. La question n'est plus de savoir si ces droits sont universels, mais à quelles conditions ils peuvent encore être appliqués dans un monde où les États privilégient leur pouvoir à la justice.

Il est donc essentiel de repenser notre approche des droits de l'homme et de la souveraineté nationale à la lumière de ces défis contemporains. Plutôt que de les opposer, nous devrions les envisager comme complémentaires, reconnaissant que la protection des droits individuels et le respect des identités culturelles sont indissociables d'une souveraineté nationale éclairée et responsable. Cela nécessite une refonte du multilatéralisme, où les institutions internationales sont renforcées et les États s'engagent véritablement à respecter leurs obligations en matière de droits humains. Cela implique également de reconnaître la valeur de chaque culture, de favoriser le dialogue interculturel et de lutter contre les discriminations. Ce n'est alors qu'en adoptant une vision inclusive et humaniste que nous pourrons surmonter les défis actuels et construire un avenir où chaque individu, riche de son identité culturelle, pourra s'épanouir pleinement. C'est davantage à travers une perspective de fragmentation du droit international à l'aune des revendications identitaires que doit être étudier la reconnaissance des identités collectives dans les stratégies d'inclusion au niveau international, régional et national.

IV. LES STRATÉGIES D'INCLUSION DES IDENTITÉS COLLECTIVES DANS LES SYSTEMES JURIDIQUES

La gouvernance mondiale des droits de l'homme ne repose pas sur un édifice homogène, mais sur une mosaïque de systèmes régionaux, chacun marqué par une empreinte culturelle, historique et politique unique. Ces régimes, loin d'être de simples déclinaisons d'un modèle universaliste abstrait, sont le résultat de compromis entre principes et réalités locales, entre aspirations supranationales et revendications souverainistes. Cette diversité illustre plutôt les tensions constitutives de l'universalisme : si les droits humains sont affirmés comme universels, leur mise en œuvre n'échappe pas aux logiques de pouvoir, aux héritages juridiques et aux résistances étatiques.

Section 1. Une hybridation en cours du droit international des droits de l'homme sous le prisme identitaire

Les revendications identitaires transforment profondément la notion de citoyenneté et les cadres juridiques qui l'encadrent. Alors que la citoyenneté a longtemps reposé sur une appartenance nationale et un ensemble de droits uniformisés, les mobilisations identitaires—qu'elles soient culturelles, ethniques, de genre ou religieuses—contestent cette vision et exigent une reconnaissance différenciée des droits. Cette dynamique se manifeste par une hybridation du droit, où les États et les institutions internationales sont contraints d'adapter leurs normes sous la pression de groupes mobilisés. Cette judiciarisation des revendications identitaires pose une question majeure : le droit doit-il être un outil d'uniformisation ou un cadre flexible capable d'intégrer des identités plurielles ?

Les revendications identitaires reconfigurent ainsi le lien entre citoyenneté et droit, plaçant les États face à un dilemme fondamental : adapter les cadres juridiques pour répondre aux exigences de reconnaissance, ou résister à cette fragmentation au nom de la cohésion nationale. A cet effet, les textes juridiques internationaux, loin d'être de simples énoncés normatifs, jouent un rôle fondamental dans l'intégration des identités collectives. À travers diverses stratégies, ils tentent de concilier universalité des droits et reconnaissance des spécificités culturelles, sociales et économiques. Cette articulation repose sur trois approches principales : l'adaptation des droits à des contextes spécifiques, la reconnaissance des minorités comme sujets de droit et l'élaboration de dispositifs de protection transnationale.

L'adaptation croissante du droit international des droits de l'homme aux identités collectives

L'adaptation des droits aux contextes identitaires illustre une transition progressive des normes juridiques internationales d'une approche universaliste rigide vers une reconnaissance plus nuancée des identités collectives. Loin de remettre en cause les principes fondamentaux des droits de l'homme, cette évolution vise à intégrer la diversité culturelle et sociale dans l'application du droit. Cette dynamique repose sur trois mécanismes complémentaires : la reconnaissance de droits spécifiques pour certaines communautés, la prise en compte des traditions dans l'interprétation juridique et l'intégration du pluralisme juridique dans les systèmes nationaux et internationaux. L'adoption de la Convention 169 de l'Organisation internationale du travail en 1989 marque un tournant majeur dans la prise en compte des réalités identitaires. Ce texte rompt avec l'approche assimilationniste de la

Convention 107, qui cherchait à intégrer les peuples autochtones dans les structures nationales dominantes. En reconnaissant aux peuples indigènes et tribaux des droits spécifiques en matière de propriété foncière, d'autonomie culturelle et de participation politique, la Convention 169 établit un cadre normatif garantissant la préservation des identités collectives[103].

L'une des dispositions les plus innovantes du texte est le droit à la consultation préalable avant toute décision affectant les territoires et ressources des peuples autochtones (article 6). Ce principe a été mobilisé dans plusieurs contentieux environnementaux pour prévenir la dépossession foncière et l'exploitation des ressources sans consentement des populations concernées. L'affaire Saramaka c. Suriname[104] illustre cette application, la Cour imposant à l'État surinamais de consulter les communautés marronnes avant tout projet minier sur leurs terres ancestrales[105]. Cette jurisprudence a ensuite influencé d'autres instances, contribuant à l'affirmation du consentement libre, préalable et éclairé comme principe fondamental du droit international des peuples autochtones.

Dans le domaine des droits humains, la CEDH a progressivement intégré la nécessité d'une interprétation contextualisée de la Convention européenne des droits de l'homme afin de mieux protéger les minorités. L'arrêt Chapman c. Royaume-Uni[106] en témoigne puisque la Cour a reconnu que les Roms possèdent un mode de vie distinct nécessitant une protection spécifique au regard du droit au respect de la vie privée et familiale (article 8). Cette décision a ouvert la voie à des jurisprudences plus protectrices, notamment l'affaire Connors[107], où la

---

[103] Anaya, J. (2009). *Indigenous Peoples in International Law*. Oxford University Press.
[104] Cour interaméricaine des droits de l'homme, *Saramaka c. Suriname*, 2007
[105] Clavero, B. (2010). *Geopolitics of Law and Indigenous Rights: The Indian Question in Latin America*. Oxford University Press.
[106] CEDH, *Chapman c. Royaume-Uni*, 2001
[107] CEDH, *Connors c. Royaume-Uni*, 2004

CEDH a condamné l'expulsion arbitraire d'une famille rom d'un site public sans justification suffisante[108]. La Cour a également pu reconnaitre l'existence d'une discrimination systémique dans l'éducation des enfants roms[109]. Ces derniers étaient placés de manière disproportionnée dans des écoles pour élèves déficients intellectuels, perpétuant ainsi une ségrégation scolaire structurelle. En prenant en compte les réalités socio-historiques de la marginalisation des Roms, la CEDH a imposé aux États des obligations positives pour lutter contre cette forme de discrimination[110]. Cette jurisprudence illustre le passage d'une protection purement formelle des droits à une approche plus pragmatique, ancrée dans les spécificités des groupes concernés.

L'un des aspects les plus novateurs de l'adaptation des droits aux contextes identitaires réside dans la reconnaissance progressive des systèmes juridiques coutumiers et autochtones. Cette intégration vise à concilier les normes internationales avec les traditions locales, évitant ainsi une uniformisation juridique qui pourrait être perçue comme une forme d'impérialisme normatif. Le droit international tend ainsi à reconnaître des systèmes parallèles, notamment dans les domaines de la justice et de la gouvernance locale. En Amérique latine, plusieurs États ont intégré ces principes dans leurs constitutions. La Constitution de l'Équateur, par exemple, reconnaît explicitement la juridiction indigène (article 171), permettant aux autorités autochtones de rendre justice selon leurs propres normes, à condition de respecter les droits fondamentaux[111]. La Cour interaméricaine des droits de l'homme a également consolidé cette reconnaissance à travers sa jurisprudence. Dans l'affaire Kichwa de Sarayaku c. Équateur[112], elle a condamné

---

[108] Henrard, K. (2016). *Minority Protection in Post-Apartheid South Africa: Human Rights, Minority Rights, and Self-Determination*. Praeger.
[109] CEDH, *D.H. et autres c. République tchèque*, 2007
[110] Ringelheim, J. (2017). *Minorities and Cultural Diversity in the European Legal Context*. Routledge.
[111] Yrigoyen Fajardo, R. (2011). *Indigenous Justice Systems and Legal Pluralism in Latin America*. Latin American Law Review.
[112] Cour interaméricaine des droits de l'homme, *Kichwa de Sarayaku c. Équateur*, 2012

l'Équateur pour ne pas avoir consulté la communauté kichwa avant d'autoriser des activités pétrolières sur son territoire. Ce jugement a renforcé le principe du consentement libre, préalable et éclairé, tout en légitimant les autorités autochtones comme interlocuteurs juridiques autonomes[113].

Toutefois, l'intégration du pluralisme juridique soulève des défis, notamment en cas de conflit entre normes coutumières et droits fondamentaux. Certaines pratiques traditionnelles, comme le règlement de litiges par la compensation en nature ou le mariage précoce, peuvent entrer en contradiction avec les conventions internationales de protection des droits humains. Cela pose la question de l'harmonisation entre systèmes juridiques sans compromettre les garanties fondamentales[114]. Loin d'être une remise en cause de l'universalité des droits, l'adaptation des normes juridiques aux contextes identitaires traduit une évolution vers une universalité inclusive, capable d'intégrer la diversité sans renoncer aux principes fondamentaux. En conciliant spécificité culturelle et protection des droits, le droit international contemporain se dote ainsi d'outils mieux adaptés aux réalités complexes des sociétés pluriculturelles.

La reconnaissance des minorités comme sujet de droit : une consultation suffisante ?

La reconnaissance explicite des minorités dans le cadre juridique international marque une évolution significative vers une protection accrue des identités collectives. Longtemps perçue comme une question relevant exclusivement de la souveraineté étatique, cette

---

[113] MacKay, F. (2013). *Indigenous Peoples' Rights and International Law: The Sarayaku Case.* International Law Review.
[114] Merry, S. E. (2006). *Human Rights and Gender Violence: Translating International Law into Local Justice.* University of Chicago Press.

reconnaissance s'est progressivement imposée dans le droit international, traduisant un glissement où les groupes culturels, linguistiques et religieux deviennent des sujets de droit à part entière.

Le Pacte international relatif aux droits civils et politiques joue un rôle fondamental en inscrivant, dans son article 27, le droit des minorités ethniques, religieuses et linguistiques à préserver leur culture, leur religion et leur langue. Contrairement aux autres dispositions du Pacte qui imposent des obligations générales aux États, cet article s'adresse directement aux minorités, affirmant leur droit à une existence culturelle distincte. Loin d'être symbolique, il a servi de fondement à une jurisprudence évolutive. Dans l'affaire Länsman[115], le Comité des droits de l'homme des Nations unies a statué que l'exploitation forestière sur des terres samies pouvait constituer une violation du droit à la culture, soulignant ainsi que les activités économiques d'un État ne devaient pas compromettre la préservation des modes de vie traditionnels[116]. Cette interprétation témoigne d'une prise en compte croissante des spécificités culturelles dans l'application des droits humains.

En parallèle, la Déclaration des Nations unies sur les droits des peuples autochtones constitue une avancée majeure en dépassant la simple reconnaissance culturelle pour consacrer des droits politiques et territoriaux. Ce texte affirme notamment le droit à l'autodétermination et au consentement libre, préalable et éclairé en cas de projets susceptibles d'affecter les terres et ressources des communautés concernées. Bien que juridiquement non contraignante, la Déclaration influence les législations nationales et les décisions des organisations internationales. Par exemple, plusieurs États d'Amérique latine, sous l'impulsion de la jurisprudence de la Cour interaméricaine des droits de l'homme, ont intégré ces principes dans leur droit interne. L'affaire

---

[115] Comité des droits de l'homme de l'ONU, *Länsman c. Finlande*, 1994
[116] Scheinin, M. (2000). *The Right to Enjoy a Distinct Culture: Indigenous and Competing Uses of Land*. In *Economic, Social and Cultural Rights in International Law*. Oxford University Press.

Saramaka c. Suriname a ainsi conduit la Cour à reconnaître que l'absence de consultation des peuples autochtones dans des projets d'exploitation minière violait leurs droits fondamentaux, imposant à l'État des obligations précises en matière de protection des terres ancestrales.

Ces évolutions traduisent un élargissement du droit international vers une reconnaissance plus substantielle des identités collectives. En passant d'une protection strictement culturelle à une reconnaissance juridique et politique, les minorités ne sont plus seulement perçues comme des groupes à préserver, mais comme des acteurs légitimes du droit international. Cette mutation reflète une tension entre l'universalisme des droits et la nécessité d'une adaptation aux réalités identitaires, posant ainsi les bases d'une redéfinition contemporaine de la citoyenneté et des appartenances collectives.

La protection internationale des identités collectives : un dépassement des divergences de protection au niveau national

L'élaboration de dispositifs de protection transnationale des identités collectives repose sur une coopération accrue entre États et institutions supranationales, illustrant un dépassement progressif du cadre strictement national des droits des minorités. Cette dynamique traduit la nécessité de concilier souveraineté étatique et reconnaissance des identités collectives dans un monde où les revendications identitaires s'expriment de manière globale.

L'Union européenne constitue un exemple paradigmatique de cette évolution. Dès la Charte des droits fondamentaux de l'UE, l'article 22 affirme explicitement le respect de la diversité culturelle, religieuse et linguistique, établissant un principe fondamental pour l'ensemble des États membres. Cette reconnaissance est renforcée par la Convention-cadre pour la protection des minorités nationales de 1995 du Conseil de l'Europe, qui impose aux États signataires des obligations en matière de non-discrimination et de promotion des identités minoritaires. Ce texte, bien que dépourvu de mécanisme contraignant de sanction, a favorisé l'émergence d'un standard européen en matière de protection des minorités[117].

Au-delà du cadre européen, le système interaméricain des droits humains adopte une approche particulièrement avancée en matière de protection des minorités et des peuples autochtones. La Cour interaméricaine des droits de l'homme a joué un rôle pionnier en consacrant des droits collectifs au-delà du strict prisme individuel. L'arrêt Awas Tingni[118] constitue une décision emblématique : la Cour a reconnu pour la première fois le droit des peuples autochtones à la possession et à l'administration de leurs terres ancestrales, imposant à l'État nicaraguayen de garantir ces droits en droit interne[119]. Cette jurisprudence a inspiré des décisions ultérieures, telles que l'affaire Saramaka c. Suriname, qui a renforcé le principe du consentement libre, préalable et éclairé avant toute exploitation des ressources affectant les territoires indigènes. Ces avancées démontrent que le système interaméricain ne se limite pas à la reconnaissance des droits, mais impose aux États des obligations concrètes de protection et de restitution foncière.

Cette tendance à la transnationalisation des protections illustre une redéfinition du rôle des textes juridiques internationaux. Ceux-ci ne se limitent plus à garantir des droits abstraits, mais s'adaptent aux dynamiques identitaires, imposant aux États des obligations spécifiques en fonction des réalités culturelles et historiques. En ce sens, l'articulation entre universalité des droits et reconnaissance du particularisme identitaire devient un enjeu central. Loin d'être un frein à l'universalité, cette adaptation permet au droit international de s'ancrer dans les

---

[117] Marko, J. (2012). *Legal Protection of Minorities in Europe: A Double Standard?* In T. Giegerich (Ed.), *Protecting Minorities in the Future* (pp. 45-68). Springer.
[118] Cour interaméricaine des droits de l'homme (CIDH), Communauté Mayagna (Sumo) Awas Tingni c. Nicaragua, arrêt du 31 août 2001, Série C, n° 79.
[119] Pasqualucci, J. M. (2003). *The Practice and Procedure of the Inter-American Court of Human Rights*. Cambridge University Press.

réalités sociales et de prévenir les conflits liés à la négation des identités collectives[120]. La multiplication des instruments supranationaux et le développement d'une jurisprudence protectrice témoignent ainsi d'un mouvement irréversible vers une intégration équilibrée des identités collectives dans l'ordre juridique mondial.

Que retenir de l'hybridation du droit international face aux revendications identitaires ?

Les dynamiques actuelles du droit international témoignent d'un infléchissement vers une prise en compte plus explicite des identités collectives, notamment dans le cadre des Nations unies. Les discussions autour des droits des peuples autochtones, l'adoption d'instruments juridiques consacrant des formes de reconnaissance culturelle et la multiplication des forums dédiés à la diversité juridique montrent que l'universalisme rigide qui prévalait autrefois cède progressivement du terrain à une approche plus flexible. Toutefois, cette évolution demeure incomplète : le droit international peine encore à articuler ces adaptations avec le principe d'égalité devant la loi et la nécessité de préserver la cohérence normative. L'inclusion des identités collectives dans la gouvernance mondiale des droits humains ne peut donc se limiter à une simple reconnaissance déclarative ; elle suppose un cadre structuré, garantissant que l'intégration de la diversité ne conduise pas à un émiettement des normes. Cette réflexion ouvre la voie à une interrogation plus large sur la viabilité du civisme identitaire comme outil d'organisation juridique, notamment face aux risques de récupération et de dérives qu'il pourrait engendrer.

---

[120] Henrard, K. (2016). *The Ambiguous Relationship between Minority Protection and the Prohibition of Discrimination: The European Union and Beyond*. Brill.

Section 2. Une différenciation dans l'intégration des identités collectives par les systèmes juridiques nationaux

L'intégration des identités collectives dans les systèmes juridiques nationaux constitue l'un des enjeux majeurs des sociétés contemporaines. Tandis que certains États développent des modèles avancés de reconnaissance institutionnelle, d'autres subordonnent la diversité culturelle aux impératifs d'unité nationale, créant ainsi des tensions entre universalité des droits et particularismes culturels. Cette réalité pose une question fondamentale : un modèle universel de civisme identitaire, conciliant reconnaissance des droits collectifs et principes universels des droits fondamentaux, est-il viable dans un monde où les conceptions juridiques et politiques de l'identité varient radicalement selon les contextes ?

Premier type : Les modèles de reconnaissance institutionnelle des identités collectives

L'Amérique latine est sans doute la région où la reconnaissance des droits collectifs des peuples autochtones a le plus progressé sur le plan constitutionnel. Contrairement à d'autres parties du monde où ces identités restent marginalisées, plusieurs États latino-américains ont intégré explicitement ces droits dans leurs constitutions nationales, marquant une avancée significative vers des modèles plurinationaux et interculturels[121]. Le système interaméricain, structuré autour de la Convention américaine des droits de l'homme de 1969 et de la Cour interaméricaine des droits de l'homme (CIDH), s'est construit dans un contexte de dictatures militaires et de violences institutionnalisées.

---

[121] Van Cott, D. L. (2000). *The friendly liquidation of the past: The politics of diversity in Latin America*. University of Pittsburgh Press.

Alors que l'Europe s'appuie sur un contrôle juridictionnel progressif, l'Amérique latine opte plutôt pour une posture militante et interventionniste. La CIDH s'érige en véritable contre-pouvoir face aux États, n'hésitant pas à condamner les lois d'amnistie, imposer des réformes législatives ou reconnaitre des droits collectifs.

Cette dynamique se lit dans des décisions emblématiques de la CIDH. L'affaire Barrios Altos c. Pérou[122] a marqué une rupture en déclarant illégales les lois d'amnistie protégeant les auteurs de crimes de guerre, établissant ainsi un principe d'incompatibilité entre justice transitionnelle et impunité. Dans Gomes Lund c. Brésil[123], la Cour a rappelé que l'État a l'obligation d'enquêter sur les crimes de la dictature militaire, malgré la persistance d'un cadre légal protégeant les responsables. Dans cette perspective, la décision Lhaka Honhat c. Argentine[124] constitue une avancée en reconnaissant les droits collectifs d'un peuple autochtone sur ses terres ancestrales et impose de fait une restitution effective du territoire aux communautés concernées.

Mais cette approche résolument engagée se heurte à la résistance des États. En 2012, le Venezuela s'est retiré du système interaméricain, dénonçant une ingérence inacceptable. D'autres pays, comme le Pérou et le Brésil, contestent régulièrement les décisions de la Cour, refusant d'appliquer certaines de ses injonctions. Ces tensions mettent en évidence une fracture durable entre le volontarisme juridique et la souveraineté étatique. L'efficacité du droit se mesure à la fois à sa force normative et à sa capacité d'imposition politique.

La Bolivie et l'Équateur ont adopté des constitutions plurinationales, qui reconnaissent les peuples autochtones comme sujets de droit collectif et leur confèrent des formes d'autonomie politique et juridique. La Constitution bolivienne de 2009 stipule que la Bolivie est un

---

[122] Barrios Altos c. Pérou, CIDH, 14 mars 2001.
[123] Gomes Lund et autres c. Brésil, CIDH, 24 novembre 2010.
[124] Lhaka Honhat c. Argentine, CIDH, 6 février 2020.

« État plurinational », intégrant 36 nations autochtones disposant de compétences spécifiques en matière de gouvernance territoriale et de justice coutumière (Article 2, Constitution bolivienne). De même, l'Équateur, avec sa Constitution de 2008, a introduit le concept de *Sumak Kawsay* (Buen Vivir), issu des traditions indigènes andines, qui replace l'harmonie entre l'homme et la nature au cœur du modèle de développement[125]. Cependant, ces avancées restent fragiles : la mise en œuvre effective de ces principes se heurte aux intérêts économiques des États et à l'emprise des industries extractives, comme en témoigne le cas de l'initiative Yasuni-ITT, qui visait à préserver les territoires indigènes de l'exploitation pétrolière mais a été abandonnée sous la pression économique[126].

La Colombie et le Pérou illustrent un autre niveau d'intégration des identités collectives, où la reconnaissance juridique progresse mais reste constamment menacée par des enjeux fonciers et industriels. La Colombie reconnaît depuis 1991 l'existence de territoires autochtones autonomes (*resguardos*), où le droit coutumier peut s'appliquer. Cette reconnaissance a été renforcée par plusieurs décisions de la Cour constitutionnelle colombienne, qui a imposé l'obligation d'une consultation préalable obligatoire avant tout projet minier affectant les terres indigènes, conformément à la Convention 169 de l'OIT[127]. Cependant, dans la pratique, ces consultations sont souvent ignorées, et les mobilisations indigènes contre les industries extractives sont systématiquement réprimées, comme en témoigne le cas de La Guajira, où la

---

[125] Walsh, C. (2010). *Development as buen vivir: Institutional arrangements and (de)colonial entanglements. Development, 53*(1), 15-21.
[126] Bebbington, A. (2013). *Natural resource extraction and the possibilities of inclusive development: Politics across space and time. Geoforum, 44*, 1-12.
[127] Rodríguez-Garavito, C. (2011). *Ethnicity.gov: Global governance, indigenous peoples, and the right to prior consultation in social minefields. Indiana Journal of Global Legal Studies, 18*(1), 263-305.

Cour a suspendu l'exploitation d'une mine de charbon en 2016 au motif que les droits des Wayuu n'avaient pas été respectés[128].

Le Brésil offre un exemple emblématique des tensions entre reconnaissance constitutionnelle et réalités politiques. La Constitution brésilienne de 1988 reconnaît officiellement les droits territoriaux et culturels des peuples autochtones et garantit leur droit à l'autodétermination (Article 231, Constitution brésilienne). Cependant, sous la présidence de Jair Bolsonaro de 2019 à 2022, plusieurs tentatives de démantèlement des protections indigènes ont été observées. L'administration Bolsonaro a cherché à affaiblir les réglementations environnementales afin de faciliter l'accès des entreprises agroalimentaires et minières aux terres indigènes, provoquant une augmentation exponentielle de la déforestation et des conflits fonciers en Amazonie[129]. Cette situation met en évidence une fragilité structurelle du civisme identitaire en l'absence de garanties juridiques et institutionnelles solides : même lorsque des droits sont inscrits dans la Constitution, ils peuvent être contournés ou supprimés sous la pression politique et économique.

L'Europe constitue un autre laboratoire du civisme identitaire, où la reconnaissance des identités collectives repose sur une articulation entre cadres juridiques supranationaux et dynamiques nationales parfois conflictuelles. Contrairement à d'autres régions du monde, l'Europe a développé un système institutionnalisé de protection des identités collectives, notamment à travers le Conseil de l'Europe et la Cour européenne des droits de l'homme. Le système européen des droits de l'homme, structuré autour de la Convention européenne des droits de l'homme de 1950 et de la CEDH, incarne l'un des modèles

---

[128] Ulloa, A. (2019). *Indigenous territories and extractivism: Power, justice, and sustainability*. Latin American Perspectives, 46(2), 145-163.
[129] Fearnside, P. M. (2020). *Environmental and political drivers of Amazon deforestation*. Environmental Conservation, 47(1), 1-13.

les plus accomplis en matière de protection juridictionnelle des droits fondamentaux. Sa particularité réside dans son caractère impératif : les pays signataires qui reconnaissent la juridiction de la CEDH sont tenus de réviser leur législation nationale pour être en conformité avec ses décisions. Ce cadre est complété par un mécanisme inédit, le recours individuel, qui permet à tout justiciable de saisir la cour lorsqu'il estime que son État a violé la convention. Loin d'être une simple institution de supervision, la CEDH s'impose comme une juridiction de dernier ressort, capable d'infléchir les politiques nationales, notamment en matière d'immigration, de droits des minorités et d'indépendance judiciaire.

Mais ce modèle, souvent présenté comme un standard de référence, est loin de faire l'unanimité parmi les États membres. Des pays comme le Royaume-Uni, la Hongrie et la Pologne dénoncent une emprise excessive de la Cour sur leur souveraineté, en particulier sur des questions politiquement sensibles. Hirst c. Royaume-Uni [130] est l'exemple parfait : la CEDH a condamné l'interdiction générale du droit de vote pour les détenus, mais Londres a opposé un refus obstiné, ne consentant qu'à des ajustements marginaux après plus d'une décennie de résistance. L'affaire Bayev[131] contre la Russie constitue un nouvel exemple de conflit entre les valeurs prétendument traditionnelles russes et les normes européennes. En effet, la Cour européenne des droits de l'homme a jugé inconstitutionnelles les lois russes interdisant la « propagande gay ». Cette décision a été perçue comme une tentative d'imposer des modèles sociaux occidentaux, ce que la Russie a utilisé pour justifier sa décision de quitter le Conseil de l'Europe en 2022. L'affaire Mammadov contre l'Azerbaïdjan[132] met en évidence un autre défi : même si un pays est tenu par la jurisprudence européenne, la mise en œuvre des décisions judiciaires n'est pas garantie,

---

[130] Hirst c. Royaume-Uni, n° 74025/01, CEDH, 2005.
[131] Bayev et autres c. Russie, n° 67667/09, CEDH, 2017.
[132] Mammadov c. Azerbaïdjan, n° 15172/13, CEDH, 2019.

en particulier dans les litiges impliquant des adversaires politiques ou des questions de gouvernance autoritaire.

Face à ces résistances, la Cour européenne des droits de l'homme tente de préserver un équilibre entre l'uniformisation et l'adaptation locale, notamment grâce au concept de « marge d'appréciation nationale ». Ce dernier permet aux États d'ajuster l'application des droits en fonction de leurs contextes sociaux, culturels et politiques, évitant ainsi une rigidité excessive. Cette flexibilité soulève toutefois une question fondamentale : jusqu'où peut-on adapter les droits sans nuire à leur universalité ?

L'un des instruments les plus importants est la Convention-cadre pour la protection des minorités nationales, qui engage les États signataires à garantir les droits culturels, linguistiques et éducatifs des minorités[133]. En parallèle, la CEDH a rendu plusieurs arrêts renforçant les droits des minorités, comme l'affaire Sejdić et Finci contre Bosnie-Herzégovine[134], où elle a condamné la Bosnie-Herzégovine pour son système électoral discriminant les Roms et les Juifs[135]. Cependant, ces dispositifs restent inégalement appliqués selon les États, et des tensions persistent entre souveraineté nationale et protection des minorités. L'Espagne et le Royaume-Uni offrent deux exemples contrastés. En Espagne, la reconnaissance des communautés autonomes permet aux régions comme la Catalogne et le Pays basque de disposer de leur propre parlement et d'un système éducatif spécifique, mais la montée des revendications indépendantistes catalanes a révélé les limites du modèle espagnol, notamment après le référendum de 2017 jugé illégal par Madrid[136]. Le Royaume-Uni, quant à lui, a opté pour une

---

[133] Pentassuglia, G. (2017). *Minority groups and judicial discourse in international law: A study in judicial activism*. Martinus Nijhoff Publishers.
[134] Sejdić et Finci c. Bosnie-Herzégovine, n° 27996/06, CEDH, 2009.
[135] Henrard, K. (2016). *The interrelation between the right to identity of minorities and their socio-economic participation*. International Journal on Minority and Group Rights, *23*(3), 241-268.
[136] Keating, M. (2021). *State and nation in the United Kingdom: Fractured union*. Oxford University Press.

approche pragmatique avec la dévolution, accordant des compétences élargies à l'Écosse et au Pays de Galles. Cependant, le Brexit a ravivé les tensions identitaires, en particulier en Écosse, où la question d'un second référendum d'indépendance reste ouverte[137].

L'Europe centrale et orientale constitue une zone de tensions persistantes en matière de reconnaissance des identités collectives. Dans des pays comme la Hongrie, la Roumanie et la Slovaquie, la question des minorités hongroises reste un sujet hautement politique. La Hongrie de Viktor Orbán a adopté une politique de soutien aux Hongrois vivant hors de ses frontières, provoquant des frictions diplomatiques avec la Roumanie et la Slovaquie[138]. De plus, la question des Roms illustre l'échec des politiques d'intégration européennes, ces populations restant victimes de discriminations systémiques malgré les initiatives de l'UE. La gestion des identités issues des migrations constitue un défi majeur pour l'Europe contemporaine. L'arrivée massive de réfugiés depuis 2015 a révélé un clivage profond entre les États favorables à une politique d'intégration multiculturelle (Allemagne, Suède) et ceux prônant un repli identitaire et un durcissement des frontières (Hongrie, Pologne)[139]. Cette opposition illustre les limites du modèle européen de civisme identitaire, qui peine à concilier la reconnaissance des identités historiques avec l'émergence de nouvelles diversités issues des migrations.

L'Amérique du Nord offre un modèle avancé de civisme identitaire, fondé sur une reconnaissance juridique formelle et des mécanismes d'autonomie. Le Canada, en particulier, a développé une approche institutionnalisée de la reconnaissance des peuples

---

[137] McHarg, A., & Mitchell, J. (2017). *Brexit and Scotland. The British Journal of Politics and International Relations, 19*(3), 512-526.
[138] Vizi, B. (2019). *Hungary and its kin-minorities: Policies and practices. Nationalities Papers, 47*(1), 1-17.
[139] Givens, T. E. (2019). *Immigration and the rise of the far right: Immigrant policies in Europe and the USA*. Policy Press.

autochtones, combinant droits territoriaux, justice indigène et autonomie gouvernementale[140]. La Loi sur les langues officielles de 1969, bien qu'axée sur le bilinguisme anglais-français, a ouvert la voie à une meilleure prise en compte des langues autochtones, renforcée par la Loi sur les langues autochtones en 2019. L'Accord de Nunavut illustre également la montée en puissance de l'autonomie autochtone, en créant un territoire administré majoritairement par les Inuits et doté de compétences élargies en matière de gouvernance locale[141]. Aux États-Unis, la reconnaissance des tribus amérindiennes repose sur un statut juridique spécifique, où les nations autochtones sont considérées comme des entités souveraines ayant des relations directes avec le gouvernement fédéral[142]. Ce cadre permet aux tribus de gérer leurs propres systèmes judiciaires et d'exercer une autonomie sur leurs terres, bien que cette souveraineté soit limitée par l'autorité fédérale[143]. Cependant, les conflits liés à l'exploitation des ressources naturelles sur les terres indigènes, comme dans le cas du Dakota Access Pipeline, montrent que cette autonomie reste fragile face aux pressions économiques[144].

Ces premières analyses montrent que le civisme identitaire, s'il se structure juridiquement dans certaines régions du monde, demeure fragile, conditionné aux rapports de force politiques et soumis aux pressions économiques. Son effectivité repose donc sur l'existence de garanties institutionnelles solides et d'un engagement politique réel, faute de quoi les avancées juridiques restent lettre morte. L'analyse des

---

[140] Borrows, J. (2002). *Recovering Canada: The resurgence of Indigenous law*. University of Toronto Press.
[141] Rodon, T. (2014). *Land claim agreements and the emergence of Indigenous public governments in Canada: The case of Nunavut*. Canadian Public Administration, 57(4), 569-589.
[142] Wilkins, D. E., & Lomawaima, K. T. (2001). *Uneven ground: American Indian sovereignty and federal law*. University of Oklahoma Press.
[143] Deloria, V., & Lytle, C. (1984). *The nations within: The past and future of American Indian sovereignty*. Pantheon Books.
[144] Whyte, K. P. (2017). *The Dakota Access Pipeline, environmental injustice, and U.S. colonialism*. Red Ink, 19(1), 17-22.

modèles latino-américain et européen met en évidence deux approches distinctes de la reconnaissance des identités collectives. Tandis que l'Amérique latine a inscrit ces identités dans des cadres constitutionnels avancés, mais souvent fragilisés par des tensions économiques et politiques, l'Europe, elle, oscille entre mécanismes supranationaux et résistances nationales, révélant les contradictions d'un modèle intégrant l'universalisme des droits et la diversité culturelle. Cependant, d'autres régions du monde développent des logiques spécifiques d'intégration du civisme identitaire, où la reconnaissance des groupes collectifs dépend fortement des conceptions juridiques et des impératifs politiques locaux. L'examen des modèles russe, asiatique et du monde islamique permet d'élargir encore davantage cette analyse comparative.

Deuxième type : les modèles d'intégration contrôlée

La Russie adopte un modèle unique de gestion des identités collectives, marqué par une tension entre reconnaissance formelle et contrôle centralisé. La Constitution russe (Article 68) reconnaît le russe comme langue nationale, tout en garantissant aux républiques fédérées le droit d'adopter leurs propres langues officielles. Ce fédéralisme asymétrique permet une relative autonomie culturelle aux populations non russes, mais dans des limites strictement encadrées par l'État[145]. Le cas des Tatars illustre bien cette dualité : bien qu'officiellement reconnus comme minorité et disposant d'une république autonome, leur influence politique est fortement limitée par la centralisation du pouvoir à Moscou. Depuis 2017, les restrictions imposées à l'enseignement des langues minoritaires témoignent d'un recul progressif de l'autonomie culturelle en Russie, au profit d'un nationalisme russe

---

[145] Sakwa, R. (2010). *Russian Politics and Society* (4th ed.). Routledge.

exacerbé sous l'ère de Vladimir Poutine[146]. Les tensions les plus marquées concernent cependant les minorités aux marges du territoire russe, notamment en Tchétchénie et en Crimée. La gestion du cas tchétchène reflète une approche autoritaire du civisme identitaire, où l'autonomie accordée repose sur une allégeance totale au Kremlin. Ramzan Kadyrov, dirigeant tchétchène soutenu par Moscou, incarne cette politique. Il promeut une identité tchétchène fondée sur la tradition islamique tout en réprimant toute contestation de l'ordre établi[147]. L'annexion de la Crimée en 2014 a également mis en lumière l'instrumentalisation des identités collectives à des fins géopolitiques, avec la répression des Tatars de Crimée, historiquement opposés à la domination russe[148]. Ces éléments démontrent que la Russie, malgré un cadre juridique reconnaissant la diversité ethnique, privilégie une intégration contrôlée des identités qui exclut toute autonomie politique réelle.

L'Asie adopte un paradigme différent, où les droits collectifs sont souvent subordonnés à des impératifs d'harmonie sociale et de stabilité politique. La Déclaration de Bangkok (1993), adoptée par plusieurs États asiatiques avant la Conférence mondiale sur les droits de l'homme de Vienne, insiste sur le fait que les droits fondamentaux doivent être interprétés en tenant compte des contextes nationaux et culturels[149]. Cette vision se traduit par des approches contrastées selon les pays.

Le Japon illustre une intégration des identités collectives sans reconnaissance juridique formelle, privilégiant une régulation sociale

---

[146] Bowring, B. (2018). *Language Policy and the Protection of Minorities in Russia: An Uncertain Relationship.* European Yearbook of Minority Issues, 15(1), 131-158.
[147] Russell, J. (2020). *Chechnya: Russia's War on Terror.* Routledge.
[148] Plokhy, S. (2017). *Lost Kingdom: The Quest for Empire and the Making of the Russian Nation.* Basic Books.
[149] Davies, M. (2014). *The Asian Approach to International Law: The Bangkok Declaration and Beyond.* Cambridge University Press.

implicite plutôt que des protections institutionnelles. Le concept de *wa* (harmonie) structure le droit et la gouvernance, entraînant une reconnaissance limitée des minorités, telles que les Aïnous et les Coréens Zainichi, sans pour autant leur accorder de statut juridique spécifique[150]. Cette situation a conduit à des critiques récurrentes de la part des organisations internationales, notamment du Comité pour l'élimination de la discrimination raciale (CERD), qui reproche au Japon son absence de cadre légal garantissant une véritable égalité des droits[151].

En Chine, la Constitution reconnaît officiellement 56 nationalités sous le cadre de la politique des nationalités, qui accorde une autonomie relative aux minorités ethniques, notamment aux Ouïghours, aux Tibétains et aux Zhuang[152]. Toutefois, cette reconnaissance reste largement théorique et subordonnée à l'unité nationale. Les récents événements au Xinjiang, où plus d'un million d'Ouïghours ont été placés dans des camps de rééducation, illustrent les limites de ce modèle : la diversité est tolérée tant qu'elle ne remet pas en cause l'hégémonie du Parti communiste chinois[153]. Le cas tibétain est tout aussi révélateur : malgré la reconnaissance d'une Région autonome du Tibet, toute expression politique de l'identité tibétaine est sévèrement réprimée, comme en témoignent les nombreuses arrestations de moines bouddhistes militants pour l'autonomie culturelle[154].

Singapour constitue une exception notable, adoptant un modèle hybride de civisme identitaire, où la reconnaissance des identités est institutionnalisée au sein du système politique. Le *Group Representation*

---

[150] Siddle, R. (2011). *Race, Resistance and the Ainu of Japan*. Routledge.
[151] Arudou, D. (2015). *Embedded Racism: Japan's Visible Minorities and Racial Discrimination*. Lexington Books.
[152] Mackerras, C. (2014). *China's Ethnic Minorities and Globalisation*. Routledge.
[153] Roberts, S. (2020). *The War on the Uyghurs: China's Internal Campaign against a Muslim Minority*. Princeton University Press.
[154] Goldstein, M. C. (2019). *A History of Modern Tibet, Volume 4: In the Eye of the Storm, 1957-1959*. University of California Press.

Constituencies, introduit en 1988, impose que chaque circonscription électorale inclue au moins un représentant d'une minorité ethnique, garantissant ainsi une représentation équilibrée au Parlement[155]. Par ailleurs, la *Ethnic Integration Policy* impose des quotas ethniques dans les logements publics pour prévenir la ségrégation communautaire et maintenir une cohésion nationale stable[156]. Ce modèle singapourien illustre une approche pragmatique du civisme identitaire, où l'État joue un rôle actif dans l'organisation de la diversité culturelle, sans pour autant céder aux principes du multiculturalisme libéral occidental.

Le monde islamique, quant à lui, présente un autre cadre conceptuel, où la reconnaissance des identités collectives est souvent liée aux appartenances religieuses plus qu'aux distinctions ethniques ou culturelles. La charia demeure une source législative importante dans plusieurs pays du Moyen-Orient, influençant la manière dont les droits des minorités sont intégrés aux systèmes juridiques nationaux. En Iran, la Constitution reconnaît officiellement certaines minorités religieuses (zoroastriens, juifs, chrétiens), mais refuse tout droit collectif aux Baha'is, considérés comme une secte hérétique et victimes de persécutions systématiques[157].

En Tunisie, la transition démocratique amorcée après 2011 a ouvert la voie à une reconnaissance accrue de la diversité culturelle et religieuse, bien que des résistances persistent quant à l'inscription de ces avancées dans le cadre juridique. Le cas des Amazighs, longtemps marginalisés, illustre cette évolution : bien que leur culture soit

---

[155] Mutalib, H. (2012). *Singapore Politics Under the People's Action Party*. Routledge.
[156] Chua, B. H. (2017). *Liberalism Disavowed: Communitarianism and State Capitalism in Singapore*. Cornell University Press.
[157] Sanasarian, E. (2000). *Religious Minorities in Iran*. Cambridge University Press.

aujourd'hui plus visible dans l'espace public, elle ne bénéficie pas encore d'une reconnaissance constitutionnelle formelle[158].

L'analyse des modèles russe, asiatique et islamique met ainsi en évidence une pluralité de conceptions du civisme identitaire, où la reconnaissance des identités collectives est conditionnée par des impératifs de contrôle étatique et de stabilité sociale. Là où la Russie instrumentalise la diversité à des fins politiques, l'Asie privilégie une reconnaissance minimale au nom de l'harmonie, tandis que le monde islamique intègre la diversité dans un cadre religieux souvent exclusif. Ces dynamiques révèlent l'impossibilité d'un modèle unique de civisme identitaire, tout en soulignant la nécessité de repenser les relations entre identité et universalité à l'échelle mondiale.

Troisième type : Les modèles autochtones et l'intégration des droits coutumiers

L'analyse des modèles d'intégration des identités collectives ne saurait être complète sans examiner les systèmes juridiques de l'Océanie et de l'Afrique qui illustrent un modèle mixte, combinant reconnaissance juridique, autonomie locale et politiques d'intégration. Contrairement aux approches centralisées de l'Asie ou aux modèles supranationaux européens, ces régions offrent des cadres où les identités collectives bénéficient d'une structuration institutionnelle tout en restant fortement conditionnées par les rapports de force politiques et économiques.

L'Océanie constitue un terrain d'expérimentation unique en matière de reconnaissance des identités collectives, avec des approches allant de l'intégration complète des traditions autochtones dans la

---

[158] Chaker, S. (2018). *Les Berbères aujourd'hui*. L'Harmattan.

Constitution, pour la Papouasie-Nouvelle-Guinée, à une reconnaissance limitée des peuples indigènes, pour l'Australie.

En Australie, le traitement des Aborigènes illustre une dynamique de reconnaissance tardive et partielle. Pendant des décennies, les politiques d'assimilation ont nié leur existence en tant que peuples distincts, une injustice que la décision historique Mabo v. Queensland[159] est venue corriger en invalidant la doctrine de la *terra nullius* et en établissant le principe du Native Title[160]. Cependant, en l'absence d'un traité formel avec les Aborigènes, contrairement à la Nouvelle-Zélande, ces avancées demeurent incomplètes, et les revendications foncières continuent de susciter des tensions.

La Nouvelle-Zélande, en revanche, s'appuie sur le Traité de Waitangi, considéré comme l'acte fondateur des relations entre la Couronne britannique et les Maoris. Bien que contesté dans son interprétation, ce traité permet une reconnaissance partielle des droits territoriaux et culturels maoris. La création dans les années 1970 du Waitangi Tribunal a renforcé cette dynamique en offrant un mécanisme de médiation entre l'État et les communautés autochtones, bien que ses décisions restent largement consultatives[161]. Ce modèle illustre une approche pragmatique du civisme identitaire, où l'État reconnaît la singularité des peuples autochtones tout en maintenant un cadre institutionnel centralisé.

En Afrique, la gestion des identités collectives repose sur une coexistence entre droit moderne et droit coutumier, créant un système hybride qui oscille entre reconnaissance officielle et marginalisation structurelle. La Charte africaine des droits de l'homme et des peuples

---

[159] CEDH, Mabo v. Queensland, arrêt du 3 juin 1992, HCA 23.
[160] Nettheim, G. (2002). *Indigenous Peoples and Governance Structures: A Comparative Analysis of Land and Resource Management Rights*. Aboriginal Studies Press.
[161] Orange, C. (2015). *The Treaty of Waitangi*. Bridget Williams Books.

de 1981 constitue l'un des rares instruments juridiques internationaux à accorder une place centrale aux droits collectifs, notamment en matière de propriété foncière et de gouvernance locale[162]. Cependant, cette reconnaissance formelle est souvent contredite par la réalité politique : dans de nombreux États, la pluralité juridique conduit à des conflits entre les normes étatiques et les traditions locales, notamment en ce qui concerne les droits fonciers des peuples autochtones[163]. Là où l'Europe et l'Amérique latine privilégient une lecture fondée sur l'individu, l'Afrique reconnait des droits spécifiques aux peuples, notamment en matière d'autodétermination, de développement et de souveraineté économiques.

Cette approche trouve son expression dans des décisions marquantes. Dans l'affaire African Commission on Human and Peoples' Rights v. Kenya[164], la Cour a condamné le gouvernement kényan pour l'expulsion du peuple Ogiek de ses terres ancestrales en soulignant l'importance de protéger les droits des communautés autochtones. Dans l'affaire Tanzania Human Rights Defenders Coalition[165], un autre combat a été illustré : celui de l'indépendance électorale et du pluralisme politique, en jugeant anticonstitutionnelle l'interdiction des candidatures indépendantes. Cependant, ce modèle présente des lacunes en termes d'application uniforme. Certains États, tels que le Rwanda et la Tanzanie, remettent en question la compétence de la Cour, limitant ainsi les possibilités de recours individuel. D'autres, malgré des condamnations, ne se conforment pas aux décisions. Cette situation soulève un défi majeur : comment imposer une structure

---

[162] Murray, R. (2004). *Human Rights in Africa: From the OAU to the African Union*. Cambridge University Press.
[163] Anaya, J. (2009). *Indigenous Peoples in International Law*. Oxford University Press.
[164] Cour africaine des droits de l'homme et des peuples, African Commission on Human and Peoples' Rights v. Kenya, arrêt du 26 mai 2017, requête n° 006/2012.
[165] Cour africaine des droits de l'homme et des peuples, Tanzania Human Rights Defenders Coalition c. Tanzanie, arrêt du 21 juin 2021, requête n° 027/2018.

globale face à l'opposition des États, qui mine l'influence normative des verdicts ?

L'affaire Endorois[166], jugée par la Commission africaine des droits de l'homme et des peuples, a marqué une avancée en reconnaissant le droit des Endorois à récupérer leurs terres ancestrales, expulsés pour la création d'une réserve naturelle[167]. Toutefois, l'absence de mécanismes de mise en œuvre contraignants illustre la difficulté de traduire les principes juridiques en réalités tangibles. En Afrique du Sud, la Constitution de 1996 a introduit un modèle innovant en intégrant explicitement les droits coutumiers dans le cadre juridique national, notamment en ce qui concerne le droit foncier et la gouvernance locale[168]. Toutefois, cette reconnaissance reste incomplète, notamment en matière de droits des femmes, souvent restreints dans les systèmes coutumiers[169].

Que retenir des systèmes régionaux et nationaux de protection des droits de l'homme à l'égard des identités collectives ?

L'étude des systèmes nationaux et régionaux confirme une fragmentation de l'universalité des droits humains, où chaque cadre institutionnel adapte les principes fondamentaux aux réalités locales. L'Europe met l'accent sur un contrôle juridictionnel rigoureux, l'Amérique latine adopte une approche militante et réparatrice, tandis que

---

[166] Commission africaine des droits de l'homme et des peuples, Endorois c. Kenya, décision du 4 février 2010, Communication 276/2003.
[167] Gilbert, J. (2011). *Indigenous Peoples' Land Rights under International Law: From Victims to Actors*. Brill.
[168] Claassens, A., & Cousins, B. (2008). *Land, Power & Custom: Controversies Generated by South Africa's Communal Land Rights Act*. Juta & Co.
[169] Bennett, T. W. (2011). *Customary Law in South Africa*. Juta & Co.

l'Afrique tente d'intégrer des spécificités communautaires et postcoloniales.

Cette diversité révèle aussi les limites du droit international face aux rapports de force politiques. Si l'universalité des droits est un idéal structurant, son effectivité dépend des résistances souverainistes, des traditions juridiques et des logiques institutionnelles. Par conséquent, l'universalisme n'est pas une absolue, mais un terrain de négociation où s'entremêlent les contradictions normatives et les jeux de pouvoir. Ces approches démontrent que la structuration du civisme identitaire dépend de trois facteurs essentiels : la reconnaissance institutionnelle, qui garantit un cadre juridique clair pour les identités collectives ; les mécanismes de mise en œuvre, qui assurent l'application effective des droits reconnus ; et le rapport de force politique, qui conditionne la pérennité de ces avancées. En l'absence d'une combinaison de ces trois éléments, la reconnaissance des identités collectives demeure symbolique et vulnérable aux changements politiques.

Cette analyse comparative révèle dès lors l'impossibilité d'un modèle universel de civisme identitaire. Chaque État adapte son cadre juridique aux spécificités historiques, culturelles et politiques qui lui sont propres. Toutefois, les modèles les plus aboutis démontrent qu'une reconnaissance efficace repose sur un équilibre entre autonomie locale et protection institutionnelle, garantissant ainsi à la fois la diversité culturelle et l'unité nationale. L'avenir du civisme identitaire dépendra donc de la capacité des systèmes juridiques à dépasser les oppositions traditionnelles entre universalité et particularisme, en construisant des modèles flexibles et inclusifs, adaptés aux dynamiques contemporaines de la diversité et de la globalisation.

Les stratégies d'inclusion des identités collectives 173

Section 3. Une conciliation impossible entre pluralisme juridique normatif et approche réaliste du droit international ?

La tension entre la reconnaissance internationale des identités collectives et les stratégies nationales d'inclusion révèle une impossibilité structurelle de conciliation dans le cadre multilatéral actuel. Le droit international, fondé sur une logique universaliste et consensuelle, cherche à établir des normes minimales de protection des identités, tout en respectant la souveraineté des États. Or, cette approche engendre une contradiction fondamentale : les instruments internationaux comme la Convention-cadre pour la protection des minorités nationales ou la Déclaration des Nations unies sur les droits des peuples autochtones établissent des principes généraux, mais la mise en œuvre demeure entièrement soumise à la volonté étatique. Ainsi, les États peuvent se prévaloir de leur souveraineté pour adapter, refuser ou instrumentaliser ces normes selon leurs propres intérêts politiques et sociétaux. Ce décalage entre la norme internationale et son application nationale aboutit à une fragmentation juridique où la reconnaissance des identités collectives devient inégale et souvent contradictoire. Les États peuvent signer des engagements internationaux sans les appliquer réellement, invoquant des contraintes constitutionnelles ou l'unité nationale comme limites infranchissables.

Dans ce contexte, le multilatéralisme peine à offrir un cadre cohérent pour la conciliation entre pluralisme juridique international et politiques nationales. D'un côté, la prolifération des régimes juridiques spécialisés (droits de l'homme, droit des peuples autochtones, protection des minorités, etc.) génère des contradictions entre les différents niveaux de normativité. De l'autre, l'absence d'un mécanisme de contrainte efficace limite la portée des avancées internationales. La CEDH ou le Comité des droits de l'homme des Nations unies peuvent condamner un État pour violation des droits d'une minorité, mais ces décisions restent dépendantes de la volonté des gouvernements nationaux d'y donner suite, comme l'illustrent les résistances persistantes de la Russie ou de la Turquie aux arrêts de la CEDH[170]. Dès lors, la divergence entre un droit international promouvant des standards de reconnaissance identitaire et des systèmes nationaux privilégiant la cohésion interne produit une impasse institutionnelle. Les perspectives d'évolution apparaissent limitées : l'internationalisation accrue des revendications identitaires pourrait accentuer la pression sur les États, mais sans transformation structurelle du système multilatéral – notamment par un renforcement contraignant des juridictions internationales – cette conciliation restera illusoire, laissant place à une coexistence conflictuelle entre normes globales et souveraineté étatique.

L'émergence d'un pluralisme juridique normatif à l'échelle internationale soulève une autre question cruciale : comment adapter la gouvernance mondiale à une fragmentation croissante du droit tout en maintenant un cadre applicable aux États ? Contrairement à une vision idéaliste prônant l'uniformisation normative, l'expérience montre que le droit international repose sur un équilibre entre principes universels et réalités politiques. L'influence croissante des revendications identitaires et des droits des minorités au sein du droit international a généré des tensions entre les engagements pris par les États sur la scène internationale et leur mise en œuvre domestique. Dans ce contexte, la gouvernance juridique mondiale se retrouve confrontée à deux logiques concurrentes : l'évolution vers un droit international contraignant intégrant la diversité des normes[171], ou le maintien d'un système pragmatique fondé sur la flexibilité et

---

[170] Cour européenne des droits de l'homme (CEDH), arrêt concernant la Turquie et les droits des minorités, multiples décisions, notamment *Chypre c. Turquie*, arrêt du 10 mai 2001, requête n° 25781/94 ; voir Sadurski, W. (2020). *A Pandemic of Populists*. Cambridge University Press.
[171] Koskenniemi, M. (2007). *The Fate of Public International Law: Between Technique and Politics*. Modern Law Review, 70(1), 1-30.

l'adaptabilité des engagements internationaux aux particularismes nationaux[172].

Un pluralisme juridique normatif effectif impliquerait une transformation profonde de la gouvernance internationale, notamment par la mise en place de mécanismes supranationaux contraignants capables d'assurer l'application homogène des normes relatives aux identités collectives. En théorie, une telle approche pourrait se traduire par une montée en puissance des juridictions internationales, à l'instar de la CEDH qui, malgré des résistances étatiques[173], a contraint certains États à revoir leurs politiques en matière de protection des minorités. Toutefois, cette hypothèse se heurte au principe de souveraineté étatique, qui demeure le fondement du système international. Comme l'illustrent les travaux de Hathaway et Shapiro[174], les États acceptent rarement de limiter leur pouvoir discrétionnaire en matière de droits identitaires, préférant négocier des engagements juridiquement flexibles ou symboliques plutôt que contraignants.

Dans cette perspective, la transformation de la gouvernance ne saurait reposer uniquement sur une approche juridictionnelle contraignante, mais devrait également intégrer une réforme des mécanismes de coopération et de dialogue entre systèmes juridiques. La montée en puissance des cours régionales et des organisations transnationales montre que l'adaptation du droit international aux réalités étatiques ne repose pas uniquement sur des mécanismes coercitifs, mais aussi sur des processus d'internalisation progressive des normes[175]. Par ailleurs, les États ont démontré leur capacité à façonner le droit international à leur avantage, en instrumentalisant certains régimes juridiques pour

---

[172] Peters, A. (2017). *Beyond Human Rights: The Legal Status of the Individual in International Law*. Cambridge University Press.
[173] Turkmens, R. (2021). *State Resistance to International Human Rights Courts: A Comparative Analysis*. Oxford University Press.
[174] Hathaway, O., & Shapiro, S. (2017). *The Internationalists: How a Radical Plan to Outlaw War Remade the World*. Simon & Schuster.
[175] Klabbers, J. (2013). *International Law*. Cambridge University Press.

légitimer leurs politiques nationales[176]. Une gouvernance fondée sur un pluralisme juridique normatif nécessiterait alors un ajustement des institutions internationales afin de garantir une convergence progressive des normes, tout en maintenant une marge de manœuvre pour les adaptations nationales. Si une transformation radicale du système juridique international vers une gouvernance supranationale et contraignante semble illusoire, l'avenir du pluralisme juridique normatif repose sur une hybridation entre incitations internationales et stratégies nationales. Cela implique un renforcement des mécanismes de suivi et de mise en conformité, sans remettre en cause la souveraineté étatique, afin d'assurer une transition pragmatique vers une reconnaissance effective des normes identitaires sans provoquer un rejet systématique de la part des États.

Par conséquent, face aux impasses d'un universalisme homogénéisant et aux risques d'une fragmentation anarchique des normes, plusieurs tentatives ont émergé pour intégrer les identités collectives dans la gouvernance juridique mondiale. La reconnaissance des minorités au sein des régimes constitutionnels nationaux, les mécanismes de protection régionaux et l'évolution des standards internationaux témoignent d'une prise de conscience progressive de la nécessité d'adapter le droit aux réalités culturelles et historiques des sociétés concernées. Toutefois, ces efforts demeurent marqués par des tensions persistantes : le droit autochtone canadien, la place du pluralisme juridique en Afrique du Sud ou encore l'approche différenciée des droits linguistiques dans l'Union européenne illustrent des trajectoires contrastées, où l'articulation entre identité et normativité reste sujette à débat.

---

[176] Alter, K. J., & Helfer, L. R. (2010). *Nature or Nurture? Judicial Lawmaking in the European Court of Justice and the Andean Tribunal of Justice*. International Organization, 64(4), 563-592.

À travers cette diversité de stratégies d'inclusion des identités collective se dessine une gouvernance mondiale désaccordée en raison des revendications et protection disparate au niveau national, régional et international. Ces fractures identitaires, véritables résidus historiques de la culture de ces peuples et de leur organisation au niveau régional et national, donnent lieu à des dissonances identifiables dans les débats au sein des enceintes internationales.

Rendant l'idée d'un pluralisme juridique ou normatif chaotique dans l'ordre mondial actuel, ces débats incarnent en fait parfaitement ce nouvel engagement civique dévoué aux aspirations identitaires des Etats, de leurs citoyens et de la société civile sur nombre de thématiques qui façonnent l'actualité internationale.

V. UNE SYMPHONIE MONDIALE DESACCORDÉE : LE CIVISME IDENTITAIRE DANS LA GOUVERNANCE DES DROITS DE L'HOMME

L'identité ne se résume pas à un simple indicateur culturel ou national dans la gouvernance mondiale. Elle fonctionne plutôt comme un filtre à travers lequel chaque acteur interprète, adopte ou rejette les normes internationales. Elle ne se limite pas à un concept statique ; elle est plutôt dynamique et en constante recomposition sous l'influence des interactions complexes entre les systèmes juridiques, politiques et culturels. Cette malléabilité confère à l'identité un rôle central dans la perception et la négociation des droits humains sur la scène internationale. Celle-ci n'est pas seulement un lieu de consensus, mais aussi le théâtre d'affrontements idéologiques, exacerbés par des mouvements populistes, des revendications souverainistes et des réinterprétations stratégiques des droits humains.

La montée du civisme identitaire se manifeste de fait dans plusieurs arènes du droit international, notamment au sein des institutions chargées de la protection des droits fondamentaux. C'est ainsi que le Conseil des droits de l'homme des Nations Unies (CDH) est devenu un lieu de débat où des États et des groupes non gouvernementaux s'affrontent sur la base de récits identitaires pour influencer les décisions judiciaires. Les débats entourant les minorités ethniques, les peuples autochtones et les droits des personnes LGBTQ+ illustrent bien cette dynamique.

Section 1. Le civisme identitaire, un facteur de polarisation

Le civisme identitaire, s'il permet une meilleure prise en compte des particularités culturelles et historiques, soulève également des défis majeurs pour la gestion des droits de l'homme. Il alimente une polarisation entre les conceptions universalistes et particularistes du droit, ce qui rend plus difficile l'élaboration de normes consensuelles au sein des instances internationales.

Les droits de l'homme, ces principes que l'on croyait universels et éternels, sont aujourd'hui au cœur d'une bataille idéologique mondiale. Au lieu de rassembler les nations autour d'un socle moral commun, ils sont devenus le théâtre de combats féroces, mettant en évidence des fissures profondes dans la gouvernance mondiale. Alors que les puissances occidentales revendiquent un universalisme et que des nations comme la Chine et la Russie promeuvent une conception souverainiste, le droit international se transforme en un champ de bataille où chaque camp tente d'imposer sa propre vision du monde.

La justice climatique comme revendication identitaire historique

La lutte contre le changement climatique caractérise cette tension entre droits individuels et collectifs. Les droits collectifs des nations vulnérables — notamment ceux du Sud global — incluent la préservation de leur existence face aux catastrophes climatiques. Le principe des responsabilités communes mais différenciées, inscrit dans la Déclaration de Rio de 1992 et réaffirmé dans l'Accord de Paris de 2015, constitue la base des revendications des pays en développement pour un financement climatique accru. Entre autres, les pays industrialisés, responsables historiques des émissions de gaz à effet de serre, devraient assumer une part plus importante des efforts de lutte contre le réchauffement climatique[177]. Néanmoins, les États-Unis et certains pays européens privilégient des stratégies axées sur des engagements volontaires individuels et des mécanismes de marché, refusant souvent des obligations juridiques contraignantes[178].

Les pays en développement, bien que responsables d'une fraction minime des émissions de gaz à effet de serre — l'Afrique représentant moins de 4 % des émissions mondiales selon un rapport du GIEC en 2022 et représentant pour sûr moins de 10 % des émissions mondiales de gaz à effet de serre selon l'OMM —, subissent pourtant les impacts les plus dévastateurs du réchauffement climatique sous forme de sècheresses, d'inondations et de déstabilisation des systèmes agricoles.

Cette injustice a alimenté les débats lors des récentes négociations internationales, notamment à la COP27 en 2022 à Charm el-Cheikh, où les États du Sud ont exigé des mécanismes de compensation financière sous l'égide d'un fonds pour « pertes et dommages », finalement approuvé après des années de blocage par les pays industrialisés. Bien qu'un fonds pour les pertes et dommages ait été créé, son financement demeure incertain, ce qui reflète la réticence des nations industrialisées à engager des ressources substantielles. Le rapport de Climate Policy Initiative de 2023 indique que le financement climatique international s'est élevé à environ 83,3 milliards de dollars en 2020, ce qui est inférieur à l'objectif des 100 milliards fixé dans les accords de Paris pour 2020. Les pays en développement, en particulier les petits États insulaires, ont mis en évidence ce déficit de financement, affirmant qu'il menace les droits collectifs des communautés affectées par les catastrophes climatiques. Cette hésitation alimente un ressentiment croissant, les pays du Sud global dénonçant un « apartheid climatique » où les droits collectifs des communautés les plus touchées par le

---

[177] Rajamani, L. (2012). *The Principle of Common but Differentiated Responsibility in Climate Change Law*. Oxford Journal of Environmental Law, 24(1), 81-111.
[178] Rajamani, L., & Bodansky, D. (2023). *International Climate Change Law and Policy: Evolution and Future Prospects*. Oxford Journal of Legal Studies, 43(1), 37-66.

changement climatique sont relégués au second plan. Dans une perspective similaire, la Commission de l'Union africaine et la Commission économique des Nations Unies pour l'Afrique, le rapport a été rendu public lors du premier Sommet africain sur le climat, à l'occasion duquel le plan d'action sur les alertes précoces pour tous en Afrique a également été lancé pour mettre en œuvre des contributions au niveau national dans plus de 50 pays africains : il faudrait près de 2 800 milliards de dollars entre 2020 et 2030.

Ainsi, témoignant d'un certain pragmatisme et civisme identitaire liés au potentiel, la déclaration de Nairobi adopté comme guide de route devait définir la position commune des pays africains concernés dans les négociations climatiques lors de la COP28 à Dubaï. L'objectif était d'insister sur leur non-responsabilité historique dans la crise climatique, alors qu'ils sont pourtant les premières victimes de ses conséquences et de proposer un nouveau mécanisme de financement pour restructurer la dette lourde de l'Afrique et pour débloquer le financement climatique. Reste que le bilan de cette COP28 fut mitigée pour les négociateurs africains en ce que, bien qu'un texte d'opérationnalisation du Fonds pertes et dommages, mécanisme dont la mise en œuvre est demandée depuis 30 ans par les pays en développement, a été adopté par les États parties, prévoyant notamment que le Secrétariat intérimaire du Fonds sera hébergé par la Banque mondiale pour une durée de quatre ans, le montant des engagements formulés par les pays industrialisés pour ce Fonds s'élève à ce jour à 655 millions de dollars auxquels s'ajoutent 115 millions en financements destinés à mobiliser des fonds supplémentaires pour faire face aux pertes et dommages alors que les besoins financiers estimés pour les pertes et dommages sont pourtant estimés entre 290 jusque 580 milliards de dollars par an d'ici à 2030.

Cette revendication repose sur la notion de justice climatique, un principe ancré dans la Convention-cadre des Nations unies sur les changements climatiques et réaffirmé par l'Accord de Paris, qui reconnait les responsabilités différenciées des États en matière d'atténuation et d'adaptation. Pourtant, cette reconnaissance reste largement théorique, car la mise en œuvre concrète de mécanismes contraignants se heurte aux réticences des puissances économiques, qui privilégient des engagements volontaires plutôt que des obligations juridiquement opposables[179].

La gestion des biens publics mondiaux illustre également cette tension entre préférences marchandes et impératifs collectifs. La biodiversité, les ressources en eau et l'atmosphère sont des biens communs dont l'accès et la préservation nécessitent des mécanismes de gouvernance qui transcendent la souveraineté nationale. Toutefois, les tentatives de régulation internationale se heurtent souvent aux intérêts économiques immédiats des États et des entreprises. L'Accord de Kunming-Montréal sur la biodiversité de 2022, qui vise à protéger 30 % des terres et des océans d'ici 2030, illustre la difficulté d'imposer des engagements ambitieux sans financements adaptés pour accompagner les pays du Sud. Le cas de la Guinée est emblématique de ces arbitrages complexes. Alors que le pays abrite des écosystèmes critiques, notamment dans la région de Boké, son économie repose en grande partie sur l'exploitation minière, notamment de la bauxite, indispensable à la production d'aluminium. Les tensions entre la conservation de la biodiversité et l'exploitation des ressources naturelles soulignent la difficulté de concilier impératifs écologiques et développement économique, un dilemme amplifié par l'absence de régulations internationales contraignantes sur l'extraction minière en milieu écologique sensible.

D'un point de vue juridique, ces tensions s'inscrivent dans un cadre fragmenté, où la multiplicité des instruments internationaux reflète autant un souci de régulation que l'absence d'une véritable autorité globale capable d'imposer des sanctions. La Convention sur la diversité

---

[179] Farber, D. (2023). *Climate Adaptation and International Law: Governing a Warming World*. Cambridge University Press.

biologique ou encore la Convention des Nations unies sur le droit de la mer offrent des principes directeurs, mais leur effectivité repose sur la bonne volonté des États, souvent influencés par des intérêts économiques divergents. Ce manque de coordination est dénoncé par des chercheurs comme Philippe Sands[180], qui souligne la faiblesse des mécanismes de coercition en matière environnementale et l'incapacité du droit international à imposer une gouvernance efficace des biens publics mondiaux. Face à ces limites, certaines initiatives tentent d'explorer de nouvelles voies : l'idée d'un tribunal international de la justice climatique propose de doter le droit environnemental d'une véritable force contraignante, inspirée du modèle de la Cour pénale internationale.

Le défi fondamental demeure l'articulation entre les régulations nationales et les cadres multilatéraux, alors que les États restent réticents à céder leur souveraineté sur des questions aussi stratégiques que l'accès aux ressources naturelles[181]. Dans ce contexte, la régulation des biens publics mondiaux et la lutte contre le changement climatique apparaissent comme les nouveaux chantiers d'une gouvernance mondiale encore en quête de cohérence et de légitimité.

Les réfugiés, entre invisibilisation et asymétrie dans la gouvernance des droits de l'homme

Les crises migratoires contemporaines offrent une autre illustration de cette asymétrie identitaire. Les réfugiés, qu'ils fuient les guerres, les persécutions ou les catastrophes environnementales, sont souvent réduits à des objets de discours dans les arènes internationales. Ils sont

---

[180] Sands, P. (2003). *Principles of International Environmental Law*. Cambridge University Press.
[181] Atapattu, S. (2015). *Human Rights Approaches to Climate Change: Challenges and Opportunities*. Routledge.

évoqués dans des rapports, des résolutions et des débats, mais restent largement absents des processus de décision qui affectent directement leur sort[182]. Cette marginalisation pose une question identitaire fondamentale : comment un système international, qui se veut universaliste et fondé sur la protection des droits humains, peut-il justifier l'exclusion des populations les plus vulnérables ? La Convention de Genève sur les réfugiés de 1951, bien qu'elle constitue un jalon historique, est aujourd'hui insuffisante pour répondre aux défis migratoires du XXIe siècle. Les réfugiés climatiques, par exemple, ne bénéficient d'aucune reconnaissance juridique spécifique, malgré l'ampleur croissante du phénomène[183].

La gestion des réfugiés et des migrants est un autre domaine de conflits entre les droits individuels et collectifs. Tandis que l'article 14 de la Déclaration universelle des droits de l'homme stipule le droit de demander asile pour échapper aux persécutions, les pays d'accueil, en particulier en Europe, invoquent leur souveraineté et la nécessité de protéger leurs intérêts nationaux pour justifier leur réticence à accueillir des demandeurs d'asile.

Les débats au sein du Haut-Commissariat des Nations Unies pour les Réfugiés reflètent ces divergences, avec des pays en développement appelant à une répartition équitable des responsabilités et une augmentation des financements pour l'accueil des réfugiés. Dans le cadre du Pacte mondial sur les réfugiés, approuvé par l'Assemblée générale en 2018, son article 16 souligne l'importance cruciale d'une telle redistribution. Cependant, cette forme de coopération internationale demeure principalement dans le domaine des idées. En 2022, selon le rapport du HCR, les pays en développement continuent d'accueillir la

---

[182] Hathaway, J. C. (2005). *The Law of Refugee Status*. Cambridge University Press.
[183] Goodwin-Gill, G. S. (2014). *The Refugee in International Law*. Oxford University Press; Kälin, W., & Schrepfer, N. (2021). *Protecting People Crossing Borders in the Context of Climate Change*. UNHCR Research Paper Series.

grande majorité des réfugiés dans le monde, soit 83 %[184]. En revanche, les pays industrialisés se concentrent principalement sur des mesures de contrôle des frontières. Depuis 2017, l'Union européenne a alloué plus de 1,5 milliard d'euros pour conclure des accords de coopération migratoire avec la Libye[185]. Cette politique a suscité des critiques de la part des ONG pour ses violations des droits de l'homme.

La crise migratoire en Méditerranée illustre parfaitement la fracture entre l'Europe et l'Afrique. Sous la pression de leur opinion publique, les pays européens ont adopté des mesures de plus en plus restrictives, y compris des ententes avec des pays tiers afin qu'ils assurent le contrôle aux frontières. La crise des réfugiés syriens en 2015 a mis en évidence des approches diamétralement opposées : tandis que l'Allemagne ouvrait ses frontières sous le slogan « *Wir schaffen das* » (« Nous y arriverons »), des pays comme la Hongrie érigeaient des murs pour stopper les flux migratoires, invoquant la protection de leur identité nationale et culturelle. Ce clivage persiste : en 2023, des débats sur le Pacte européen sur la migration et l'asile ont une fois de plus révélé des divergences profondes entre États membres, incapables de concilier humanitarisme et souveraineté. En comparaison, les pays d'Afrique du Nord, qui sont souvent en première ligne face à ces mouvements migratoires, demandent un appui supplémentaire. Ils dénoncent aussi une responsabilité disproportionnée et réclament une aide financière et logistique accrue. Le Maroc, la Tunisie et l'Algérie, bien qu'elles soient devenues des zones de transit majeures, ont de la difficulté à gérer l'augmentation du nombre de migrants et critiquent l'inaction des pays industrialisés.

Ainsi, la mise en place de mécanismes visant à identifier et à protéger les réfugiés grâce à une détermination du statut de réfugié, qui est

---

[184] Haut-Commissariat des Nations Unies pour les Réfugiés (HCR). (2022). *Global Trends: Forced Displacement in 2022*. UNHCR.
[185] Pacte européen sur la migration et l'asile. (2023). Union européenne, Parlement et Conseil.

fournie par le HCR, c'est-à-dire, la procédure permettant de reconnaitre légalement le statut de réfugié en vertu du droit international, régional ou national, constitue un exemple de polarisation autour des droits de l'homme, en dépit de l'obligation implicite contenue dans la Convention de Genève. Cet enjeu fait l'objet de revendications identitaires fortes qui s'élèvent dans les enceintes internationales, notamment en raison du projet avorté d'une répartition équitable effective de la charge migratoire et des responsabilités qui avait été proclamé dans le Pacte mondial sur les réfugiés de 2018[186].

Les droits des peuples autochtones, des revendications identitaires progressivement écoutées

L'un des exemples les plus frappants de cette tension se retrouve dans la reconnaissance des droits des peuples autochtones et des minorités ethniques. Ces groupes réclament non seulement des droits personnels, mais aussi des droits collectifs à l'autodétermination, à la préservation de leur héritage culturel et à la gestion de leurs ressources naturelles. La Déclaration des Nations unies sur les droits des peuples autochtones, adoptée en 2007, consacre plusieurs droits collectifs, dont le droit à l'autodétermination (article 3), le droit de maintenir et de développer leurs institutions politiques et culturelles (article 4) ainsi que le droit à leurs terres, territoires et ressources (article 26). Toutefois, cette reconnaissance demeure souvent symbolique, sans effet contraignant, en particulier dans les pays où les intérêts économiques, comme l'exploitation minière ou forestière, entrent en conflit avec ces droits.

Par exemple, en 2021, le rapport annuel du Rapporteur spécial des Nations Unies sur les droits des peuples autochtones a documenté plus

---

[186] Pacte mondial sur les réfugiés. (2018). Assemblée générale des Nations Unies, Résolution A/RES/73/151.

de 200 conflits territoriaux actifs en Amérique latine, impliquant des violations massives de droits humains, des expulsions forcées et des violences contre des leaders autochtones [187]. En Colombie, les peuples autochtones ont dénoncé devant la Commission interaméricaine des droits de l'homme l'impact des mégaprojets miniers sur leurs terres. Ils ont souligné qu'ils n'avaient pas donné leur consentement libre, préalable et éclairé, un droit pourtant reconnu par la convention 169 de l'OIT.

La Cour suprême du Canada a en ce sens eu l'occasion de porter l'idée selon laquelle les droits des peuples autochtones ne peuvent être interprétés de manière strictement libérale-individualiste, mais doivent être replacés dans leurs contextes culturels spécifiques[188]. Ce principe a mené à l'élaboration d'un cadre juridique où les traditions juridiques autochtones sont prises en compte dans la reconnaissance des droits territoriaux, du droit coutumier et des pratiques économiques traditionnelles. De même, la jurisprudence de la Cour suprême a établi que les peuples autochtones disposent d'un droit inhérent à l'autonomie gouvernementale, sans pour autant remettre en cause l'unité constitutionnelle du Canada. Ainsi, le modèle canadien démontre comment le civisme identitaire peut être institutionnalisé sans conduire à une fragmentation de l'ordre juridique national.

L'Union européenne, quant à elle, illustre une forme de civisme identitaire transnational à travers sa protection des minorités linguistiques et culturelles. Le Cadre juridique européen pour la protection des langues régionales ou minoritaires, incarné par la Charte européenne des langues régionales ou minoritaires, reconnaît l'importance de préserver les identités linguistiques au sein des États membres. Ce dispositif a contraint plusieurs États, notamment la France, à ajuster

---

[187] Rapport du Rapporteur spécial des Nations Unies sur les droits des peuples autochtones. (2021). *Conflits territoriaux et violations des droits des peuples autochtones en Amérique latine*.
[188] Affaire R. c. Van der Peet, Cour suprême du Canada (1996)

leur cadre législatif afin de mieux intégrer les revendications des minorités linguistiques, bien que des résistances persistent, notamment autour du principe d'indivisibilité de la République française. Par ailleurs, la jurisprudence de la CEDH s'est progressivement orientée vers une lecture plus souple de la liberté religieuse et culturelle, comme en témoigne l'affaire Eweida[189], où la Cour a reconnu le droit d'une employée à porter un symbole religieux visible, marquant ainsi une inflexion vers une prise en compte plus fine des identités dans l'espace public.

En Afrique, bien que la Charte africaine des droits de l'homme et des peuples reconnaisse explicitement le droit des peuples à l'égale dignité et à la même protection de leurs ressources naturelles (article 19), de nombreux cas de spoliation des terres autochtones persistent. L'affaire des Ogiek représente dans cette perspective une avancée significative dans la reconnaissance du droit de ce peuple à occuper, posséder et gérer ses terres ancestrales[190].

Bien que les peuples autochtones bénéficient aujourd'hui d'un cadre juridique international solide, celui-ci manque d'effectivité dans les faits. La mise en œuvre d'une protection unique est notamment l'objet d'une controverse. Elle est rendue impossible par l'absence de reconnaissance officielle des peuples autochtones dans certains États, ce qui entrave toute revendication juridique de leurs droits. D'autre part, des contradictions existent entre les normes constitutionnelles et les législations sectorielles, notamment dans les domaines de l'exploitation minière, agricole et forestière. Enfin, l'absence de mécanismes contraignants pour assurer le respect des décisions de justice internationale, comme celles de la Cour interaméricaine et de la Cour africaine, est problématique.

---

[189] Affaire Eweida et autres c. Royaume-Uni, Cour européenne des droits de l'homme (2013)
[190] Affaire Ogiek c. Kenya, Cour africaine des droits de l'homme et des peuples (2017)

On observe des tensions comparables en ce qui concerne les droits des minorités ethniques, en particulier en Asie et en Afrique. Par exemple, le cas des Rohingyas, une minorité musulmane persécutée au Myanmar, témoigne que, bien qu'une résolution du CDH[191] ait appelé à une enquête internationale indépendante sur les violations des droits humains commises à leur encontre, l'absence de sanctions contraignantes a limité son impact, sans parler des défis humanitaires sur l'accueil des réfugiés par les pays voisins. La Cour internationale de Justice a, de son côté, ouvert une procédure en 2019 pour juger le Myanmar pour génocide, mais les progrès sont entravés par des tensions politiques au sein du Conseil de sécurité.

Convergence et polarisation sur la peine de mort au regard de la dignité humaine

La dignité humaine, thème central dans l'architecture des droits fondamentaux, constitue l'ossature invisible du droit international. Elle est un rempart contre toute assimilation de l'être humain à un objet marchand ou à un simple rouage social. Son enracinement juridique s'opère à la lumière des atrocités du XXe siècle, notamment à travers le Tribunal de Nuremberg, qui introduit la notion de crime contre l'humanité, et la Déclaration de Philadelphie, première à proclamer la dignité comme un droit fondamental[192].

Si la Charte des Nations Unies et l'UNESCO inscrivent la dignité au fondement de l'ordre mondial, c'est la Déclaration universelle des droits de l'homme qui, dans son article premier, en fait un principe structurant : « Tous les êtres humains naissent libres et égaux en dignité et en droits. » Cette consécration se prolonge dans divers instruments

---

[191] Résolution 46/21 du Conseil des droits de l'homme (CDH). (2021). *Enquête internationale indépendante sur les violations des droits humains commises contre les Rohingyas*.
[192] Henkin, L. (1996). *The Age of Rights*. Columbia University Press.

internationaux, du Pacte international relatif aux droits civils et politiques à la Convention contre la torture, contractualisant formellement l'inviolabilité nécessaire de ce principe du droit international[193].

Toutefois, la dignité demeure un concept polysémique : à la fois principe, valeur et droit, elle inspire l'abolition de la peine capitale en raison de son intangibilité. Le Protocole n° 13[194] à la CEDH en témoigne en inscrivant l'abolition dans le cadre européen. De même, la Charte africaine des droits de l'homme et la Déclaration américaine des droits et devoirs de l'homme affirment la dignité comme rempart contre les traitements inhumains[195]. Pourtant, dans un monde marqué par la menace terroriste, le débat sur la peine de mort cristallise une fracture : entre justice rétributive et impératif humaniste, deux visions s'opposent. Cette opposition s'illustre à travers des jurisprudences contrastées. La Cour européenne des droits de l'homme, dans l'arrêt Soering [196], a affirmé que l'extradition d'un individu vers un pays appliquant la peine de mort, en l'occurrence les États-Unis, pouvait constituer un traitement inhumain et dégradant au regard de l'article 3 de la Convention européenne des droits de l'homme. Cette décision a renforcé la position abolitionniste en Europe, consacrant la dignité humaine comme un obstacle absolu à l'application de la peine capitale[197].

À l'opposé, la Cour suprême des États-Unis a validé l'usage d'un protocole d'injection létale malgré les risques de souffrances prolongées, estimant que la Constitution américaine n'interdisait pas en soi

---

[193] Donnelly, J. (2003). *Universal Human Rights in Theory and Practice*. Cornell University Press.
[194] Conseil de l'Europe. (2002). *Protocole n° 13 à la Convention européenne des droits de l'homme relatif à l'abolition de la peine de mort en toutes circonstances*.
[195] Hood, R., & Hoyle, C. (2021). *The Death Penalty: A Worldwide Perspective* (6th ed.). Oxford University Press.
[196] CEDH). (1989). *Soering c. Royaume-Uni*.
[197] Björklund, A. (2020). *The Role of International Law in the Abolition of the Death Penalty*. European Journal of International Law, 31(3), 521-547.

la peine de mort[198]. Cette décision illustre la persistance d'une approche pragmatique et souveraine de la justice pénale, où la dignité humaine est interprétée de manière moins absolue que dans le cadre européen[199].

L'argument abolitionniste repose en fait sur l'incompatibilité de la peine capitale avec la dignité humaine. Son irréversibilité et sa négation de toute réhabilitation en font un châtiment inacceptable au regard des droits fondamentaux. Cette incompatibilité est encore plus criante lorsqu'elle frappe les mineurs, particulièrement vulnérables à l'influence des groupes extrémistes. Le droit international interdit formellement leur exécution, notamment à travers la Convention relative aux droits de l'enfant et le Pacte international relatif aux droits civils et politiques. Ainsi, le consensus international se renforce : la peine de mort, ultime vestige d'une justice punitive, devient un anachronisme face aux exigences du droit international. Son abolition s'impose comme une nécessité impérieuse, une réaffirmation de la primauté de la dignité humaine dans la symphonie des droits fondamentaux[200].

Les droits des femmes et de la communauté LGBTQ+ : une division culturelle et politique

Les débats entourant les droits des femmes et des personnes LGBTQ+ au Conseil des droits de l'homme illustrent aussi cette polarisation. Des pays occidentaux plaident pour une universalisation des droits individuels, mais certains États, dont ceux qui font partie de l'Organisation de la coopération islamique, leur reprochent de promouvoir des valeurs contraires à leurs traditions culturelles et

---

[198] Cour suprême des États-Unis. (2015). *Glossip v. Gross.*
[199] Sarat, A. (2023). *Lethal Injection and the False Promise of Humane Execution.* Cambridge University Press.
[200] Zimring, F. (2022). *The Contradictions of American Capital Punishment.* Oxford University Press.

religieuses. Les États membres de l'OCI s'étaient farouchement opposés en 2016 à la résolution 32/2 du CDH pour des raisons de souveraineté nationale et de particularisme culturel. Cette résolution a pourtant créé le mandat d'un expert indépendant sur la protection contre la violence et la discrimination fondée sur l'orientation sexuelle et l'identité de genre[201].

Un exemple récent est la résolution 47/17 du CDH en 2021, qui visait à lutter contre la discrimination fondée sur l'orientation sexuelle et l'identité de genre. Bien qu'adoptée, cette résolution a été vivement critiquée par plusieurs pays, qui estiment que de telles questions relèvent exclusivement de leur souveraineté nationale[202].

Concomitamment, les droits des femmes, bien qu'inscrits dans la Convention sur l'élimination de toutes les formes de discrimination à leur égard, restent contestés dans certains contextes. Cela a été clairement illustré lors des discussions sur l'avortement et les droits reproductifs lors de la Commission de la condition de la femme en 2023[203]. Les pays nordiques et d'autres États européens ont plaidé pour une dépénalisation mondiale de l'interruption volontaire de grossesse, tandis que des États conservateurs, dont la Pologne, le Brésil et plusieurs nations africaines, ont réaffirmé leur opposition en invoquant la protection de la famille traditionnelle et du droit à la vie dès la conception. Cette confrontation a conduit à des blocages diplomatiques, empêchant parfois l'adoption de conclusions consensuelles.

La jurisprudence internationale reflète également cette fracture. D'une part, la CEDH dans une décision de 2017[204] a jugé que la

---

[201] Weiss, M. (2023). *LGBTQ+ Rights and International Law: A Comparative Analysis*. Oxford University Press.
[202] Brems, E. (2021). *Gender and Human Rights: Expanding Definitions and Legal Frameworks*. Cambridge University Press.
[203] Voir la très juste analyse : Petchesky, R. (2022). *Global Reproductive Rights and the New Authoritarianism*. Routledge.
[204] CEDH. (2017). *Affaire sur la stérilisation obligatoire des personnes transgenres en France*

France violait l'article 8 de la Convention européenne des droits de l'homme (droit au respect de la vie privée et familiale) en exigeant des personnes transgenres une stérilisation obligatoire pour obtenir la reconnaissance légale de leur genre. Cette décision a renforcé la reconnaissance des droits des personnes transgenres en Europe, alignant la jurisprudence sur une conception des droits humains fondée sur l'autonomie individuelle et la dignité. À l'inverse, la Cour suprême américaine, dans l'affaire Dobbs v. Jackson Women's Health Organization,[205] a révoqué le droit constitutionnel à l'avortement, mettant fin à près de 50 ans de protection fédérale garantie par Roe v. Wade. Cette décision a marqué un retour à une approche nationaliste et conservatrice, laissant chaque État américain libre d'interdire ou de restreindre l'avortement, et illustrant ainsi le recul des droits reproductifs sous la pression des courants religieux et conservateurs[206].

Ces divisions révèlent une fracture profonde entre deux conceptions des droits humains : l'une centrée sur les libertés individuelles et l'autre ancrée dans les valeurs collectives et culturelles.

Polarisation sur la gouvernance du numérique et des nouvelles technologies : une nouvelle frontière identitaire

L'essor des nouvelles technologies et du numérique redéfinit profondément la citoyenneté, la gouvernance mondiale et les droits fondamentaux. Dans un monde où les revendications identitaires se traduisent de plus en plus dans l'espace numérique, les États, les institutions internationales et les plateformes technologiques se disputent le contrôle des flux d'informations et des normes juridiques qui encadrent la sphère digitale. Cette reconfiguration des rapports de pouvoir

---

[205] Cour suprême des États-Unis. (2022). *Dobbs v. Jackson Women's Health Organization*.
[206] Butler, J. (2021). *What World Is This? A Pandemic Phenomenology*. Columbia University Press.

met en lumière des tensions entre libertés individuelles et surveillance, participation citoyenne et manipulation politique, souveraineté étatique et régulation supranationale[207].

La gouvernance du numérique constitue aujourd'hui un champ de confrontation géopolitique majeur, où s'opposent plusieurs modèles réglementaires. Aux États-Unis, la régulation repose sur une approche libérale qui privilégie la concurrence et l'autorégulation des grandes entreprises technologiques, considérant que le marché demeure le meilleur garant d'un équilibre entre innovation et respect des libertés fondamentales[208]. Cette vision a toutefois été remise en question par l'influence croissante des plateformes numériques sur le débat public et les élections, notamment après le scandale Cambridge Analytica et les accusations d'ingérence étrangère dans les campagnes présidentielles de 2016 et 2020. L'Union européenne, à l'inverse, s'est imposée comme le principal régulateur mondial du numérique avec l'adoption du Règlement général sur la protection des données (RGPD) en 2018, qui impose des obligations strictes aux entreprises en matière de collecte et d'exploitation des données personnelles[209]. Cette approche s'est renforcée avec le Digital Services Act et le Digital Markets Act, entrés en vigueur en 2022, qui visent à responsabiliser les plateformes quant à la modération des contenus et à limiter la position dominante des géants du numérique[210]. Parallèlement, la Chine et la Russie défendent un modèle souverainiste du cyberespace, fondé sur un contrôle étatique étendu des infrastructures numériques et une surveillance accrue des citoyens. Le Grand Firewall chinois bloque

---

[207] DeNardis, L. (2020). *The Internet in Everything: Freedom and Security in a World with No Off Switch*. Yale University Press.
[208] Benkler, Y., Faris, R., & Roberts, H. (2018). *Network Propaganda: Manipulation, Disinformation, and Radicalization in American Politics*. Oxford University Press.
[209] Voir : Kuner, C. (2022). *Data Protection Law and International Policy: The European Union's Global Influence*. Cambridge University Press.
[210] Marsden, C. (2022). *Regulating Platforms: Digital Services and Digital Markets in the European Union*. Oxford University Press.

l'accès aux plateformes étrangères et impose aux entreprises locales de stocker les données des utilisateurs sur des serveurs nationaux, tandis que la loi russe sur la « souveraineté numérique » permet au Kremlin d'isoler le pays du réseau mondial en cas de crise[211]. Cette fragmentation du cyberespace alimente un climat de tensions diplomatiques, illustré par les négociations en cours aux Nations Unies sur un traité international de cybersécurité, où les États occidentaux plaident pour une gouvernance multipartite impliquant les entreprises et la société civile, tandis que Pékin et Moscou défendent une approche interétatique visant à limiter l'ingérence des acteurs privés dans la régulation du numérique[212].

Si le numérique constitue un outil de démocratisation en facilitant l'accès à l'information et la mobilisation citoyenne, il représente également une menace croissante pour les libertés fondamentales. Les révélations d'Edward Snowden en 2013 ont mis en lumière l'ampleur des programmes de surveillance électronique, notamment le programme PRISM de la NSA, qui collectait massivement les communications numériques sous couvert de lutte contre le terrorisme[213]. Depuis, les technologies de reconnaissance faciale et d'intelligence artificielle ont accru les capacités de surveillance des États, posant de nouvelles questions juridiques sur la protection de la vie privée et la présomption d'innocence. À Londres, le déploiement massif de caméras dotées d'IA a soulevé des inquiétudes quant au risque de profilage racial et de surveillance généralisée des citoyens[214]. En Chine, le système de crédit social, qui évalue le comportement des individus en fonction de leurs interactions en ligne et hors ligne, constitue l'exemple le plus abouti

---

[211] Creemers, R. (2021). *China's Cyberspace Governance: Policy and Regulation in the Digital Age*. Cambridge University Press.
[212] Carr, M. (2021). *Cyber Security in the Global Domain: Policy Challenges in International Relations*. Routledge.
[213] Zuboff, S. (2019). *The Age of Surveillance Capitalism: The Fight for a Human Future at the New Frontier of Power*. PublicAffairs.
[214] Binns, R. (2022). *Fairness in Machine Learning: Lessons from Political Philosophy*.

d'une gouvernance numérique fondée sur la discipline sociale et le contrôle algorithmique. Cette situation a conduit plusieurs organisations internationales à renforcer leurs cadres normatifs, comme le Conseil de l'Europe avec la Convention 108+ sur la protection des données personnelles, ou encore la Cour de justice de l'Union européenne, qui a consacré en 2014 le droit à l'oubli permettant aux individus de demander la suppression de leurs informations des moteurs de recherche[215].

Dans ce contexte, le numérique s'impose également comme un espace de revendications identitaires et de luttes politiques. Les mouvements sociaux contemporains, qu'il s'agisse de Black Lives Matter, des mobilisations autochtones contre les projets miniers ou des activistes féministes en Iran, utilisent les réseaux sociaux pour contourner la censure et mobiliser l'opinion publique internationale[216]. Cette dynamique se traduit par une nouvelle forme de civisme identitaire numérique, où l'appartenance politique ne se limite plus au cadre national, mais s'étend à des communautés transnationales unies par des valeurs et des objectifs communs. Toutefois, cette capacité d'organisation en ligne est fragilisée par la montée en puissance de la censure et des manipulations informationnelles. Les campagnes de désinformation orchestrées par la Russie et la Chine ont démontré que le numérique pouvait également être instrumentalisé pour influencer les élections et polariser les débats publics[217], comme en témoignent les interférences présumées dans le Brexit et les scrutins américains de 2016 et 2020.

---

[215] Mantelero, A. (2020). *Artificial Intelligence and Data Protection: Balancing Innovation and Rights*. Springer.
[216] Tufekci, Z. (2017). *Twitter and Tear Gas: The Power and Fragility of Networked Protest*. Yale University Press.
[217] Litvinenko, A. (2023). *Digital Sovereignty and the Russian Internet: Between Control and Resistance*. Springer.

L'intelligence artificielle et les nouvelles technologies posent également des défis inédits en matière de gouvernance mondiale. Le Sommet sur l'IA organisé par les Nations Unies en mars 2025 incarne un tournant dans la régulation internationale des algorithmes et de l'automatisation des processus décisionnels, alors que des préoccupations émergent sur l'impact des IA génératives sur la désinformation, la cybersécurité et la régulation des contenus en ligne. L'Union européenne, pionnière dans ce domaine, a adopté en 2023 l'AI Act, premier cadre réglementaire visant à encadrer les systèmes d'intelligence artificielle en fonction de leur niveau de risque, imposant des obligations strictes aux développeurs et aux entreprises technologiques[218]. Cette législation s'inscrit dans un effort plus large visant à assurer une régulation éthique du numérique, en équilibrant innovation et respect des droits fondamentaux. Toutefois, les divergences entre les grandes puissances sur l'avenir de l'IA demeurent marquées : tandis que les États-Unis misent sur un développement rapide et concurrentiel des technologies d'IA, la Chine privilégie une approche centralisée et étatique, axée sur la sécurité nationale et l'optimisation du contrôle social.

Enfin, la fracture numérique reste un enjeu majeur dans la gouvernance mondiale du numérique. Si les revendications identitaires et politiques passent de plus en plus par les espaces numériques, tous les individus et toutes les communautés ne bénéficient pas du même accès aux infrastructures technologiques. En Afrique, en Asie du Sud et en Amérique latine, l'absence d'accès stable à Internet limite la capacité des populations locales à faire entendre leurs revendications et à s'insérer dans les dynamiques globales de mobilisation[219]. Face à cette inégalité structurelle, l'ONU et la Banque mondiale ont lancé plusieurs initiatives pour développer l'accès à Internet dans les pays en

---

[218] Mantelero. *Ibid.*
[219] Rodon, T. (2021). *Indigenous Digital Activism: Mobilizing Identity and Rights Online*. University of Toronto Press.

développement, mais les défis en matière de souveraineté numérique et de contrôle des infrastructures restent importants. Dans un monde où le numérique façonne de plus en plus les rapports de force internationaux, l'enjeu fondamental demeure celui d'une gouvernance capable de concilier souveraineté étatique, libertés individuelles et participation citoyenne transnationale, tout en garantissant un accès équitable aux opportunités offertes par les nouvelles technologies.

Que retenir de l'intégration abrupte du civisme identitaire dans la gouvernance actuelle des droits de l'homme ?

L'analyse met en évidence que le civisme identitaire, loin d'être une simple demande d'ajustement normatif, agit comme un levier de redéfinition des rapports de force au sein des institutions internationales. En revendiquant une place spécifique dans l'architecture juridique mondiale, les identités collectives remettent en cause le monopole discursif d'un universalisme conçu comme neutre. Ce déplacement du centre de gravité crée une dynamique paradoxale : plus ces revendications se multiplient, plus elles fragilisent le consensus normatif censé fonder les droits de l'homme. L'effet de polarisation est donc structurel. Il ne s'agit pas d'un affrontement ponctuel entre visions concurrentes du droit, mais bien d'un rééquilibrage progressif des sources de légitimité juridique, où les revendications identitaires contraignent les institutions à se positionner. Reste à savoir si cette pression pousse vers une refonte durable du droit international ou si elle se traduit par une gestion purement opportuniste des tensions. L'étude des mutations normatives actuelles montre que l'intégration du civisme identitaire suit une double dynamique : une reconnaissance croissante des revendications collectives dans certaines juridictions et, parallèlement, un risque d'émiettement des standards internationaux. Ce processus d'adaptation, qui se voulait un simple ajustement, prend désormais la forme d'une reconfiguration profonde du droit international. Loin d'être marginale, cette évolution redéfinit la portée des principes universels en fonction de contextes spécifiques, au point de poser la question d'un seuil critique de différenciation normative. L'enjeu n'est donc pas uniquement de savoir si le droit international doit évoluer, mais jusqu'où cette évolution peut aller sans remettre en cause l'idée même d'un socle commun de normes. Ce rapport de force est au cœur des stratégies institutionnelles que nous analyserons à présent.

Section 2. Les institutions internationales, entre blocage institutionnel et interprétation polarisante

Les institutions qui façonnent la gouvernance mondiale des droits de l'homme semblent animées par une quête d'universalité, mais cette ambition se heurte à des lignes de fracture de plus en plus visibles. Derrière la façade d'un cadre juridique stable, les normes se déplacent, s'étirent, se redéfinissent au gré des rapports de force et des revendications identitaires qui s'intensifient. L'uniformité proclamée peine à contenir les aspérités du réel, et ce qui se voulait une harmonie se révèle parfois une dissonance. C'est dans cet espace de tensions feutrées que se joue l'avenir du droit international. Entre adaptations silencieuses et crispations ouvertes, les structures normatives s'ajustent, souvent à contretemps. Reste à savoir si cette évolution relève d'un simple jeu d'équilibre ou d'un glissement plus profond vers un autre mode d'articulation entre identité et universalité.

Le Conseil de sécurité, entre paralysie et instrumentalisation

Le Conseil de sécurité des Nations unies, conçu comme l'organe exécutif chargé de préserver la paix et la sécurité internationales en vertu du Chapitre VII de la Charte des Nations unies, se trouve aujourd'hui dans une impasse structurelle. Alors qu'il prétend incarner un cadre universel garantissant la stabilité du droit international, il est désormais miné par une double crise : une paralysie institutionnelle due aux usages abusifs du droit de véto et une instrumentalisation croissante des normes juridiques à des fins géopolitiques[220]. L'affaiblissement du Conseil, qui n'est pas une simple dérive, met en évidence les limites d'un ordre international fondé sur l'héritage de 1945, qui est incapable de s'adapter aux réalités contemporaines.

Le Conseil de sécurité tire sa légitimité de la Charte des Nations unies, adoptée en 1945, qui lui confère des pouvoirs contraignants en matière de maintien de la paix et de règlement des conflits (articles 24 à 26). Il est l'un des rares organes internationaux dont les décisions ont une valeur juridique contraignante pour les États membres, conformément à l'article 25 de la Charte[221]. Toutefois, cette autorité repose sur une répartition du pouvoir qui reflète l'équilibre issu de la Seconde Guerre mondiale. Cinq États membres permanents (États-Unis, Russie, Chine, France, Royaume-Uni) disposent d'un droit de véto, ce qui leur permet de bloquer toute résolution, indépendamment de son soutien majoritaire dans l'Assemblée générale ou le Conseil.

En réalité, cet équilibre est de plus en plus remis en question par des puissances émergentes et par des États du Sud global qui dénoncent un système dépassé, incapable de refléter la diversité du monde actuel[222]. Selon James Crawford[223], ancien juge à la Cour internationale de Justice et expert en droit international public, l'absence d'un mécanisme efficace de révision de la composition du Conseil entrave

---

[220] Hurd, I. (2022). *Legitimacy and Power in the United Nations Security Council.* Princeton University Press.
[221] Blokker, N. (2021). *The Security Council and the Use of Force: New Challenges and Legal Complexities.* Brill.
[222] Kuziemko, I., & Werker, E. (2021). *How Much Is a Seat on the UN Security Council Worth?* Journal of Political Economy, 129(2), 341-379.
[223] Crawford, J. (2012). *Brownlie's Principles of Public International Law* (8e éd.). Oxford University Press.

le principe d'égalité souveraine des États énoncé à l'article 2 de la Charte. Cette asymétrie se manifeste par une érosion de légitimité croissante, notamment dans les dossiers concernant l'Afrique et le Moyen-Orient, souvent objets de décisions prises sans une consultation adéquate des États directement concernés.

Le droit de véto, défini à l'article 27§3 de la Charte des Nations unies, était initialement conçu comme un mécanisme de consensus. Il visait à éviter l'isolement de grandes puissances et la répétition des erreurs du système de la Société des Nations[224]. Pourtant, il s'est progressivement transformé en un levier de blocage systématique.

Depuis 1990, la Russie et la Chine ont utilisé leur droit de véto à maintes reprises pour empêcher l'adoption de résolutions sur la Syrie, notamment en 2014 et 2017, quand des propositions de sanctions contre l'usage d'armes chimiques ont été bloquées[225]. De leur côté, les États-Unis ont régulièrement protégé Israël de condamnations internationales concernant la colonisation des territoires palestiniens. C'était le cas en 2011 lorsqu'ils ont opposé leur véto à une résolution demandant l'arrêt des implantations israéliennes en Cisjordanie, malgré un soutien écrasant des autres membres du Conseil à quatorze voix contre une.

Cette instrumentalisation du véto révèle une contradiction majeure dans le droit international : alors que le Conseil de sécurité est censé être le garant du respect du droit international humanitaire et des droits humains, il est souvent empêché d'agir dans des situations où ces principes sont massivement violés. Selon l'expert universitaire Frédéric Mégret, professeur à l'Université McGill et spécialiste de la justice internationale, cette situation entraine une « hiérarchie implicite des crises », où certaines violations du droit international sont sévèrement

---

[224] Fassbender, B. (2020). *The United Nations Charter as the Constitution of the International Community*. Oxford University Press.
[225] Malone, D. M. (2007). *The UN Security Council: From the Cold War to the 21st Century*. Lynne Rienner Publishers.

sanctionnées, tandis que d'autres sont tolérées en raison d'intérêts stratégiques[226]. De fait, les résolutions du Conseil de sécurité condamnant des violations des droits humains échouent fréquemment lorsqu'un des membres permanents y trouve un intérêt stratégique. Cet état de fait alimente un sentiment de défiance, surtout dans les pays du Sud global, qui accusent un système de gouvernance sélectif et à géométrie variable.

L'incohérence des décisions du Conseil de sécurité s'observe également dans la mise en œuvre du principe de la responsabilité de protéger, adopté lors du Sommet mondial de l'ONU en 2005 et inscrit dans la résolution 1674 du Conseil de sécurité. Ce principe vise à prévenir les génocides, les crimes de guerre, les épurations ethniques et les crimes contre l'humanité. Cependant, son application varie considérablement en fonction des contextes géopolitiques[227].

En 2011, le Conseil de sécurité a approuvé une intervention militaire en Libye par le biais de la résolution 1973, motivée par la nécessité de protéger les populations civiles des violences du régime de Kadhafi. Pourtant, cette mobilisation du droit international n'a pas été reproduite dans des cas similaires, comme en Syrie ou au Yémen, où des appels à une action internationale se sont heurtés à l'opposition de membres permanents du Conseil.

Cette asymétrie soulève une question cruciale : le Conseil de sécurité applique-t-il véritablement les principes du droit international, ou se contente-t-il de les invoquer lorsque cela sert des intérêts stratégiques ? La Cour internationale de justice a abordé cette question dans son avis consultatif de 2004 sur le mur de séparation israélien en Cisjordanie. Dans cet avis, la CIJ a notamment rappelé qu'il faut appliquer les résolutions du Conseil de sécurité de façon équitable et

---

[226] Mégret, F. (2018). *The Politics of International Law and the Responsibility to Protect*. Routledge.
[227] Bosco, D. (2009). *Five to Rule Them All: The UN Security Council and the Making of the Modern World*. Oxford University Press.

cohérente. Toutefois, il semble que l'autorité du Conseil soit souvent influencée par des facteurs politiques, ce qui remet en cause l'idée d'un système juridique universel et impartial.

Les systèmes de justice internationale : un modèle singulier indifférent aux fractures identitaires ?

Alors que la gouvernance politique mondiale tend à privilégier le consensualisme pour surmonter les tensions géopolitiques, les systèmes judiciaires internationaux s'inscrivent dans une approche radicalement différente. Ancrés dans une rigueur normative, ils aspirent à une application stricte du droit, indépendamment des considérations politiques ou des rapports de force entre États. Cette posture, si elle garantit une certaine impartialité, suscite néanmoins des résistances majeures, notamment de la part des puissances souverainistes qui perçoivent ces tribunaux comme une entrave à leur autonomie décisionnelle. À l'inverse du Conseil de sécurité des Nations Unies, contraint à d'incessantes négociations pour aboutir à des résolutions souvent édulcorées, la justice pénale internationale affiche une volonté d'imposer une interprétation stricte des principes juridiques, quitte à provoquer son propre isolement.

La Cour pénale internationale : une justice sans consensus ?

La Cour pénale internationale, éminente représentante du droit international pénal, symbolise cette rigidité institutionnelle. Fondée en 2002 par le Statut de Rome, elle se définit comme une juridiction autonome, possédant une compétence universelle pour juger les crimes de guerre, les crimes contre l'humanité et les génocides, ainsi que, depuis 2018, certains crimes d'agression. Sa mission est de s'affranchir des rapports de force diplomatiques pour appliquer un droit impersonnel, insensible aux considérations géopolitiques. Pourtant, cette ambition se heurte à une réalité politique implacable : en se plaçant au-dessus des intérêts étatiques, la Cour a engendré une méfiance, voire une hostilité de la part des grandes puissances.

Dès sa création, les États-Unis, la Russie et la Chine, en ne ratifiant pas le Statut de Rome, ont clairement exprimé leur méfiance envers cette cour internationale[228]. En 2002, les États-Unis ont même promulgué une législation, baptisée « American Service-Members' Protection Act » ou encore « Hague Invasion Act », qui permet aux forces armées américaines d'intervenir militairement pour secourir leurs ressortissants emprisonnés par ladite Cour[229]. Cet acte législatif met en évidence l'opposition totale des États-Unis à toute instance judiciaire susceptible de menacer leur suprématie militaire. Initialement signataire du Statut de Rome, la Russie a finalement annoncé en 2016 qu'elle ne ratifierait jamais l'accord. Elle a justifié sa décision en affirmant que la Cour était un instrument partial servant des intérêts occidentaux. La Chine, quant à elle, maintient une position ambiguë, refusant de s'engager, mais prenant part de temps à autre aux discussions sur le rôle de la Cour pénale internationale dans la lutte contre l'impunité.

Cette défiance s'est accentuée à mesure que la CPI a concentré ses poursuites sur des dirigeants de pays africains. Une accusation récurrente : celle d'un deux poids, deux mesures. En l'an de grâce 2017, l'Union africaine a émis une résolution exhortant ses États membres à se retirer de la CPI, dénonçant un tribunal qui semble s'acharner sur les gouvernements africains tout en épargnant les puissances occidentales dominantes. Le Kenya, l'Afrique du Sud et la Gambie ont un temps envisagé de quitter l'organisation avant de suspendre leur

---

[228] Nouwen, S. (2020). *Complementarity in the Line of Fire: The Catalysing Effect of the ICC in Uganda and Sudan.* Cambridge University Press.
[229] Schabas, W. A. (2011). *An Introduction to the International Criminal Court* (4e éd.). Cambridge University Press.

décision. Cette contestation reflète un malaise plus profond : si la CPI entend incarner une justice détachée des rapports de force, elle dépend d'un environnement politique où l'universalité du droit se heurte à la réalité asymétrique du pouvoir. La vocation universelle de la Cour est ainsi entachée par des accusations récurrentes de partialité, nourries par un sentiment d'inégalité dans le traitement des affaires. En particulier, les décisions du Bureau du Procureur de la CPI en matière de priorisation des enquêtes suscitent des interrogations sur l'impartialité de l'institution.

Un exemple controversé : le dossier des talibans en Afghanistan

L'exemple récent du traitement de l'affaire des talibans en Afghanistan met en évidence la position actuelle de la cour face aux impératifs de justice et aux pressions géopolitiques[230]. Depuis son adhésion à la Cour pénale internationale en 2003, l'Afghanistan est soumis à sa juridiction pour tous les crimes relevant du Statut de Rome, impliquant aussi bien les forces afghanes que les groupes armés non étatiques et les puissances étrangères opérant sur son sol. Ce dernier point, visant en particulier les États-Unis et leurs agences de renseignement, confère à ce dossier une sensibilité géopolitique majeure et pose la question de l'indépendance réelle de la justice internationale.

La CPI a longtemps cherché à enquêter sur les crimes de guerre commis dans la lutte contre le terrorisme, notamment la torture infligée aux détenus par l'armée américaine et la CIA[231]. Mais en septembre 2021, Karim Khan, procureur de la CPI, annonce un recentrage de l'enquête sur les crimes des talibans et de l'État islamique – Province du Khorassan (EIKP), reléguant au second plan les

---

[230] Clarke, K. M. (2022). *Affective Justice: The International Criminal Court and the Pan-Africanist Pushback*. Duke University Press.
[231] Gissel, L. (2023). *The International Criminal Court and Global Social Control: International Criminal Justice in Late Modernity*. Routledge.

investigations sur les forces afghanes et les agents américains[232]. Cette décision suscite une vive indignation chez les défenseurs des droits humains, qui dénoncent une justice sélective et une forme d'impunité pour les puissances occidentales, malgré des preuves accablantes documentées par des ONG et des instances onusiennes. La CIA a exploité des prisons secrètes, ou *sites noirs*, non seulement en Afghanistan, mais aussi en Pologne, Roumanie et Lituanie, pays sanctionnés par la Cour européenne des droits de l'homme dans des affaires retentissantes[233]

L'abandon progressif de ces enquêtes par la CPI s'explique en partie par la pression politique exercée par Washington. L'administration Trump avait explicitement menacé de sanctions les enquêteurs de la CPI s'intéressant aux crimes américains, une menace concrétisée en 2020 par des sanctions financières contre la procureure Fatou Bensouda. Bien que l'administration Biden ait levé ces mesures en 2021, le message reste clair : toute tentative de poursuite visant des citoyens américains franchirait une ligne rouge diplomatique. Ce bras de fer met en lumière une faille structurelle du système judiciaire international : le principe de complémentarité du Statut de Rome empêche la CPI d'agir si un État mène lui-même les poursuites nécessaires. Or, les États-Unis, n'ayant jamais ratifié ce traité, contestent toute compétence de la CPI sur leurs citoyens, créant une inégalité flagrante dans l'application du droit pénal international.

Cette asymétrie alimente une critique récurrente : la CPI fonctionnerait comme une justice à deux vitesses. L'institution a fait preuve d'une grande diligence en poursuivant des dirigeants africains – Omar el-Béchir pour le Soudan, Laurent Gbagbo pour la Côte d'Ivoire, Jean-Pierre Bemba pour la RDC – mais semble bien plus hésitante face aux

---

[232] Human Rights Watch. (2021). *Rapport sur les crimes de guerre en Afghanistan et la responsabilité des talibans.*
[233] Voir notamment : CEDH. (2014). *Al-Nashiri c. Pologne* ; CEDH. (2018). *Abu Zubaydah c. Lituanie.*

crimes impliquant les puissances occidentales ou leurs alliés. Cette disparité renforce la perception d'une instrumentalisation politique du droit, au détriment de son universalité.

Toutefois, au-delà de ces controverses, les crimes des talibans et de l'EIKP relèvent pleinement de la compétence de la CPI. Depuis leur retour au pouvoir en août 2021, les talibans ont instauré une répression systématique contre les femmes, les minorités ethniques et religieuses, notamment les Hazaras et les chiites, victimes d'exécutions extrajudiciaires et de disparitions forcées. La politique d'exclusion des femmes de l'éducation et de la vie publique s'apparente à une persécution de genre, pouvant constituer un crime contre l'humanité selon l'article 7 du Statut de Rome. Consciente de cet enjeu, la CPI a récemment annoncé une initiative spécifique sur les crimes fondés sur le sexe, dans un effort de réaffirmation de son engagement envers les populations vulnérables.

Mais la mise en œuvre de la justice internationale reste entravée par des obstacles logistiques et politiques majeurs. Dépourvue de force de police, la CPI dépend de la coopération des États pour l'exécution de ses mandats et la collecte des preuves. Or, sous le régime taliban, l'effondrement du système judiciaire rend toute collaboration impossible. Paradoxalement, la crise humanitaire actuelle et l'exil massif des Afghans pourraient offrir une opportunité pour la justice : les réfugiés constituent des témoins clés exploitables par la CPI, à condition qu'elle coordonne ses efforts avec des instances comme la Mission d'assistance de l'ONU en Afghanistan ou le rapporteur spécial des Nations unies.

Ce dossier illustre avec force les tensions inhérentes à la justice pénale internationale, oscillant entre exigences d'impartialité et jeux de pouvoir géopolitiques. Si la CPI veut préserver sa crédibilité, elle ne peut se contenter d'une justice partielle ciblant les acteurs déjà marginalisés sur la scène internationale[234]. Dans ce cas présent, l'impunité persistante en Afghanistan alimente instabilité, corruption et discrimination. Autrement dit, l'échec de la justice ne serait pas seulement un revers moral, mais un facteur aggravant des cycles de violence. Si la CPI prétend incarner une justice véritablement mondiale, elle doit démontrer sa capacité à poursuivre tous les criminels, indépendamment de leur statut ou de leur puissance[235]. Seule une justice impartiale, affranchie des rapports de force internationaux, pourra éviter le soupçon de sélectivité et s'imposer comme un véritable instrument d'universalité du droit.

La Cour internationale de justice : une interprétation neutre des droits de l'homme ?

La Cour internationale de justice (CIJ) occupe également une place singulière dans l'architecture du droit international des droits de l'homme, même si son rôle en la matière n'est pas principal et n'est pas non plus explicitement défini comme tel dans le statut de la cour[236]. Contrairement aux juridictions spécialisées telles que la Cour européenne des droits de l'homme ou la Cour interaméricaine des droits de l'homme, la CIJ n'a pas pour mandat spécifique de punir les violations des droits fondamentaux. Bien qu'elle ne soit pas la seule entité à jouer un rôle dans l'interprétation et l'énoncé des normes relatives aux droits de l'homme, elle occupe une place centrale en les intégrant dans le corps général du droit international. Son influence découle de l'utilisation stratégique que les États et certaines organisations

---

[234] Stahn, C. (2021). *Justice as Message: Expressivist Foundations of International Criminal Law*. Oxford University Press.
[235] Alter, K. J., & Helfer, L. R. (2020). *Transplanting International Courts: The Law and Politics of the Andean Tribunal of Justice*. Oxford University Press.
[236] Kolb, R. (2021). *The International Court of Justice*. Bloomsbury Publishing.

internationales en font pour établir des principes directeurs et clarifier les obligations étatiques[237].

La Cour internationale de justice a graduellement accru son autorité sur les questions relatives aux droits de l'homme. Elle a interprété et appliqué des principes clés dans le contexte de différends entre États. Même si un individu ne peut pas directement intenter une action devant cette cour, on observe néanmoins une tendance à considérer davantage les responsabilités internationales en termes de respect des libertés fondamentales[238]. L'affaire du Sud-Ouest africain[239] a marqué un tournant majeur. Bien que la Cour ait été critiquée pour sa position restrictive sur la recevabilité de la requête, elle a engagé une réflexion sur l'étendue des obligations des États en matière de protection des populations sous tutelle. Plus tard, dans l'avis consultatif sur la Namibie[240], elle a renforcé cette approche en soulignant l'importance pour l'Afrique du Sud de se conformer aux principes du droit international, y compris ceux relatifs aux droits de l'homme, en se référant à la Charte des Nations unies.

Par extension, la Cour a établi un lien entre le droit international humanitaire et les droits fondamentaux, en reconnaissant l'applicabilité du Pacte international relatif aux droits civils et politiques même en temps de guerre[241]. Cette jurisprudence a ouvert la voie à une interprétation plus dynamique des obligations des États, allant au-delà des cadres conventionnels stricts et mettant l'accent sur une approche globale du droit international[242].

---

[237] Crawford, J. (2019). *Brownlie's Principles of Public International Law* (9e éd.). Oxford University Press.
[238] Brownlie, I. (2008). *Principles of Public International Law* (7e éd.). Oxford University Press.
[239] CIJ, Affaire du Sud-Ouest africain (1966).
[240] CIJ, Avis consultatif sur la Namibie (1971).
[241] CIJ, Avis consultatif sur la licéité de la menace ou de l'emploi d'armes nucléaires (1996).
[242] Letsas, G. (2022). *The ECHR as a Living Instrument: Its Meaning and Legitimacy*. Oxford University Press.

Les gouvernements emploient la Cour internationale de justice comme un outil pour régler les litiges liés aux violations des droits de l'homme. Ils cherchent ainsi à imposer une responsabilité juridique collective et à éclaircir les obligations conventionnelles. L'affaire entre Bosnie-Herzégovine et la Serbie et le Monténégro de 2007 constitue l'exemple le plus significatif[243]. La Cour y a en effet consacré l'obligation positive des États de prévenir le génocide, affirmant que la simple tolérance passive face au risque d'un tel évènement peut engager leur responsabilité internationale. Cette décision a été déterminante, puisqu'elle a introduit une approche préventive dans la lecture de la Convention sur le génocide. Elle reconnait qu'un État peut commettre une violation de ses obligations internationales s'il omet de réagir à des atteintes massives aux droits fondamentaux.

Un autre exemple marquant est l'affaire « Questions concernant l'obligation de poursuivre ou d'extrader »[244]. Dans cette affaire, la Cour internationale de justice a établi que l'obligation d'extrader ou de juger une personne accusée de crimes internationaux découlait directement de la Convention contre la torture. Ce raisonnement a contribué au principe de compétence universelle en inscrivant la protection des droits de la personne dans une perspective où la souveraineté étatique ne peut être utilisée comme un argument pour justifier l'impunité[245]. Outre les questions de droit international, la Cour a également contribué à l'établissement de principes généraux en matière de protection des droits fondamentaux. Elle a notamment affirmé que le droit à l'autodétermination constitue une norme impérative, dite de *jus cogens*, et qu'un État tiers doit agir contre toute violation grave de ce

---

[243] CIJ, Application de la Convention pour la prévention et la répression du crime de génocide (Bosnie-Herzégovine c. Serbie-et-Monténégro) (2007).
[244] CIJ, Questions concernant l'obligation de poursuivre ou d'extrader (Belgique c. Sénégal) (2012).
[245] Schabas, W. (2021). *The Customary International Law of Human Rights*. Oxford University Press.

droit[246]. Cette décision a permis d'établir un cadre juridique dans lequel les droits de l'homme ne sont plus seulement des engagements formels entre États, mais des obligations qui engagent la communauté internationale dans son ensemble[247].

Enfin, dans un avis consultatif sur l'indépendance du Kosovo, la Cour a eu l'occasion d'aborder la question des droits collectifs et du droit à l'autodétermination sous un angle inédit[248]. Elle s'est abstenue de se prononcer sur la légalité de la sécession, mais reconnaissant implicitement que les revendications identitaires pouvaient être des éléments déclencheurs de nouvelles configurations normatives en droit international. Cette approche témoigne d'une volonté d'adaptation progressive du droit international aux réalités des droits humains, tout en maintenant un équilibre entre souveraineté étatique et reconnaissance des droits collectifs.

Par conséquent, la Cour se situe à la croisée du contentieux interétatique et des impératifs de protection des droits fondamentaux. Bien que la Cour internationale de Justice ne soit pas une juridiction spécialisée en matière de droits de l'homme, son rôle dans l'interprétation et la consolidation des principes fondamentaux est indéniable. Son approche, souvent prudente mais évolutive, permet d'intégrer progressivement les droits de l'homme dans l'ordre juridique international, notamment en consolidant les obligations des États et en clarifiant les relations entre droit conventionnel et normes impératives. Toutefois, son instrumentalisation par les États démontre que son action dépend largement des dynamiques géopolitiques et de la volonté des parties prenantes à faire reconnaître l'applicabilité du droit des droits de l'homme dans les contentieux internationaux.

---

[246] CIJ, Avis consultatif sur les conséquences juridiques de l'édification d'un mur en territoire palestinien occupé (2004).
[247] Tladi, D. (2021). *Peremptory Norms of General International Law (Jus Cogens) and the Prohibition of Torture*. Cambridge University Press.
[248] CIJ, Avis consultatif sur l'indépendance du Kosovo (2010).

Le dilemme intrinsèque du droit international : rigueur juridique ou pragmatisme politique ?

Face à ces résistances, la Cour pénale internationale ainsi que la Cour internationale de justice, et plus largement le système de justice internationale, se retrouvent devant un dilemme fondamental. Doivent-ils s'en tenir à un modèle rigide en appliquant le droit en dehors des considérations de puissance, au risque d'être marginalisés sur la scène internationale ? Ou faut-il chercher un terrain d'entente avec les demandes des États, au prix de la dilution de l'autorité de la justice internationale ?

Adopter une position inflexible assure l'uniformité règlementaire, mais cela se fait souvent au détriment de l'intégration institutionnelle. L'absence de moyens coercitifs contraint la Cour à dépendre de la bonne volonté des États pour exécuter ses mandats d'arrêt, ce qui explique pourquoi de nombreux accusés échappent à la justice[249]. Le cas d'Omar el-Béchir, ancien président du Soudan, est éloquent : bien que recherché pour génocide au Darfour depuis 2009 et sous le coup d'un mandat d'arrêt international, il a pu se déplacer librement dans plusieurs pays membres du statut de la Cour sans être inquiété. Cela met en évidence les limites d'un système fondé sur la coopération volontaire[250].

À l'opposé, une approche plus pragmatique consisterait à accepter des compromis politiques pour assurer une meilleure effectivité du droit. Cette méthode a été mise à l'essai par des tribunaux hybrides, tels que la Cour spéciale pour la Sierra Leone ou les Chambres extraordinaires au sein des tribunaux cambodgiens, qui combinent des

---

[249] Gissel, L. (2023). *The International Criminal Court and Global Social Control: International Criminal Justice in Late Modernity*. Routledge.
[250] Bosco, D. (2023). *The ICC and the Politics of Global Justice*. Oxford University Press.

magistrats locaux et internationaux[251]. Ces juridictions ont pu obtenir des résultats concrets, car elles ont pris en compte les réalités locales au lieu d'imposer un cadre juridique externe. Cependant, cette voie comporte aussi des risques de manipulation. Certains États pourraient instrumentaliser la justice internationale pour légitimer des règlements de comptes politiques, en orientant les poursuites contre leurs adversaires tout en s'exonérant eux-mêmes de toute responsabilité[252]. De plus, si trop de compromis sont faits avec les logiques de puissance, le droit international pourrait perdre son essence, ne devenant qu'un outil au service des relations de force[253].

Un dilemme s'impose alors : persévérer dans une approche normative stricte au risque d'un isolement institutionnel, ou s'adapter aux réalités politiques au risque de compromettre l'idéal d'une justice universelle. Ce conflit entre légalité et réalité politique amène à une transition d'une prise de décision rigide vers un modèle plus consensuel. Mais ce pragmatisme, s'il est mal maitrisé, risque de fragiliser la portée des engagements pris. L'enjeu du XXIe siècle sera de trouver un équilibre entre efficacité décisionnelle et impératif moral[254], pour éviter que le consensus ne devienne synonyme de renoncement.

L'examen des réponses institutionnelles aux revendications identitaires révèle une logique d'adaptation fragmentaire, où les ajustements normatifs répondent davantage à des impératifs politiques qu'à une volonté cohérente d'évolution du droit. Loin d'un véritable tournant conceptuel, les mécanismes actuels traduisent une gestion pragmatique des conflits : certaines juridictions acceptent des aménagements

---

[251] Alter, K. J., & Helfer, L. R. (2020). *Transplanting International Courts: The Law and Politics of the Andean Tribunal of Justice*. Oxford University Press.
[252] Saul, M., & Sweeney, J. (2021). *The International Human Rights Judiciary and National Parliaments: Europe and Beyond*. Hart Publishing.
[253] Venzke, I. (2020). *How Interpretation Makes International Law: On Semantic Change and Normative Twists*. Oxford University Press.
[254] Nollkaemper, A. (2023). *The Duality of International Law: Constitutionalism and Legal Pluralism*. Cambridge University Press.

sous pression sociale, tandis que d'autres résistent en invoquant la stabilité du cadre universel. Cette approche au cas par cas maintient un équilibre instable, où le droit international oscille entre concession et rigidité sans réellement anticiper les transformations structurelles à venir. Si cette stratégie permet temporairement d'éviter un éclatement normatif, elle questionne l'intégration durable des identité collectives dans le droit international sans qu'il ne se dilue en une mosaïque d'exceptions.

Section 3. L'interprétation polyphonique des textes internationaux

Le droit international des droits humains, conçu à l'origine comme un socle universel garantissant les libertés fondamentales, doit s'adapter aux mutations sociales, technologiques et politiques, tout en conservant son essence normative. Cette évolution repose sur un principe fondamental : l'interprétation dynamique des textes juridiques, qui permet aux traités de ne pas rester figés dans le contexte historique de leur adoption, mais d'évoluer au gré des transformations de la société internationale.

Loin d'être un simple exercice de lecture des textes, cette interprétation dynamique est devenue une méthode centrale dans l'application des normes internationales, soutenue par les juridictions internationales ainsi que par les organes onusiens et régionaux chargés de veiller au respect des droits de l'homme. On l'observe dans des jugements marquants, des avis généraux émis par des comités d'experts et des résolutions votées au sein des enceintes multilatérales. Toutefois, cette approche herméneutique souple ne se déroule pas sans heurts : elle cristallise souvent des tensions entre les États, reflétant des visions contrastées du rôle du droit dans l'évolution des sociétés.

Le principe d'interprétation dynamique des traités : un droit en perpétuelle adaptation ?

L'interprétation des traités internationaux en matière de droits de l'homme repose sur plusieurs principes énoncés dans la Convention de Vienne sur le droit des traités de 1969, également connue sous le nom de « Traité des traités ». L'article 31 stipule qu'il faut interpréter les textes de manière équitable, en considérant leur objectif et leur intention. Cependant, cette méthode ne se limite pas à une lecture littérale ou historique. Les tribunaux internationaux ont progressivement adopté une interprétation dynamique qui s'adapte aux réalités actuelles.

L'un des arrêts fondateurs de cette doctrine est l'affaire Tyrer devant la Cour européenne des droits de l'homme[255]. Dans cette affaire, un jeune garçon des iles Anglo-Normandes, condamné à une peine de châtiments corporels, conteste sa sentence en invoquant l'article 3 de la Convention européenne des droits de l'homme, qui interdit les traitements inhumains et dégradants. La CEDH juge que, bien que cette peine ait été socialement acceptable par le passé, elle est désormais incompatible avec les normes européennes actuelles. Elle a ainsi affirmé que la Convention est un « instrument vivant » qui doit être interprété en fonction des conditions actuelles[256]. Cette décision a de sorte ouvert la voie à une jurisprudence évolutive, où les normes sont réinterprétées pour tenir compte des changements dans la société.

D'autres instances ont suivi la même logique. C'est le cas notamment du Comité des droits de l'homme des Nations unies, chargé de surveiller l'application du Pacte international relatif aux droits civils et politiques qui a adopté plusieurs observations générales qui

---

[255] CEDH, Affaire Tyrer c. Royaume-Uni (1978).
[256] Letsas, G. (2022). *The ECHR as a Living Instrument: Its Meaning and Legitimacy*. Oxford University Press.

témoignent de cette approche dynamique. Le rapport général n° 36 de 2018 sur le droit à la vie met en évidence ce phénomène : il interprète l'interdiction de la peine de mort en l'étendant aux cas où elle est appliquée de manière discriminatoire, notamment en raison de l'orientation sexuelle ou de l'appartenance ethnique[257]. Cette lecture plus large a fait réagir certains États, en particulier ceux qui considèrent que la peine capitale relève de leur souveraineté nationale.

L'interprétation évolutive des traités crée ainsi des tensions récurrentes entre les partisans d'une lecture dynamique du droit international, qui y voient un moyen d'adapter les droits humains aux défis actuels, et les États qui défendent une approche plus rigide, dénonçant une instrumentalisation politique du droit par des organes d'interprétation non élus.

Le rôle du Conseil des droits de l'homme dans l'interprétation des normes internationales

Au-delà des tribunaux et des comités d'experts, le Conseil des droits de l'homme des Nations Unies occupe une place centrale dans l'évolution du droit international des droits de l'homme en adoptant des résolutions interprétatives. Ces résolutions, bien que non contraignantes, ont une influence considérable sur l'interprétation et la mise en pratique des principes fondamentaux. Elles orientent les positions des États et des instances judiciaires.

Lors de sa 52e session, qui s'est tenue de février jusqu'à avril 2023, le Conseil des droits de l'homme a révélé des fractures persistantes sur la reconnaissance des droits LGBTQ+. Une résolution portée par l'Espagne et le Chili réaffirmant la protection contre la discrimination

---

[257] Comité des droits de l'homme des Nations Unies, Observation générale n°36 sur le droit à la vie (2018).

fondée sur l'orientation sexuelle a suscité une forte opposition d'États africains et du Moyen-Orient, invoquant des valeurs culturelles et la souveraineté nationale. En parallèle, 34 États ont demandé à l'ONU la dépénalisation universelle de l'homosexualité, soulignant que l'orientation sexuelle relève de la sphère privée. Cette initiative a rencontré une résistance marquée, comme au Kenya, où la Cour suprême a maintenu en 2019 les lois criminalisant l'homosexualité, arguant du poids des normes sociales locales et du rejet majoritaire de cette évolution par la population. Reste que cette opposition dépasse le Sud global. Au niveau européen, en Hongrie et en Pologne, des politiques conservatrices justifient le rejet des normes LGBTQ+ sous couvert de protection des valeurs familiales traditionnelles. En 2021, la Hongrie a par exemple adopté une loi interdisant la « promotion » de l'homosexualité auprès des mineurs, suscitant des débats houleux au Parlement européen ainsi qu'une procédure d'infraction de la Commission européenne. Plus largement, ces tensions identitaires révèlent le rôle du Conseil des droits de l'homme qui permet l'expression des oppositions à l'abri d'une unique approche universaliste des droits humains. Les résolutions produites lors des sessions de cette instance multilatérale permettent ainsi la formalisation d'une lecture contextualisée, où la souveraineté et les traditions nationales sont mobilisées pour freiner les évolutions perçues comme imposées de l'extérieur ou trop monochromes.

Dans un même registre, l'affaire des caricatures de Mahomet illustre la difficulté d'établir un consensus universel sur la liberté d'expression. La republication des dessins par Charlie Hebdo en 2020 a ravivé les tensions entre la France et plusieurs pays musulmans, opposant une conception libérale et intransigeante de la liberté d'expression à une approche plus restrictive prenant en compte les sensibilités religieuses. Lors des débats du Conseil des droits de l'homme en 2021, la France a défendu l'article 10 de la Convention européenne de sauvegarde des droits de l'homme, affirmant que la liberté d'expression inclut le droit à la satire, y compris contre les croyances religieuses. À l'opposé, des États comme le Pakistan, l'Arabie saoudite et l'Iran ont dénoncé ce qu'ils considèrent comme un discours de haine, plaidant pour un encadrement plus strict de ce droit conformément aux résolutions de l'ONU sur la lutte contre la diffamation des religions. Cette divergence se reflète aussi dans les systèmes juridiques nationaux : l'Allemagne et l'Autriche sanctionnent encore la diffamation religieuse, tandis qu'en France, le blasphème n'est plus une infraction depuis la Révolution, la laïcité garantissant la critique des religions. De même, les résolutions onusiennes sur la diffamation des religions, longtemps soutenues par l'Organisation de la coopération islamique, se sont heurtées à l'opposition croissante des pays occidentaux, qui y voient une menace pour la liberté d'expression. Le rôle du Conseil des droits de l'homme se joue justement ici dans la mise en œuvre d'un espace de dialogue international permettant l'opposition de ces Etats-nations. Le Conseil des droits de l'homme a de fait permit une mise en commun de l'interprétation de la liberté d'expression au niveau internationale par l'introduction d'une résolution sur la liberté de religion et d'expression, défendue par le Pakistan et soutenue par l'Organisation de la coopération islamique, qui condamne les discours islamophobes et les actes de blasphème, en insistant sur la nécessité de protéger les croyances religieuses contre les offenses publiques.

Enfin, la question de l'impact du changement climatique sur les droits de l'homme a abouti à l'adoption d'une résolution sur la justice climatique et les droits fondamentaux. Proposée par les Maldives et le Bangladesh, elle souligne l'urgence de reconnaitre le statut juridique des réfugiés climatiques en se fondant sur le droit à la vie et à un environnement sain. Cette proposition a rencontré de la résistance de la part des pays développés, en particulier des États-Unis et de l'Australie, qui refusent d'assumer une responsabilité juridique pour l'accueil de ces populations.

Que retenir de l'interprétation polyphonique des droits de l'homme à l'aune des revendications identitaires ?

Ces débats montrent combien l'interprétation évolutive des droits humains est un territoire de tensions politiques et idéologiques. Les décisions du Conseil des droits de l'homme sont souvent l'objet de vifs débats, car elles divisent entre une perspective progressiste des droits de l'homme, qui plaide pour leur extension et leur adaptation aux nouvelles réalités (droits des minorités, normes sociales…), et une approche plus souverainiste, qui considère ces évolutions comme une menace pour le droit des États à déterminer leurs propres règles. Reste que jusqu'où le droit international peut-il évoluer sans perdre son ancrage dans le consentement des États ? À quel point l'interprétation dynamique des normes peut-elle être acceptée comme un outil de progrès, plutôt qu'une menace pour la souveraineté nationale ?

Dans un contexte où la mondialisation ne cesse d'exacerber les revendications identitaires, le civisme identitaire apparaît comme une alternative capable de réconcilier universalité et enracinement culturel. Plutôt que d'opposer rigidement droits individuels et appartenances collectives, ce concept propose une lecture dynamique des normes, où l'identité devient un vecteur d'appropriation des droits fondamentaux plutôt qu'un obstacle à leur application. La mobilisation du civisme identitaire dans divers forums internationaux, qu'il s'agisse des mécanismes onusiens ou des jurisprudences régionales, témoigne de son potentiel à structurer un dialogue normatif renouvelé. Toutefois, son application concrète nécessite des garde-fous institutionnels afin d'éviter toute instrumentalisation opportuniste par des régimes cherchant à justifier des pratiques discriminatoires sous couvert de diversité culturelle.

VI. REPENSER L'ARCHITECTURE DU SYSTEME MULTILATERAL À L'AUNE DU CIVISME IDENTITAIRE

Il fut un temps où l'architecture des droits de l'homme semblait irréversible, où les grandes déclarations solennelles traçaient l'horizon d'un monde pacifié par le droit et la coopération dans lequel le système des Nations unies constitue le premier cadre institutionnel global de protection des droits de l'homme au moyen de la Déclaration universelle des droits de l'homme de 1948 puis des Pactes internationaux de 1966. Toutefois, cette prétention à l'universalité s'est heurtée dès l'origine à la réalité du système interétatique, où la souveraineté nationale demeure un principe fondamental du droit international. Le XXIe siècle offre un tout autre spectacle : celui d'un multilatéralisme fragmenté, d'institutions paralysées et d'un droit international tiraillé entre impératifs géopolitiques et réalités asymétriques. Les organes de surveillance onusiens, tels que le Conseil des droits de l'homme ou les comités des traités, sont entravés par l'absence de mécanismes coercitifs. Les États peuvent ratifier des conventions tout en émettant des réserves qui limitent leur portée, et les recommandations des organes onusiens restent dépourvues de force exécutoire.

Face aux impasses du modèle onusien traditionnel et aux blocages imposés par la règle de l'unanimité, une dynamique consensuelle s'est peu à peu imposée en matière de gouvernance des droits humains. Plus pragmatique, elle prétend dépasser les fractures idéologiques par la recherche d'accords progressifs. Faut-il chercher à atteindre l'unanimité pour remédier à l'inefficacité du système actuel, ou cette quête d'unité est-elle le reflet d'un droit international en quête d'unification ?

Section 1. Des dissonances persistantes entre souveraineté nationale et droits universels pour la gouvernance de demain

Le civisme identitaire, s'il permet une meilleure prise en compte des particularités culturelles et historiques, soulève également des défis majeurs pour la gestion des droits de l'homme. Il alimente une polarisation entre les conceptions universalistes et particularistes du droit, ce qui rend plus difficile l'élaboration de normes consensuelles au sein des instances internationales. Les droits de l'homme, ces principes que l'on croyait universels et éternels, sont aujourd'hui au cœur d'une bataille idéologique mondiale. Au lieu de rassembler les nations autour d'un socle moral commun, ils sont devenus le théâtre de combats féroces, mettant en évidence des fissures profondes dans la gouvernance mondiale. Alors que les puissances occidentales revendiquent un universalisme et que des nations comme la Chine et la Russie promeuvent une conception souverainiste, le droit international se transforme en un champ de bataille où chaque camp tente d'imposer sa propre vision du monde.

La montée systémique des souverainismes et le rejet des institutions supranationales

Le populisme et le souverainisme ont de fait émergé comme des forces dominantes sur la scène internationale ces dernières années, remettant ainsi en question la légitimité des institutions supranationales. Ces courants politiques sont présents non seulement en Europe, mais aussi en Asie et en Amérique latine. Ils se nourrissent d'un rejet des élites mondialisées et d'une perception des droits humains comme des instruments d'ingérence culturelle ou politique.

En Europe, l'Union européenne, souvent perçue comme un exemple de gouvernance transnationale, sert de théâtre à des conflits identitaires. La Pologne et la Hongrie, deux pays membres de l'UE, symbolisent cette résistance souverainiste en remettant régulièrement en cause les décisions de Bruxelles sur des questions relatives aux droits de l'homme. En 2021, la Commission européenne a entamé une procédure d'infraction contre la Hongrie en raison de l'adoption d'une loi interdisant la promotion de l'homosexualité dans les écoles. Cette mesure a été vivement critiquée par plusieurs États membres comme étant discriminatoire. Viktor Orbán, quant à lui, a justifié cette loi en invoquant la protection des « valeurs traditionnelles hongroises » face à ce qu'il perçoit comme une « uniformisation libérale » imposée par l'Occident.

La polarisation identitaire ne s'arrête pas aux frontières européennes. À l'échelle mondiale, des forums tels que le Conseil des droits de l'homme de l'ONU deviennent le reflet de ces tensions, où des coalitions conservatrices cherchent à défendre une vision plus restrictive des droits de l'homme. En 2022, une alliance de pays d'Afrique, du Moyen-Orient et d'Asie, menée par l'Arabie saoudite et l'Égypte, a bloqué une résolution sur les droits des minorités sexuelles, qualifiant cette initiative de tentative d'imposer des « valeurs occidentales » aux sociétés non occidentales. Ces résistances démontrent la complexité d'harmoniser des conceptions différentes de la dignité humaine, qui sont souvent enracinées dans des récits historiques et culturels spécifiques.

Une multipolarité croissante : une contestation accrue des normes « universelles »

Le XXIe siècle voit émerger un monde multipolaire, où les hégémonies traditionnelles se diluent au profit de nouveaux centres de pouvoir. L'influence croissante de la Chine, de l'Inde, du Brésil et de l'Afrique du Sud remodèle la carte des relations internationales, mettant ainsi au défi les principes mêmes d'un droit international dominé par l'Occident. La Chine, dans son ascension méthodique, propose une vision alternative de l'universalité. La philosophie du « droit au développement », fréquemment énoncée dans les arènes des Nations Unies, témoigne d'une évolution des priorités mondiales. En effet, Xi Jinping a proclamé en 2015 à l'ONU que « le développement est un droit humain fondamental », une affirmation qui résonne avec de nombreux pays du Sud global. Ce discours met de l'avant les besoins économiques des nations en développement, souvent négligés en faveur des droits civils et politiques dans les cadres centrés sur ces derniers.

Loin d'avoir fait fausse note, le droit au développement a été clairement mis en évidence dans l'agenda du Conseil des droits de l'homme, qui a réaffirmé dans sa résolution 47/11 du 12 juillet 2021 l'importance du développement pour la jouissance de tous les droits fondamentaux. Pour ce faire, le Haut-Commissariat des Nations Unies aux droits de l'homme (HCDH) a organisé une série de séminaires régionaux entre septembre 2022 et février 2023. Ces séminaires avaient pour but d'identifier les défis et les bonnes pratiques en matière de développement et de droits humains. Ils ont réuni une pluralité d'acteurs : États, organisations internationales, société civile et institutions nationales des droits de l'homme. Leur objectif était de définir des axes concrets pour faire du développement un levier d'émancipation et non une variable d'ajustement secondaire face aux droits civils et politiques. Cette démarche s'inscrit dans un processus de réévaluation des priorités mondiales en se basant sur l'hypothèse que l'effectivité des droits humains dépend avant tout de conditions matérielles adéquates. Une thèse qui a servi de fil conducteur aux discussions des séminaires régionaux organisés par le HCDH.

Dès 2017, la résolution 35/21 du CDH avait confié à son comité consultatif une étude visant à démontrer que le développement peut renforcer l'effectivité des droits de l'homme. Cette démarche a été poursuivie en 2019 par la résolution 41/19, qui demandait au HCDH d'approfondir ses travaux sur ce sujet. Dans ce contexte, plusieurs études ont été commandées, dont une dirigée par Wang Xigen, qui explore le lien intrinsèque entre progrès économique et réalisation des droits fondamentaux, et une autre, menée par Berhan Taye, consacrée au rôle de la connectivité numérique dans les pays les moins avancés. De même, en plaçant la lutte contre la pauvreté (ODD 1), la croissance économique inclusive (ODD 8) et la réduction des inégalités (ODD 10) au cœur des discussions, le CDH admet implicitement que l'universalité des droits ne peut être abordée indépendamment des facteurs structurels qui permettent leur mise en œuvre dans le contexte des réalités économiques et sociales des États.

Pourtant, cette redéfinition normative du droit au développement suscite des débats passionnés. Si elle séduit les nations marginalisées par l'ordre colonial, elle est également critiquée comme une rhétorique masquant des pratiques autoritaires. En 2023, les rapports d'Amnesty International ont accusé la Chine de poursuivre la répression des libertés fondamentales au nom de la stabilité économique. Ainsi, la multipolarité ne consiste pas seulement en une redistribution du pouvoir, mais aussi en un affrontement idéologique, où des visions concurrentes de l'universalité se disputent l'espace normatif mondial.

Identités nationales et instrumentalisation stratégique des droits de l'homme : quels défis ?

Ces affrontements sont grandement influencés par les discours sur la souveraineté. Les droits de l'homme, souvent considérés comme des principes universels qui dépassent les frontières, sont parfois perçus par certains États comme une menace pour leur identité nationale. Ce refus n'est pas nécessairement absolu ; il consiste plutôt à reformuler ces principes fondamentaux pour qu'ils soient compatibles avec les particularités locales[258]. Le débat sur l'interprétation des droits de l'homme repose sur une tension fondamentale entre normes contraignantes et flexibilité d'application accordée aux États[259]. Certains principes, tels que l'interdiction de la torture ou le principe de non-refoulement, sont considérés comme des normes impératives qu'aucun État ne peut transgresser.

Cependant, certains droits font l'objet d'une interprétation plus souple. La Cour européenne des droits de l'homme applique la doctrine de la « marge d'appréciation nationale », qui autorise les États à adapter l'application des droits fondamentaux en fonction de leur contexte culturel et historique, comme le montre l'affaire Handyside[260]. Si cette approche pragmatique permet de préserver une certaine diversité juridique, elle est également critiquée pour son potentiel à servir d'instrument de dérogation abusive aux principes universels[261]. L'Inde est un exemple saisissant de la manière dont le gouvernement de Narendra Modi a réorienté les priorités nationales en matière de droits de l'homme en se référant à une identité culturelle indoue. Sous l'ère Modi, des lois controversées, comme la loi de 2019 sur l'amendement de la citoyenneté, ont suscité des critiques internationales. Cette loi, qui facilite l'accès à la citoyenneté pour les réfugiés non musulmans, a été dénoncée par l'ONU comme discriminatoire. Mais pour le gouvernement indien, il s'agissait de protéger l'identité culturelle et religieuse du pays face à ce qu'il décrit comme des « invasions idéologiques étrangères »[262].

---

[258] Donnelly, J. (2013). *Universal Human Rights in Theory and Practice* (3e éd.). Cornell University Press.
[259] Nouwen, S. (2021). *The Justice Laboratory: International Law and the Future of Global Governance*. Oxford University Press.
[260] Handyside c. Royaume-Uni, CEDH, 1976.
[261] Letsas, G. (2022). *The ECHR as a Living Instrument: Its Meaning and Legitimacy*. Oxford University Press.
[262] Ginsburg, T., & Huq, A. (2022). *Democracies and International Law*. Cambridge University Press.

Cette polarisation identitaire a également façonné les réponses des États face aux droits des femmes. En 2022, après la répression violente des manifestations en Iran, de nombreuses nations occidentales ont dénoncé les violations des droits des femmes et appelé à des sanctions contre le régime. De leur côté, les dirigeants iraniens ont présenté ces critiques comme une ingérence dans leurs affaires intérieures, réaffirmant leur attachement à une lecture islamique des droits humains[263]. La même année, lors d'une réunion du Conseil des droits de l'homme, une alliance dirigée par la Russie, la Chine et plusieurs pays du Golfe a ouvertement remis en question l'universalité des droits des minorités sexuelles. Elle a qualifié ces droits d'« imposition culturelle occidentale » et a exprimé son opposition à la coopération avec les instances internationales[264]. Cette position se caractérise souvent par une insistance sur la prééminence des coutumes locales sur les principes mondiaux. Un exemple emblématique de cette dynamique est le refus de certains pays africains et asiatiques d'appliquer les recommandations du Comité pour l'élimination de la discrimination à l'égard des femmes. Lors de l'examen du rapport du Nigeria en 2021, le gouvernement a ouvertement exprimé son désaccord avec certaines recommandations du Comité, affirmant qu'elles étaient incompatibles avec la Constitution nationale et la loi islamique[265].

Un autre axe fondamental de polarisation idéologique dans la gouvernance mondiale réside dans la tension entre droits individuels, souvent privilégiés par les démocraties libérales occidentales, et droits collectifs, fréquemment défendus par les nations du Sud global et les communautés marginalisées[266]. Bien que la Déclaration de Vienne de 1993 ait affirmé l'universalité et l'indivisibilité des droits de l'homme,

---

[263] Viljoen, F. (2022). *International Human Rights Law in Africa*. Oxford University Press.
[264] Acharya, A. (2022). *Constructing Global Order: Agency and Change in World Politics*. Cambridge University Press.
[265] Tladi, D. (2022). *Peremptory Norms of General International Law (Jus Cogens) and the Prohibition of Torture*. Cambridge University Press.
[266] Besson, S. (2021). *The Oxford Handbook of Global Justice*. Oxford University Press.

l'équilibre entre ces deux dimensions demeure une source de profondes frictions. Le rejet croissant de l'universalisation normative par certains États témoigne d'un regain du souverainisme face aux standards internationaux des droits humains[267]. Cette opposition illustre la difficulté d'imposer un socle universel de normes sans considération pour les spécificités locales, mettant en lumière les limites du droit international face aux revendications de souveraineté nationale.

Recommandations et politiques nationales : un système onusien équilibriste

Si les résolutions adoptées par le Conseil des droits de l'homme n'ont pas de valeur juridiquement contraignante, elles n'en exercent pas moins une pression diplomatique significative[268]. Cependant, leur application demeure inégale, oscillant entre l'adhésion de principe et le refus manifeste.

L'adoption de la résolution visant à dépénaliser l'homosexualité met en évidence cette inégalité. Alors que certains pays ont entamé des réformes progressistes, d'autres, à l'image de l'Ouganda et de l'Arabie saoudite, ont renforcé leur arsenal répressif en 2023, en flagrante contradiction avec leurs engagements internationaux[269]. De plus, en ce qui concerne les droits des femmes, le Conseil, lors de l'Examen périodique universel de l'Afghanistan en 2022, a rappelé aux autorités afghanes leurs obligations découlant de la Convention sur l'élimination de toutes les formes de discrimination à l'égard des femmes.

---

[267] Doyle, M. (2020). *The Question of Intervention: John Stuart Mill and the Responsibility to Protect*. Yale University Press.
[268] Moyn, S. (2021). *Humane: How the United States Abandoned Peace and Reinvented War*. Farrar, Straus and Giroux.
[269] Peters, A. (2023). *Beyond Human Rights: The Legal Status of the Individual in International Law*. Cambridge University Press.

Cependant, le gouvernement taliban a catégoriquement refusé, invoquant la souveraineté nationale pour repousser toute ingérence. L'enjeu des réfugiés climatiques est un autre sujet de discorde. Une résolution du Conseil des droits de l'homme[270] a notamment mis en évidence la nécessité d'une reconnaissance internationale des populations déplacées en raison de facteurs environnementaux[271]. Pourtant, cette dynamique se heurte à des approches restrictives, comme celles de l'Union européenne, qui, par le biais de son Pacte sur la migration et l'asile, adopté en 2023, limite la protection accordée aux migrants environnementaux, révélant ainsi une discordance entre les principes affichés et les politiques mises en œuvre[272].

Face aux injonctions internationales, certains États déploient des stratégies diplomatiques nuancées, oscillant entre adhérence et contournement. L'Inde, par exemple, se positionne comme un ardent défenseur de la liberté d'expression sur la scène mondiale, particulièrement lors des discussions au Conseil des droits de l'homme en 2023 sur la liberté de la presse. Toutefois, ce discours est assorti de restrictions nationales significatives, telles que la limitation de l'accès à certaines plateformes numériques pour des raisons de sécurité nationale[273]. De plus, les États-Unis, bien qu'ayant appuyé la résolution sur la justice climatique, ont refusé, lors de la COP27, d'inclure un mécanisme contraignant sur les pertes et dommages climatiques, ce qui montre une diplomatie oscillant entre engagement verbal et réserves pragmatiques.

---

[270] Résolution A/HRC/52/L.22 sur les réfugiés climatiques (2023). *Conseil des droits de l'homme, ONU.*
[271] Bellamy, A. J. (2022). *Responsibility to Protect: A Defense.* Oxford University Press.
[272] Ginsburg, T., & Huq, A., Ibid
[273] Hafner-Burton, E. M. (2013). *Making Human Rights a Reality.* Princeton University Press.

L'intervention humanitaire : une responsabilité de protéger ou une ingérence étrangère ?

Au-delà des divergences idéologiques, les droits de l'homme sont également utilisés comme instruments de diplomatie stratégique. Le droit d'ingérence humanitaire est particulièrement controversé[274]. L'adoption du principe de la Responsabilité de protéger (R2P) par l'Assemblée générale des Nations Unies en 2005 reflète une volonté de définir un cadre légitime pour prévenir les atrocités de masse. Toutefois, son application partiale a suscité des réserves[275].

L'intervention militaire en Libye en 2011, motivée par la R2P, a révélé les limites de cette doctrine. Bien que les frappes de l'OTAN aient été menées pour protéger la population civile du régime de Kadhafi, de nombreux pays africains ont exprimé leur mécontentement quant à une éventuelle utilisation politique. En 2012, la Commission africaine des droits de l'homme et des peuples a publié un rapport soulignant que l'intervention avait entrainé des violations massives des droits humains et favorisé un changement de régime non prévu par les résolutions du Conseil de sécurité[276].

Ainsi, la subjectivisation des normes ne se limite pas à des divergences interprétatives : elle s'accompagne d'une instrumentalisation stratégique. En effet, les nations dominantes, que ce soit les États-Unis, la Chine ou la Russie, utilisent les droits de l'homme comme des instruments dans leur jeu diplomatique. Cette dynamique a été mise en évidence dans le cadre des débats sur l'intervention en Libye en 2011, justifiée par la « responsabilité de protéger » (R2P). Ce principe, fondé sur la protection des populations civiles, a été largement appuyé. Il a toutefois fait l'objet de critiques, notamment par Samuel Moyn, qui le

---

[274] Bosco, D. (2023). *The ICC and the Politics of Global Justice*. Oxford University Press.
[275] Hehir, A. (2020). *The Responsibility to Protect and International Law*. Routledge.
[276] Evans, G. (2020). *The Responsibility to Protect: Ending Mass Atrocity Crimes Once and For All*. Brookings Institution Press.

considère comme une «façade morale pour des intérêts stratégiques»[277]. Selon l'auteur, il y aurait deux principales causes à l'émergence du mouvement des droits de la personne au cours des années 1970. La première est la perte de confiance envers l'État-nation. La seconde, c'est l'effondrement des idéologies alternatives anticolonialistes, telles que le panarabisme, le panafricanisme, et, bien entendu, le communisme. Cette brillante thèse soulève des questions essentielles quant à la réalisation effective de ces droits à l'échelle mondiale.

Bien que la catégorie juridique des droits et libertés soit autonome, les États demeurent les principaux responsables de leur protection et de leur garantie. Il appartient en premier lieu à l'autorité publique de garantir la protection de ces droits, avant même d'envisager de s'adresser à des instances supranationales ou internationales à cette fin. Il est donc indéniable que les principes des droits de l'Homme n'ont pas encore totalement assujetti l'État, puisque persiste la prééminence des États-nations, et donc du principe de la souveraineté nationale dans la conduite des affaires politiques au niveau mondial, multipliant les obstacles à l'extension des bonnes pratiques découlant des principes des Droits de l'homme.

La Russie et la Chine, quant à elles, utilisent fréquemment le principe de non-ingérence pour contester la légitimité des interventions occidentales. Lors de la crise syrienne, par exemple, ces deux États ont opposé leur veto à plusieurs résolutions du Conseil de sécurité des Nations Unies, invoquant la souveraineté nationale comme un principe fondamental du droit international. Ces positions traduisent une subjectivisation où les normes universelles, loin de s'imposer comme des principes neutres, deviennent des instruments de rivalités entre puissances.

---

[277] Samuel Moyn (2010). *The Last Utopia: Human Rights in History*. Harvard University Press.

La crise du multilatéralisme révélée par les guerres en Ukraine et à Gaza : l'impasse du Conseil de Sécurité

Le Conseil de sécurité des Nations unies, affaibli par des décennies de blocages institutionnels et d'instrumentalisation politique, se retrouve aujourd'hui incapable d'imposer une réponse cohérente et juridiquement contraignante face à deux conflits majeurs : la guerre en Ukraine et la guerre entre Israël et le Hamas à Gaza. Ces crises, bien que distinctes, mettent en lumière les fractures profondes d'un système multilatéral paralysé par des intérêts divergents et où le droit international semble appliqué de manière sélective. Comme le souligne le professeur Alain Pellet, « le droit international n'est pas un outil neutre, mais une arène où s'affrontent des stratégies juridiques concurrentes »[278].

Les membres du Conseil de sécurité face à l'agression russe

Dès le début du conflit, le Conseil des droits de l'homme a adopté plusieurs résolutions condamnant l'invasion russe et créé une Commission d'enquête indépendante. En mars 2023, cette dernière a publié un rapport détaillant les exécutions sommaires de civils à Boutcha, les actes de torture et les attaques indiscriminées contre des infrastructures essentielles, établissant ainsi des éléments constitutifs de crimes de guerre et de crimes contre l'humanité. En mars 2024, un second rapport a mis en évidence des violations continues du droit international humanitaire, incluant le transfert forcé d'enfants, des attaques contre des hôpitaux et des sites culturels, ainsi que des crimes de guerre liés à l'utilisation de la torture et au meurtre de civils.

---

[278] Alain Pellet, *Droit international et politique : une dialectique inévitable*, 2019

Pourtant, ces condamnations n'ont aucun effet contraignant. Contrairement au Conseil de sécurité, le CDH ne dispose ni d'un pouvoir de sanction ni de la capacité à saisir directement la Cour pénale internationale. De ce fait, malgré des constats accablants, l'impunité demeure, notamment en raison du soutien dont bénéficie Moscou au sein de forums internationaux comme les BRICS et certains États du Sud global. Ce phénomène illustre les limites structurelles des mécanismes de surveillance des droits humains, souvent réduits à de simples déclarations de principe face à des réalités géopolitiques complexes.

Le Conseil de sécurité, quant à lui, s'est retrouvé dans une impasse totale dès les premières heures de l'invasion. En février 2022, une résolution condamnant l'agression russe et appelant à un retrait immédiat des troupes a été bloquée par le veto de Moscou, confirmant l'incapacité du Conseil à sanctionner un de ses membres permanents. Pour contourner ce blocage, l'Assemblée générale des Nations unies a adopté plusieurs résolutions dénonçant l'invasion, dont la résolution ES-11/1 du 2 mars 2022, adoptée par 141 États contre 5, mais sans effet contraignant. En Ukraine, l'OTAN et l'Union européenne ont pris le relais du Conseil de sécurité en imposant des sanctions économiques massives contre la Russie, tandis qu'en Palestine, des organisations comme la Ligue arabe et l'Union africaine ont cherché à pallier l'inaction du Conseil par des initiatives diplomatiques parallèles. Cette évolution pourrait accélérer la transition vers un multilatéralisme éclaté, où les institutions universelles perdraient leur centralité au profit de coalitions régionales et d'alliances d'intérêts. Comme l'explique Martti Koskenniemi, professeur à l'Université d'Helsinki, « le multilatéralisme tel que nous le connaissons est en train de muter vers une forme d'ordre global plus fragmenté, où les principes universels sont redéfinis par des coalitions d'intérêts plutôt que par des institutions collectives »[279]. Si aucune réforme majeure du Conseil de sécurité n'est mise en œuvre, ces crises

---

[279] Martti Koskenniemi, *The Politics of International Law*, 2011

risquent d'accélérer la transition vers un système international plus instable et moins encadré juridiquement, où le droit international ne sera plus qu'un outil malléable au service des puissances dominantes. De sorte, cette crise a ravivé les débats sur la réforme du veto, notamment à travers une proposition française de 2013 visant à suspendre ce droit en cas d'atrocités de masse. Toutefois, aucun consensus n'a été trouvé, les grandes puissances refusant de renoncer à leur capacité de blocage. Comme le souligne Jean-Marc Thouvenin, secrétaire général de l'Académie de droit international de La Haye, « cette situation met en exergue l'obsolescence du veto et la nécessité de repenser les mécanismes de responsabilité au sein du Conseil »[280].

Face à cette inaction des Nations unies, la Cour pénale internationale a pris une initiative inédite. En mars 2023, elle a émis un mandat d'arrêt contre Vladimir Poutine, l'accusant de crime de guerre pour le transfert forcé d'enfants ukrainiens vers la Russie. Cette décision, saluée par l'Ukraine et ses alliés, a néanmoins mis en lumière la fragilité des mécanismes de justice internationale : la Russie, non signataire du Statut de Rome, ne reconnaît pas la compétence de la CPI et n'a aucune obligation légale de remettre son président à la Cour. Plusieurs experts considèrent donc ce mandat avant tout comme symbolique, bien qu'il complique les déplacements internationaux de Poutine, certains États coopérant avec la Cour pouvant être contraints de l'arrêter s'il venait à fouler leur territoire.

Le multilatéralisme en guerre : Israël, alliances stratégiques et droit international

Le conflit entre Israël et le Hamas, déclenché par l'attaque du 7 octobre 2023 et la riposte israélienne sur Gaza, a révélé une autre facette

---

[280] Jean-Marc Thouvenin, *Le Conseil de sécurité et la paralysie du droit*, 2023

de la paralysie du multilatéralisme. Le droit international humanitaire impose une protection stricte des civils, notamment à travers la Quatrième Convention de Genève, mais l'absence de consensus au sein du Conseil de sécurité a empêché toute intervention efficace. Les discussions ont été marquées par des vetos répétés des États-Unis, empêchant l'adoption de résolutions appelant à un cessez-le-feu immédiat. En octobre 2023, une proposition portée par le Brésil pour une pause humanitaire a été bloquée par Washington, bien qu'elle ait recueilli un soutien massif de la communauté internationale. Ce blocage illustre une application asymétrique du droit international, où les intérêts stratégiques priment sur les principes juridiques universels.

La qualification des actes perpétrés par les parties au conflit est un autre point de tension juridique. Israël invoque son droit à la légitime défense en vertu de l'article 51 de la Charte des Nations unies, tandis que des organisations internationales dénoncent des attaques disproportionnées contre des infrastructures civiles, potentiellement constitutives de crimes de guerre. Comme le souligne Richard Falk, professeur émérite à Princeton et ancien rapporteur spécial de l'ONU pour les territoires palestiniens, « la guerre à Gaza illustre la faillite du multilatéralisme, incapable de garantir l'universalité du droit humanitaire face aux logiques de puissance »[281].

La Cour pénale internationale est également intervenue dans ce dossier. En mai 2024, son procureur Karim Khan a demandé des mandats d'arrêt contre des hauts responsables israéliens, dont le Premier ministre Benjamin Netanyahu et le ministre de la Défense Yoav Gallant, pour des accusations de crimes de guerre et crimes contre l'humanité en lien avec la conduite des opérations militaires à Gaza. Cette démarche, inédite dans l'histoire des relations internationales, a immédiatement provoqué des réactions contrastées.

---

[281] Richard Falk, *The Failure of International Law in Gaza*, 2023

Israël, non signataire du Statut de Rome, rejette totalement la compétence de la CPI, tandis que les États-Unis et plusieurs alliés occidentaux dénoncent une mise en équivalence entre un gouvernement démocratiquement élu et des responsables du Hamas également visés par des mandats d'arrêt. Ce double standard perçu dans l'application du droit international renforce la défiance des États du Sud global envers le système judiciaire international. Nombre d'entre eux dénoncent une justice instrumentalisée, appliquée avec rigueur aux dirigeants du Sud mais évitant de s'attaquer aux responsabilités des grandes puissances occidentales.

L'incapacité du Conseil de sécurité à agir de manière cohérente dans cette guerre, au gré des oppositions et abstentions entre les membres du Conseil de Sécurité, reflète une fragmentation croissante du droit international. D'un point de vue institutionnel, il apparaît de plus en plus comme un organe dysfonctionnel, où la défense des principes universels est subordonnée aux rapports de force entre grandes puissances. Cette situation nourrit une défiance accrue envers le système onusien et renforce la montée en puissance de mécanismes alternatifs.

Le civisme identitaire : un nouveau levier de négociation dans les initiatives internationales ?

Le concept de « civisme identitaire » émerge comme une réponse croissante aux approches universelles des droits de l'homme, et ce, dans le cadre de la gouvernance mondiale. Ce phénomène se caractérise par la manière dont des États et des sociétés utilisent leur identité culturelle, politique ou religieuse pour justifier des pratiques et des politiques parfois opposées aux normes internationales des droits de l'homme. Cette évolution a des répercussions profondes sur le multilatéralisme, souvent perçu comme un modèle pour promouvoir la coopération entre nations sur des sujets de droits humains. Le civisme identitaire se manifeste par des contestations croissantes des principes de l'universalité des droits de l'homme, et devient un outil de négociation dans un monde de plus en plus multipolaire.

Depuis 2020, cette approche se renforce dans la sphère internationale, alimentée par des acteurs politiques puissants. Par exemple, des pays comme l'Arabie saoudite, la Russie et l'Iran revendiquent fréquemment une interprétation « locale » des droits de l'homme, opposée à une application uniforme des conventions internationales. En 2024, lors de la COP29, l'Arabie saoudite a mené une campagne contre l'intégration de la question de l'égalité des genres dans les politiques climatiques mondiales, invoquant des principes religieux et culturels contre l'agenda progressiste porté par l'Occident. Ce cas illustre comment la référence à une identité nationale ou religieuse devient un outil stratégique dans les négociations internationales, non seulement pour défendre des intérêts économiques mais aussi pour contester les valeurs des droits humains tels qu'interprétés par les institutions internationales.

La montée du civisme identitaire est particulièrement visible dans un contexte où les rapports de force mondiaux sont en pleine mutation. Le G20, en tant que forum majeur pour les décisions économiques et politiques internationales, illustre bien ce changement. Lors du sommet de Rio en novembre 2024, les divergences entre les grandes puissances, en particulier les États-Unis, l'Union européenne, la Chine et les pays émergents, ont été flagrantes. Alors que l'UE et les États-Unis prônaient des politiques de financement climatique basées sur des valeurs démocratiques et des droits humains, de nombreux pays du Sud, soutenus par la Chine et la Russie, ont contesté ces propositions, les qualifiant d'injustes et de néocoloniales. Le civisme identitaire a été invoqué dans ces discussions pour justifier des positions qui cherchaient à défendre une certaine autonomie culturelle et politique, en opposant des modèles de développement économique qui ne sont pas nécessairement alignés avec les normes occidentales de démocratie et de droits humains[282]. En outre, la crise sanitaire mondiale, exacerbée par la pandémie de COVID-19, a renforcé ce phénomène. L'émergence de l'Asie comme un acteur clé dans la gestion de la crise sanitaire a démontré que certains États peuvent revendiquer des droits et des principes qui ne s'alignent pas avec les normes internationales dictées par l'Organisation mondiale de la santé (OMS) ou d'autres institutions internationales. Cette situation a montré que des pays comme la Chine et la Russie, tout en étant parties prenantes de ces organisations, ont insisté sur des pratiques internes qui contredisent souvent les recommandations internationales. Ce phénomène s'inscrit dans une logique où les droits humains ne sont plus perçus comme des principes universels mais comme des instruments de pouvoir dans un monde de plus en plus multipolaire, où les rapports de force se déplacent et où les identités locales ou nationales sont souvent mises en avant comme un argument de légitimation.

L'impact du civisme identitaire sur la gouvernance mondiale des droits de l'homme est profond. La principale conséquence est la fragmentation du cadre normatif global. Là où les institutions internationales, comme les Nations unies ou la Cour pénale internationale, étaient supposées être les garantes de la protection des droits humains, elles se trouvent aujourd'hui confrontées à une opposition systématique de certains États qui jugent leurs décisions trop intrusives ou contraires à leurs valeurs fondamentales. Par exemple, en 2024, l'Assemblée générale de l'ONU a vu un bloc d'États membres contester les résolutions relatives aux droits des femmes, aux droits LGBTQ+ et à la liberté d'expression, arguant que ces principes ne peuvent pas être appliqués de manière uniforme à toutes les sociétés.

Une étude menée en 2024 par le Centre de Recherche sur les Droits de l'Homme de l'Université de Genève a révélé que, près de 35% des résolutions de l'ONU en matière de droits humains avaient été bloquées ou amendées par des coalitions d'États revendiquant une

---

[282] Le Monde. (2024, 21 novembre). *À Rio, un G20 pour rien, sauf pour la Chine.*

souveraineté identitaire, notamment dans les domaines de l'égalité des genres et des libertés individuelles. Ce chiffre témoigne de la puissance croissante du civisme identitaire dans les débats mondiaux. Ce rejet des normes universelles des droits de l'homme a des conséquences immédiates, notamment l'érosion de la crédibilité des institutions internationales et le ralentissement de l'adoption de politiques globales efficaces.

En outre, la montée du civisme identitaire contribue à la polarisation croissante au sein des forums internationaux. Le cas de la COP29 en 2024 est un exemple clé de ce phénomène : alors que des pays occidentaux insistaient pour inclure la question des droits des femmes et de l'égalité des genres dans les stratégies climatiques, des coalitions d'États comme ceux du Moyen-Orient ont réussi à bloquer ces propositions, sous prétexte que ces sujets étaient des intrusions dans leurs systèmes culturels et religieux[283]. Une des grandes limites du multilatéralisme actuel réside donc dans la diversité des visions culturelles, de plus en plus utilisée pour justifier des divergences profondes sur des questions liées aux droits humains. De sorte, le civisme identitaire marque une transformation fondamentale des relations internationales en matière de droits de l'homme. Ce phénomène est le reflet d'un changement des rapports de force mondiaux, où les États revendiquent de plus en plus leur souveraineté et leur identité culturelle. Si cette tendance peut être perçue comme un retour à une forme de pluralisme, elle fragilise le système multilatéral qui reposait sur la primauté des droits humains universels.

Dans un tel contexte, la gouvernance mondiale des droits de l'homme doit repenser ses mécanismes pour mieux tenir compte de cette diversité des visions du monde. Une approche plus inclusive, qui ne cède pas aux logiques identitaires mais qui cherche à dialoguer avec

---

[283] Delecourt, L. (2024, 22 novembre). *Climat : L'offensive de l'Arabie saoudite, de l'Iran et du Vatican sur l'égalité entre les genres à la COP29*. Le Monde.

elles, pourrait constituer une réponse face à cette fragmentation croissante. Le défi consiste à trouver un équilibre entre la reconnaissance des identités locales et la préservation d'un cadre global de protection des droits fondamentaux.

Section 2. *La fin de la prise de décision à l'unanimité au sein des institutions internationales ?*

Dans les enceintes internationales, la quête d'un équilibre entre légitimité décisionnelle et efficacité politique a conduit à une transformation progressive des mécanismes de prise de décision. Autrefois fondé sur le principe de l'unanimité, garantissant à chaque État un droit absolu de véto, le système multilatéral s'est progressivement orienté vers une approche plus souple : le consensus. Ce glissement, bien que pragmatique, pose un dilemme fondamental : jusqu'où peut-on sacrifier la rigueur juridique et la force contraignante des engagements internationaux sur l'autel de la flexibilité politique ?

Loin d'être une simple modification procédurale, cette évolution témoigne d'une mutation plus profonde dans la gouvernance mondiale, où la nécessité d'adopter des résolutions rapidement prime parfois sur leur véritable portée normative. Cette transition, amorcée dès les années 1970, a permis d'atténuer les blocages inhérents aux institutions internationales, mais elle soulève également des interrogations quant à la force des engagements pris sous ce régime décisionnel.

De l'unanimité au consensus : à la recherche d'une entente cordiale

Dans les premières décennies suivant la création des Nations Unies, le principe de l'unanimité prévalait dans la plupart des décisions majeures, en particulier au sein du Conseil de sécurité et de l'Assemblée générale. Hérité des traditions du droit international classique, ce mode de fonctionnement visait à garantir la souveraineté absolue des États et à éviter toute imposition de normes contre la volonté d'un membre. Il s'inscrivait dans la continuité du modèle westphalien, où l'État était conçu comme l'unique détenteur de la légitimité décisionnelle sur la scène internationale[284].

Toutefois, ce principe s'est rapidement heurté aux limites du multilatéralisme en temps de tensions géopolitiques. En effet, dès la guerre froide, l'unanimité est devenue synonyme de paralysie, surtout au Conseil de sécurité, où les vétos successifs des États-Unis et de l'URSS ont entravé le passage de plusieurs résolutions. Dans un contexte de bipolarisation mondiale, l'incapacité à prendre des décisions collectives a renforcé les critiques envers un système perçu comme rigide et inefficace.

C'est dans ce climat d'immobilisme que les instances onusiennes ont commencé à opter pour le consensus, un mode de décision qui, sans exiger l'adhésion formelle de tous les États, permettait d'éviter l'opposition frontale en encourageant un accord tacite ou une abstention passive[285]. Cette évolution a d'abord émergé à l'Assemblée générale des Nations Unies, où l'augmentation du nombre d'États membres ayant obtenu leur indépendance postcoloniale a rendu l'unanimité encore plus difficile à atteindre[286]. Dès les années 1970, la majorité des résolutions ont commencé à être adoptées par consensus plutôt que par vote formel, ce qui a facilité l'adoption de textes majeurs sur des sujets tels que le développement, la lutte contre le racisme ou la protection de l'environnement.

Aujourd'hui, le consensus est devenu la méthode de prise de décision dominante dans les institutions internationales, selon le rapport

---

[284] Mazower, M. (2013). *Governing the World: The History of an Idea*. Penguin.
[285] United Nations. (2021). *Report on Security Council Reform: Strengthening Multilateral Decision-Making*. UN Department of Political Affairs.
[286] Hurd, I. (2021). *International Organizations: Politics, Law, Practice*. Cambridge University Press.

Guterres sur la réforme de la gouvernance mondiale de 2021[287]. En effet, plus de 80 % des résolutions des Nations Unies sont maintenant adoptées par consensus, ce qui témoigne d'une volonté de surmonter les divisions politiques par un mode de décision plus flexible. Cependant, cette évolution n'est pas sans conséquences : elle permet d'éviter les blocages, mais elle entraine aussi une dilution des engagements pris[288]. Les États réticents préfèrent s'abstenir discrètement plutôt que d'exprimer un désaccord formel. Cette abstention passive fragilise alors la mise en œuvre effective des résolutions, leur donnant une valeur essentiellement symbolique plutôt que juridiquement contraignante.

L'adoption du Pacte mondial pour des migrations sures, ordonnées et régulières, signé à Marrakech en décembre 2018, illustre de manière exemplaire les limites du modèle consensuel. Première initiative à visée globale sur la gestion des flux migratoires, ce texte ambitionnait d'établir un cadre de coopération internationale fondé sur le respect des droits humains des migrants, tout en tenant compte des impératifs souverains des États en matière de contrôle des frontières[289]. Dès le départ, le processus d'élaboration du Pacte a été marqué par des tensions idéologiques profondes. Certains États, principalement européens et africains, ont plaidé pour une coopération internationale renforcée afin de garantir une gestion humanitaire et concertée des migrations. D'un autre côté, plusieurs gouvernements, dont ceux des États-Unis, de la Hongrie et du Brésil, ont exprimé leur réticence à l'égard d'un texte perçu comme une atteinte potentielle à leur souveraineté nationale. Pour surmonter ces différences, les négociateurs ont

---

[287] Secrétaire général des Nations Unies (Antonio Guterres). (2021). *Our Common Agenda: Report of the Secretary-General on the Future of Global Cooperation*. United Nations.
[288] Pauwelyn, J., Wessel, R., & Wouters, J. (2020). *Informal International Lawmaking: Mapping the Action and Testing Concepts of Accountability and Effectiveness*. Oxford University Press.
[289] Betts, A., & Collier, P. (2022). *Refuge: Rethinking Refugee Policy in a Changing World*. Oxford University Press.

adopté alors une démarche consensuelle, écartant toute clause contraignante directe, dans le but d'éviter un refus total de la part de certains États. Le produit final fut un texte largement approuvé : 152 États l'ont soutenu, 12 se sont abstenus et 5 ont voté contre. Cependant, il n'avait aucun pouvoir coercitif. En effet, il a été conçu pour rallier un grand nombre de signataires, laissant ainsi une certaine latitude d'interprétation aux États, leur permettant d'appliquer ses principes en fonction de leur propre législation[290]. Si cette approche a permis de surmonter les oppositions les plus frontales, elle a également limité considérablement l'impact concret du Pacte, qui demeure aujourd'hui faiblement mis en œuvre dans plusieurs pays signataires. Cette dynamique n'est pas isolée. Elle reflète une tendance plus large du droit international contemporain : celle d'adopter de plus en plus souvent des accords globaux sous une forme flexible et non contraignante. On observe la même dynamique dans l'Accord de Paris sur le climat, où les engagements des États restent principalement volontaires, ainsi que dans les résolutions du Conseil des droits de l'homme, qui manquent souvent de mécanismes de sanction effectifs.

Une gouvernance fragmentée au niveau institutionnel

La gouvernance mondiale, loin d'être un modèle intégré et cohérent, se caractérise par une fragmentation institutionnelle qui reflète davantage une logique transactionnelle qu'une véritable coordination politique globale. Cette fragmentation est particulièrement visible dans les domaines du commerce, du développement et de la finance, où les grandes organisations multilatérales peinent à concilier des intérêts nationaux divergents.

---

[290] UNHCR (Haut-Commissariat des Nations Unies pour les Réfugiés). (2023). *Global Trends: Forced Displacement in 2023*. United Nations High Commissioner for Refugees.

Par exemple, l'Organisation mondiale du commerce incarne cette difficulté à produire un consensus durable, comme en témoigne l'enlisement du Cycle de Doha, initié en 2001, et son incapacité à régler les conflits entre les puissances économiques occidentales et les pays en développement sur des sujets tels que la propriété intellectuelle et l'accès aux marchés agricoles[291]. Dani Rodrik souligne que les institutions de gouvernance économique mondiale sont souvent façonnées par les intérêts des grandes puissances, ce qui limite leur capacité à proposer des solutions véritablement inclusives[292]. Cette dynamique asymétrique se retrouve également au sein du Fonds monétaire international, où la répartition des voix privilégie les économies avancées et réduit le poids décisionnel des pays du Sud global, malgré leur contribution croissante à l'économie mondiale[293].

Au-delà des institutions financières, d'autres mécanismes de coopération, tels que les « *Confidence Building Measures* », promues par les Nations unies, montrent les limites d'un multilatéralisme fondé sur des engagements volontaires et la diplomatie interétatique. Ces initiatives visant à renforcer la confiance entre États dans des domaines sensibles, tels que le désarmement ou la cybersécurité, n'ont pas permis de combler les fractures géopolitiques. C'est ce qu'a démontré l'impasse des négociations sur la régulation des armes autonomes létales au sein de la Convention des Nations unies sur certaines armes classiques. L'absence de contraintes juridiques et l'opposition des grandes puissances, en particulier des États-Unis et de la Russie, illustrent bien le fait que les asymétries de pouvoir entravent l'émergence d'un cadre normatif universel. Anne-Marie Slaughter a sur ce point mis en avant l'idée que la gouvernance mondiale actuelle repose sur un réseau de régulations

---

[291] Organisation mondiale du commerce (OMC). (2023). *Annual Report 2023*. World Trade Organization.
[292] Rodrik, D. (2023). *Straight Talk on Trade: Ideas for a Sane World Economy*. Princeton University Press.
[293] Fonds monétaire international (FMI). (2023). *Annual Report 2023*. International Monetary Fund.

fragmentées[294]. Les États, les entreprises et les ONG négocient des arrangements sectoriels sans véritable architecture institutionnelle intégrée. Bien que pragmatique, l'approche en réseau ne permet pas de faire face aux crises systémiques, comme en témoigne l'incapacité de la communauté internationale à mettre en place une réponse coordonnée face aux défis posés par le changement climatique, la fiscalité internationale ou encore la cybersécurité.

L'évolution des modes de décision dans les organisations internationales traduit donc une mutation profonde du multilatéralisme. L'abandon progressif de l'unanimité au profit du consensus ne se résume pas à une réforme procédurale : il marque une transition entre un modèle centré sur la souveraineté absolue des États et un modèle plus flexible, mais aussi plus incertain en termes de contrainte normative.

Cette transformation pose un dilemme central : jusqu'où peut-on aller dans la souplesse décisionnelle sans affaiblir la portée des engagements internationaux ? Si l'unanimité garantissait une certaine cohérence institutionnelle (au prix de lourdes inerties), le consensus élargit la participation mais ouvre la voie à des engagements ambigus, voire symboliques. Loin d'être stabilisée, cette évolution révèle une stratégie de contournement des blocages plus qu'une véritable réforme structurelle. La question qui émerge alors est celle de l'impact sur l'interprétation des normes internationales : dans un cadre décisionnel de plus en plus fluide, le droit international peut-il encore se prétendre universel ou devient-il un simple espace de négociation ?

---

[294] Slaughter, A.-M. (2021). *The Chessboard and the Web: Strategies of Connection in a Networked World*. Yale University Press.

Section 3. Le besoin d'un dialogue interculturel pour une approche différenciée du droit international

Face aux fractures institutionnelles et aux tensions idéologiques qui entravent la gouvernance mondiale des droits humains, une question se pose avec acuité : une approche interculturelle des normes juridiques peut-elle permettre de dépasser les blocages actuels et d'assurer une acceptation plus large des principes fondamentaux ? Loin d'être une simple question de tolérance ou de reconnaissance symbolique, l'enjeu est celui d'une refonte profonde des mécanismes de production du droit, de manière à garantir une participation effective des différentes traditions culturelles à l'élaboration des normes universelles.

Dès les années 1990, Étienne Le Roy plaidait pour une approche anthropologique des droits humains, insistant sur la nécessité de les penser en relation avec les pratiques et les valeurs des sociétés concernées[295]. Cette perspective rejoint une critique plus large du droit international des droits de l'homme, souvent conçu dans un prisme occidental qui ne reflète qu'une fraction des conceptions de la justice à travers le monde[296]. Si l'universalité des droits demeure un principe essentiel, elle ne peut être véritablement légitime que si elle se construit dans un dialogue interculturel qui dépasse les héritages historiques de domination et prend en compte la diversité des conceptions du bien commun. Comme le souligne Boaventura de Sousa Santos, « il ne peut y avoir de justice sociale globale sans justice cognitive globale », affirmant ainsi la nécessité de reconfigurer le droit international à partir d'une pluralité de savoirs et de traditions juridiques[297].

---

[295] Le Roy, E. (1999). *La fabrication des normes: approche anthropologique du droit*. Karthala.
[296] Anghie, A. (2007). *Imperialism, Sovereignty, and the Making of International Law*. Cambridge University Press.
[297] Boaventura de Sousa Santos (2016). *Epistemologies of the South: Justice Against Epistemicide*. Routledge.

Toutefois, reconnaître cette diversité ne saurait se limiter à un constat. Le droit, en tant que discipline et en tant que pratique, ne peut se contenter d'une observation extérieure des différences culturelles ; il doit en saisir les logiques sous-jacentes et en légitimer l'expression dans l'espace juridique mondial. En effet, l'élaboration des normes internationales n'est jamais un exercice purement technique : elle est fondamentalement politique. L'un des principaux défis consiste donc à dépasser la standardisation normative, qui tend à figer les identités dans des catégories juridiques abstraites, et à favoriser une dynamique où la reconnaissance des singularités devient un principe structurant. Cette exigence soulève une interrogation cruciale : comment concevoir un droit international qui ne soit plus prisonnier des héritages néocoloniaux, mais qui s'émancipe des asymétries historiques qui continuent de le façonner ?

Comme l'a montré Emmanuelle Tourme Jouannet, la doctrine internationaliste a longtemps reposé sur une distinction implicite entre des États dits « civilisés », porteurs de la modernité juridique, et d'autres qui devaient se conformer à ce modèle pour être pleinement intégrés dans la communauté internationale. Cette hiérarchie normative s'est traduite par l'exclusion de certaines traditions juridiques du champ du droit international, tout comme elle a légitimé des pratiques d'imposition normative, souvent au détriment des sociétés qui en étaient les destinataires.

L'un des mécanismes les plus visibles de cette asymétrie se manifeste dans la notion de « personnalité juridique internationale », historiquement conçue pour exclure certains peuples de la reconnaissance pleine et entière de leur souveraineté. Sous le régime colonial, les habitants des territoires soumis à domination étaient considérés comme de simples objets juridiques, assimilés à des biens immeubles appartenant aux puissances colonisatrices. Cette logique d'exclusion n'a pas disparu avec la décolonisation, mais s'est réinventée sous d'autres formes, notamment par la transposition de concepts juridiques européens à des sociétés aux traditions normatives distinctes. Ce phénomène a entraîné une violence symbolique profonde, dans la mesure où il a imposé des cadres de pensée qui ne correspondaient pas nécessairement aux représentations locales du droit et de la justice. C'est précisément pour remédier à ces déséquilibres qu'il devient indispensable d'opérer une « décolonisation épistémologique » du droit international, comme le propose la théorie du droit international de la reconnaissance. Il ne s'agit pas simplement d'élargir la sphère des sujets de droit, mais de repenser en profondeur les modes de production des normes afin qu'ils cessent de reproduire ces rapports de domination. L'enjeu est de permettre une véritable horizontalité dans la construction du droit, où les différentes conceptions de la normativité dialoguent sur un pied d'égalité, plutôt que d'être soumises à une hiérarchie implicite qui érige une tradition juridique particulière en modèle hégémonique.

L'examen critique de l'universalité culturelle : le droit international et la diversité

Une autre critique majeure porte sur l'incapacité des normes internationales à représenter la diversité culturelle de l'humanité. Pures « expressions de notre identité morale », ils ont forgé un langage éthique universel, transcendant les frontières et les cultures. Or, cette universalité proclamée repose sur une ambiguïté fondamentale : le droit, en tant que construction sociale, n'a jamais eu vocation à énoncer des vérités absolues sur le réel. Pourtant, par le biais du DIDH, il s'impose comme un discours normatif sur la condition humaine, cherchant à en codifier l'essence même.

De fait, cet essentialisme sous-jacent pose question. En effet, si les droits de l'homme prétendent refléter une nature humaine immuable, cette dernière se décline en une infinité d'interprétations en fonction des contextes culturels et historiques[298]. La diversité des cultures et des traditions ne constitue pas un simple décor ; c'est l'étoffe dont sont faits les principes régissant la vie commune. Cette diversité, plutôt que d'être un obstacle, est le moteur d'un dialogue essentiel, empêchant que l'universalité ne devienne une uniformisation coercitive. Ce constat ne justifie cependant ni le relativisme absolu ni une dilution des droits fondamentaux au gré des particularismes. Il engage plutôt à interroger la capacité du DIDH à intégrer cette complexité sans renier son ambition globale. Comment concevoir des instruments juridiques qui, sans renoncer à l'idéal universaliste, prennent effectivement en compte les différences culturelles ?

C'est ici que la question du dialogue interculturel devient centrale : il faut cesser d'envisager les droits de l'homme uniquement comme un corpus juridique figé, et plutôt les considérer comme une dynamique en constante négociation. L'imposition des catégories juridiques modernes s'est inscrite dans un processus plus vaste de domination intellectuelle, qui a relégué d'autres formes de savoirs et de normativités aux marges de la légitimité. Le philosophe Emmanuel Levinas dénonçait déjà cette tendance de la philosophie occidentale à privilégier une pensée de la totalité, qui est incapable de saisir la différence sans chercher à l'assimiler.

Enrique Dussel et d'autres penseurs du groupe « Modernité-Colonialité » ont approfondi ce constat en démontrant comment le colonialisme ne s'est pas seulement manifesté sous forme de rapports politiques et économiques, mais aussi sous une forme de domination épistémique[299]. En d'autres termes, le terme « colonialité » évoque la persistance de l'influence dominante de la pensée occidentale, bien qu'elle ait perdu son pouvoir politique direct après les indépendances formelles, en imposant toujours sa grille de lecture au reste du monde.

---

[298] Levinas, E. (1961). *Totalité et infini*. Martinus Nijhoff.
[299] Dussel, E. (2008). *Twenty Theses on Politics*. Duke University Press.

La reconnaissance de cette asymétrie a conduit à l'émergence de la « décolonialité ». Ce projet vise à revaloriser les épistémés marginalisées et à ouvrir un espace où d'autres visions du droit et de la justice pourraient coexister. Il ne s'agit pas d'un rejet simpliste de l'héritage occidental ni d'une idéalisation naïve des traditions alternatives, mais d'une tentative de démanteler les hiérarchies implicites qui sous-tendent la production normative mondiale.

Jack Donnelly admet que les droits humains modernes reposent sur des valeurs issues des traditions philosophiques européennes, en particulier l'individualisme libéral[300]. Selon son étude, le statut des droits économiques et sociaux serait l'objet d'une division politique, avec une distinction nette entre les points de vue occidentaux et ceux des autres pays du « Sud global », qui privilégient une limitation des droits de l'homme reconnus au niveau international, principalement les droits individuels. En réalité, de nombreuses sociétés hors de l'Occident accordent une priorité aux conceptions communautaires de la dignité humaine, en mettant l'accent sur les responsabilités partagées plutôt que sur les droits personnels.

Souvent méconnue du grand public, la Charte africaine des droits de l'homme et des peuples est un système prometteur de protection des droits de l'homme en Afrique. Il met l'accent sur les droits collectifs, la solidarité et le respect des traditions culturelles, se distinguant en partie des instruments occidentaux. La Charte de Banjul, rédigée en juin 1981 par la Conférence des États de l'Organisation de l'unité africaine et ratifiée par tous les États africains, est devenue la plus grande organisation régionale de défense des droits de l'homme. Son préambule, avec fierté, tente de concilier les aspirations universelles avec les réalités locales et les traditions historiques et les valeurs des peuples africains. Elle affirme que l'universalité ne peut être réduite à une seule forme. En ce sens, bien que la Charte renvoie aux droits humains, elle

---

[300] Donnelly, J. (2013). *Universal Human Rights in Theory and Practice*. Cornell University Press.

soutient la Charte des Nations unies et la Déclaration universelle des droits de l'homme. Elle mentionne les droits et devoirs individuels ainsi que les droits collectifs en tant que peuple.

On notera cependant que, contrairement à d'autres systèmes régionaux de protection des droits humains, le préambule de la Charte africaine des droits de l'homme et des peuples ne contient aucune obligation de respecter les principes démocratiques ou le concept d'État de droit. Il préfère un dialogue interculturel ancré dans les réalités locales, qui peuvent être fragiles et propices à des dérives autoritaires ou précaires.

Les limites intrinsèques d'un dialogue interculturel dans le système multilatéral actuel

Un dialogue interculturel effectif suppose ainsi une méthodologie qui favorise l'inclusion des perspectives locales dans l'élaboration des normes globales. Deux exigences fondamentales s'imposent dans cette démarche : d'une part, la nécessité d'une approche dynamique des interactions normatives, et d'autre part, une redéfinition du rôle du chercheur en droit. La prise en compte des résistances locales aux cadres conceptuels du DIDH suppose en effet une approche de terrain, fondée sur une sociologie du droit qui ne se limite pas à une analyse abstraite des principes, mais qui observe comment ceux-ci sont traduits, réappropriés ou contestés par les sociétés concernées[301]. Il ne s'agit plus d'édicter des normes universelles sans concertation, mais de comprendre comment elles s'articulent avec les systèmes normatifs préexistants. Une telle approche permet d'éviter que le droit

---

[301] Merry, S. E. (2006). *Human Rights and Gender Violence: Translating International Law into Local Justice*. University of Chicago Press.

international ne soit perçu comme un instrument de domination, pour en faire un véritable outil de transformation sociale.

Par ailleurs, la posture du juriste lui-même doit être interrogée. Longtemps, la doctrine juridique s'est pensée comme extérieure à son objet d'étude, adoptant une position de surplomb qui a contribué à légitimer des structures de pouvoir inégalitaires. Or, si le droit est à la fois un instrument de reproduction de l'ordre établi et un levier d'émancipation, le juriste ne peut être un observateur neutre : il est un acteur de cette dynamique et participe, consciemment ou non, à la construction d'un cadre normatif qui favorise ou entrave la reconnaissance des identités culturelles. Reconnaître cette responsabilité implique de concevoir la recherche en droit international non pas comme un exercice purement descriptif, mais comme un engagement dans la refonte d'un système plus inclusif.

Toutefois, si le dialogue interculturel apparaît comme une réponse aux tensions entre universalité et diversité, il comporte également des risques et des contradictions qu'il convient d'examiner avec rigueur. L'une des principales limites réside dans le danger de dilution des principes fondamentaux des droits humains. À force de vouloir accommoder les particularismes, on risque de fragiliser la force normative du droit international et de légitimer des pratiques qui contreviennent aux principes essentiels de dignité et de liberté. L'exemple des réformes progressives des droits des femmes dans certains pays du Golfe illustre cette problématique : alors que des avancées ponctuelles sont mises en avant comme des preuves d'évolution (comme l'autorisation de conduire en Arabie saoudite en 2018), les discriminations systémiques restent profondément enracinées dans les structures politiques et sociales.

Un autre risque réside dans l'instrumentalisation politique du pluralisme juridique par des régimes autoritaires. Certains gouvernements invoquent la spécificité culturelle pour justifier des atteintes aux libertés fondamentales, affirmant que les droits humains sont une construction occidentale inadaptée à leur société. La Chine, par exemple, défend une conception des droits axée sur la stabilité sociale et le développement économique, en niant la légitimité des droits politiques et civils[302]. Cette posture met en lumière une contradiction fondamentale : jusqu'où peut-on aller dans la reconnaissance de la diversité sans compromettre les fondements mêmes du droit international des droits de l'homme ?

Que retenir de l'enjeu derrière l'institutionnalisation d'un dialogue interculturel normatif ?

Si le droit international des droits de l'homme veut surmonter ses contradictions internes et répondre aux défis contemporains, une refonte structurelle de sa gouvernance apparaît nécessaire. La rigidité institutionnelle des mécanismes actuels limite leur capacité à intégrer les dynamiques identitaires sans pour autant renoncer aux exigences fondamentales de protection des libertés. L'émergence d'une approche différenciée, fondée sur des instances de médiation et des mécanismes d'ajustement progressif, pourrait permettre une meilleure articulation entre principes universels et spécificités locales. Les réformes envisagées dans le cadre des Nations unies, notamment à travers le Conseil des droits de l'homme, montrent une volonté de renforcer l'adaptabilité des normes internationales sans en altérer la portée. Toutefois, la viabilité d'un tel modèle dépendra de sa capacité à éviter l'écueil du relativisme tout en offrant aux sociétés concernées les moyens d'une appropriation effective des droits fondamentaux.

La mise en œuvre effective d'un dialogue interculturel soulève donc des questions complexes : qui détermine les normes à adapter ? Quels acteurs doivent être impliqués dans ce processus ? Comment garantir que ces adaptations respectent l'essence des droits humains et

---

[302] Zang, X. (2011). *China's Legal System: New Developments, New Challenges*. Cambridge University Press.

ne deviennent pas un prétexte à leur relativisation ? La réponse à ces interrogations repose sur la construction de nouveaux mécanismes de régulation, capables de garantir à la fois la diversité des traditions juridiques et la préservation des principes fondamentaux. C'est à cette condition que le droit international pourra réellement se réinventer, en conciliant la nécessité d'un socle commun avec la reconnaissance effective des identités culturelles.

Section 4. Vers une recomposition institutionnelle globale de la gouvernance des droits de l'homme ?

La gouvernance mondiale des droits de l'homme connaît aujourd'hui une transformation institutionnelle profonde, portée par la reconnaissance croissante du civisme identitaire qui, sans être nommé, influe sur l'architecture même du droit international. Cette évolution traduit une remise en question du cadre universaliste classique, appelant à une interprétation plus flexible et contextualisée des principes fondamentaux, en intégrant les revendications culturelles et identitaires spécifiques des communautés et des peuples. Il ne s'agit plus de considérer l'universalité des droits humains comme une norme figée, mais plutôt comme un consensus évolutif, ajusté aux équilibres de pouvoir, aux réalités sociales et aux spécificités culturelles. Cette approche encourage ainsi une contractualisation des droits humains, permettant aux sociétés de négocier les modalités d'application des principes fondamentaux en fonction de leur héritage historique et de leurs trajectoires sociopolitiques.

Cette contractualisation se concrétiserait par des engagements modulables dans les conventions internationales, offrant aux États la possibilité de mettre en place des calendriers de transition adaptés, tout en bénéficiant d'un accompagnement institutionnel et technique tenant compte de leurs spécificités locales. Elle impliquerait également la reconnaissance de droits collectifs spécifiques, à l'instar de ceux consacrés par la Charte africaine des droits de l'homme et des peuples, afin d'assurer une protection adaptée aux traditions et aux modes de vie de certaines communautés. Par ailleurs, cette reconfiguration institutionnelle nécessiterait une adaptation des mécanismes de sanctions internationales pour garantir une application plus proportionnée et différenciée en fonction des trajectoires identitaires des États en infraction. Il ne s'agirait plus seulement d'imposer des mesures coercitives standardisées, mais plutôt de privilégier des approches fondées sur la médiation interculturelle et la diplomatie du droit, favorisant ainsi un dialogue constructif entre les différents systèmes normatifs.

Le rôle essentiel des stratégies externes des Etats pour une restructuration du dialogue multilatéral

Au-delà des institutions, cette transformation s'étend également à la diplomatie des droits de l'homme, qui doit désormais composer avec la montée en puissance de puissances régionales contestant l'hégémonie normative occidentale. La Chine, la Russie et plusieurs États africains et asiatiques remettent en question la prééminence d'un modèle unique, appelant à la construction de nouveaux espaces de dialogue où les identités collectives ne seraient plus perçues comme des obstacles, mais comme des opportunités de coopération. Dans ce cadre, diverses initiatives pourraient voir le jour, à l'image de sommets interculturels sur les droits humains, inspirés des conférences internationales sur le climat, réunissant États, organisations internationales et représentants des communautés culturelles pour négocier des évolutions normatives plus inclusives.

De même, la consolidation de réseaux transnationaux de justice communautaire permettrait d'intégrer davantage les juridictions coutumières et les instances locales aux mécanismes internationaux de règlement des différends, afin d'éviter leur marginalisation face aux structures judiciaires existantes. Une réforme du droit d'ingérence pourrait également être envisagée, fondée sur une intermédiation identitaire qui favoriserait des interventions diplomatiques mieux adaptées aux contextes locaux. La création d'un corps diplomatique identitaire, composé de médiateurs issus de diverses sphères culturelles, permettrait ainsi de proposer des solutions de sortie de crise respectueuses des équilibres historiques et sociaux des sociétés concernées.

Vers une reconnaissance accrue des acteurs non-étatiques pour faire émerger un consensus

Dans cette dynamique, le renforcement du rôle des acteurs non étatiques dans la gouvernance des droits humains représente une évolution incontournable du droit international. Longtemps dominé par une conception westphalienne faisant des États les seuls garants des droits fondamentaux, ce cadre traditionnel est aujourd'hui bousculé par l'émergence d'une pluralité d'acteurs – ONG, mouvements sociaux, diasporas et communautés transnationales – qui revendiquent une participation active dans l'élaboration et l'application des normes internationales. Cette transformation se manifeste notamment dans le domaine du droit international de l'environnement, où les revendications identitaires et générationnelles prennent une ampleur inédite. L'affaire portée en 2023 devant la Cour européenne des droits de l'homme par un groupe de jeunes activistes écologistes illustre parfaitement cette évolution : en invoquant leur identité générationnelle et leur statut de futurs citoyens affectés par l'inaction climatique des États, ces requérants ont introduit une nouvelle lecture des obligations étatiques en matière environnementale. De manière similaire, la mobilisation des diasporas pour la défense des droits humains joue un rôle croissant sur la scène internationale. La diaspora ouïghoure, par exemple, a su exploiter les mécanismes judiciaires internationaux pour dénoncer les violations des droits fondamentaux au Xinjiang, en saisissant la Cour pénale internationale et en mobilisant les instances onusiennes pour documenter les exactions commises. Par ailleurs, l'essor des tribunaux citoyens et des mécanismes de justice informelle, à l'image du Tribunal international des peuples sur les violations des droits humains en Birmanie, démontre l'influence croissante de la société civile dans la mise en lumière des crimes souvent négligés par les juridictions officielles.

Cette montée en puissance des acteurs non étatiques traduit une mutation plus large du droit international, où la production et l'application des normes ne relèvent plus exclusivement des États, mais s'articulent autour de revendications identitaires et transnationales qui redessinent les contours de la gouvernance mondiale des droits humains. Ce phénomène s'inscrit dans une dynamique de fragmentation normative, où la légitimité des normes repose désormais autant sur leur appropriation par les communautés concernées que sur leur adoption par les institutions officielles. Dans cette perspective, la reconnaissance du civisme identitaire contribue à redéfinir les frontières entre droits individuels, collectifs et institutionnels, renforçant ainsi la transition vers un droit international polycentrique.

Pour une refonte inclusive des mécanismes internationaux

Sur le plan institutionnel, cette recomposition appelle également une reconfiguration des mécanismes internationaux, à commencer par les organes onusiens chargés de la protection des droits humains. Le Conseil des droits de l'homme, bien qu'il constitue une avancée majeure, fait régulièrement l'objet de critiques concernant la politisation de ses travaux et son incapacité à intégrer les spécificités culturelles et identitaires des différentes civilisations. La mise en place d'un Comité consultatif sur les identités et le droit international permettrait de combler cette lacune en analysant la compatibilité des normes universelles avec les revendications identitaires. Ce comité aurait pour mission d'émettre des avis consultatifs sur l'interprétation des instruments juridiques internationaux, d'élaborer des recommandations aux organes de l'ONU pour mieux intégrer le pluralisme juridique et d'évaluer l'impact des décisions du Conseil des droits de l'homme sur les traditions culturelles des États concernés. Par ailleurs, les organisations internationales ont progressivement adopté des dispositifs visant à garantir une meilleure représentation des minorités et des identités collectives. L'ONU, par exemple, a intégré des critères de diversité régionale dans la composition de ses instances, tandis que l'Union européenne a mis en place des politiques spécifiques pour la protection des minorités linguistiques et culturelles. Toutefois, ces efforts restent limités par une conception encore rigide du cadre universaliste, qui peine à reconnaître pleinement les spécificités identitaires comme des éléments légitimes du droit international.

Face à ces limites, une réforme plus ambitieuse des mécanismes institutionnels régionaux de protection des droits humains pourrait s'avérer nécessaire. Il serait notamment pertinent d'envisager une reconnaissance accrue de la personnalité juridique des identités collectives, permettant ainsi aux peuples et minorités de saisir directement les juridictions internationales pour des litiges liés à leurs droits culturels et identitaires. Une autre piste consisterait à créer une chambre spécialisée sur les conflits identitaires, sur le modèle de la Chambre de l'environnement de la Cour internationale de justice, afin de traiter les tensions entre souveraineté étatique et droits des minorités de manière plus spécifique. Enfin, les systèmes régionaux des droits humains pourraient intégrer des protocoles additionnels permettant une application contextualisée des normes internationales, à l'instar de la marge d'appréciation nationale déjà reconnue par la Cour européenne des droits de l'homme.

De sorte, cette recomposition institutionnelle traduit une évolution majeure de la gouvernance mondiale des droits humains, où l'intégration du prisme identitaire ne se limite plus à une simple relecture doctrinale, mais s'impose comme un impératif pour assurer une coexistence équilibrée entre universalité et pluralisme juridique. Cette transformation impose aux institutions internationales de repenser leurs mécanismes d'inclusion, tout en évitant l'écueil d'un relativisme excessif qui remettrait en cause les fondements mêmes des droits humains. Loin d'être un facteur de fragmentation, le civisme identitaire pourrait ainsi devenir un levier d'adaptation et de consolidation des normes internationales, en offrant aux sociétés contemporaines des cadres institutionnels plus représentatifs et inclusifs.

En l'attente d'un consensus international, une nouvelle perspective institutionnelle

L'émergence d'un véritable consensus mondial en matière de droits humains suppose une refonte en profondeur des mécanismes d'évaluation et de suivi des engagements internationaux. Le cadre actuel, bien qu'ayant permis des avancées significatives, demeure marqué par des asymétries structurelles qui nuisent à son efficacité et alimentent les tensions entre universalité des normes et diversité des modèles nationaux. Trop souvent, les instances internationales se heurtent à des résistances qui ne relèvent pas d'un simple rejet des principes fondamentaux, mais bien d'une incompréhension mutuelle entre les exigences normatives et les réalités institutionnelles et culturelles. À cet égard, une réforme du Conseil des droits de l'homme et de ses mécanismes de suivi apparaît non seulement souhaitable, mais nécessaire pour assurer une mise en œuvre plus homogène et légitime des engagements internationaux.

Toutefois, une réforme des mécanismes de suivi ne saurait se limiter à une simple réorganisation institutionnelle. La question des droits humains ne peut être abordée exclusivement sous un prisme juridique et politique ; elle relève également d'un enjeu plus profond de dialogue interculturel. L'une des principales faiblesses du système actuel réside dans la polarisation idéologique qui oppose les conceptions occidentales des droits humains aux visions portées par d'autres traditions philosophiques et juridiques. Cette opposition, trop souvent instrumentalisée à des fins géopolitiques, entrave la recherche d'un véritable terrain d'entente.

Dans cette optique, le développement de tribunes de dialogue régionales pourrait jouer un rôle déterminant. Loin d'être de simples forums diplomatiques, ces plateformes offriraient aux États et aux acteurs non gouvernementaux un espace structuré d'échange sur les bonnes pratiques, la résolution des divergences normatives et la définition de stratégies communes pour une meilleure mise en œuvre des droits humains. Une telle approche permettrait d'atténuer les crispations liées à la perception d'une imposition unilatérale des normes internationales par certains pays du Nord global, en redonnant aux États du Sud un véritable pouvoir d'initiative. Ce processus, bien que complexe, constituerait une réponse pragmatique aux accusations récurrentes de néocolonialisme juridique et contribuerait à renforcer la légitimité du système international.

Loin d'être un simple idéal diplomatique, l'harmonisation normative des droits humains passe donc par un dialogue constant, structuré et inclusif, fondé sur des mécanismes d'évaluation transparents et respectueux des diversités culturelles. Il ne saurait être question d'imposer une vision monolithique des droits humains, ni de céder aux relativismes qui affaibliraient leur portée universelle.

Il s'agit au contraire de réconcilier les exigences d'un cadre commun avec la reconnaissance des spécificités nationales, en mettant en place des mécanismes de concertation et de suivi capables de produire des avancées tangibles. Si les résistances restent vives et les clivages idéologiques persistants, l'adoption de telles réformes permettrait de favoriser un rapprochement progressif entre principes universels et réalités locales.

VII. RÉACCORDER LA GOUVERNANCE MONDIALE SUR UN DIALOGUE INTERCULTUREL INSTITUTIONNALISÉ

Le multilatéralisme, longtemps perçu comme l'architecture incontournable de la gouvernance mondiale, traverse une crise existentielle. Contesté par l'émergence de pôles de pouvoir alternatifs et miné par les tensions entre universalistes et particularistes, il peine à s'adapter à un monde où l'identité devient un levier diplomatique aussi puissant que l'économie ou la sécurité. À l'aube du civisme identitaire, le défi est clair : refonder le multilatéralisme en intégrant les dynamiques culturelles et civilisationnelles, sans renoncer aux principes fondamentaux du droit international. Cette mutation ne saurait être un repli sur des souverainetés rigides, ni un abandon des valeurs universelles, mais bien une réinvention des mécanismes de coopération à travers des sommets interculturels, une reconnaissance des justices communautaires et une diplomatie des droits humains réajustée. Face à l'érosion du consensus normatif et à la montée des revendications identitaires, l'avenir du système multilatéral repose désormais sur sa capacité à négocier l'universalité autrement : non plus comme un dogme imposé, mais comme une construction évolutive et partagée.

Section 1. Des mécanismes juridiques réaccordés pour une approche différenciée du droit international

L'architecture normative du droit international repose sur un ensemble de principes qualifiés d'impératifs (ou *jus cogens*), dont la prééminence s'impose indépendamment de la volonté souveraine des États. Ces normes, consacrées par l'article 53 de la Convention de Vienne sur le droit des traités, se distinguent par leur caractère absolu et intransgressible : l'interdiction du génocide, de l'esclavage, de la torture ou encore des crimes contre l'humanité en constitue l'ossature fondamentale. En vertu de cette hiérarchie normative, aucun État ne saurait déroger à ces prescriptions, qui transcendent les aléas politiques, les particularismes culturels ou les évolutions législatives nationales.

Le civisme identitaire, loin de remettre en cause l'impérativité de ces normes, questionne toutefois l'uniformité de leur interprétation et de leur mise en œuvre. Derrière l'apparente neutralité de l'universalisme juridique se profile en réalité une empreinte civilisationnelle marquée, dénoncée par des penseurs tels que Martti Koskenniemi et Antony Anghie. Ceux-ci soulignent la dimension asymétrique de l'ordre normatif international, façonné par une tradition occidentale qui tend à s'ériger en standard universel, parfois au détriment d'autres conceptions juridiques et culturelles. Cette critique s'inscrit dans une réflexion plus large sur la légitimité des cadres juridiques globaux : l'universalité des droits ne saurait être décrétée dans une posture unilatérale, mais devrait être élaborée dans un processus de reconnaissance mutuelle, conformément aux travaux de Boaventura de Sousa Santos. Face à cet enjeu, le civisme identitaire propose une contractualisation progressive des engagements internationaux en matière de droits humains, reconnaissant que l'adhésion aux grands principes ne peut être pleinement opérante sans un processus d'adaptation aux réalités locales. Il ne s'agit pas d'amoindrir la force des principes fondamentaux, mais d'en assurer l'intégration effective par des mécanismes plus souples, inspirés des dispositifs existants en droit international public.

L'un des modèles les plus probants réside dans le système des protocoles optionnels des Nations unies, qui permet aux États d'accepter certaines dispositions d'un traité sans s'engager immédiatement sur l'ensemble du texte. Ainsi, le Pacte international relatif aux droits civils et politiques prévoit un protocole additionnel ouvrant la voie à des plaintes individuelles devant le Comité des droits de l'homme, auquel plusieurs États, notamment la Chine et l'Arabie saoudite, n'ont pas souscrit. Ce principe d'adhésion progressive permet d'intégrer des normes nouvelles sans créer de ruptures brutales avec les cadres juridiques nationaux. Une logique similaire se retrouve dans le Protocole de Maputo, qui complète la Charte africaine des droits de l'homme et des peuples en introduisant des protections spécifiques aux femmes. Certains États africains, comme le Soudan et l'Égypte, n'ont pas encore ratifié certaines dispositions, illustrant ainsi l'idée d'une progression à géométrie variable qui accompagne les évolutions sociales et politiques internes. Un tel modèle pourrait être généralisé à l'échelle internationale pour faciliter l'intégration des normes fondamentales sans qu'elles ne soient perçues comme des impositions extérieures.

L'inscription progressive de l'identité dans le droit comme reconnaissance normative du civisme identitaire

La contractualisation des engagements reposerait alors sur plusieurs principes fondamentaux. Tout d'abord, elle permettrait aux États d'adhérer progressivement aux conventions internationales selon des calendriers adaptés à leurs réalités institutionnelles et politiques. Ensuite, elle introduirait des clauses de flexibilité, autorisant des ajustements temporaires pour éviter des oppositions trop rigides à l'application des normes universelles. Enfin, elle instaurerait un mécanisme de révision périodique des engagements sous le contrôle des organisations internationales, garantissant que les États progressent vers une harmonisation des standards tout en respectant leurs spécificités nationales. Ce cadre souple permettrait de concilier l'exigence d'un socle commun avec la nécessité d'une mise en œuvre différenciée, adaptée aux contextes culturels et aux rythmes propres à chaque société.

Au-delà des engagements modulables, la contractualisation des droits humains touche également à la reconnaissance des droits collectifs, encore largement sous-estimés dans le cadre juridique international. La tradition libérale héritée des pensées de Locke, Kant et Rawls a construit les droits humains autour d'une conception individualiste, privilégiant l'autonomie et la liberté individuelle. Or, dans de nombreuses sociétés, ce sont les droits des communautés, des peuples et des groupes qui constituent le socle de la protection des identités et des traditions. La Charte africaine des droits de l'homme et des peuples illustre cette approche en reconnaissant explicitement les droits collectifs à l'autodétermination, au développement et à l'identité culturelle. Contrairement aux conventions occidentales, elle met également l'accent sur les devoirs des individus envers leur communauté et leur État, et intègre les systèmes juridiques coutumiers et religieux dans son application. Ce modèle pourrait inspirer la reconnaissance d'un cadre universel garantissant les droits collectifs, en complément de la Déclaration universelle des droits de l'homme. Une telle évolution permettrait d'assurer une meilleure protection des peuples autochtones, des minorités ethniques et religieuses, et des diasporas, en consolidant des instruments existants tels que la Déclaration des Nations unies sur les droits des peuples autochtones. Un rôle accru des juridictions régionales pourrait également être envisagé pour évaluer l'impact culturel des politiques publiques et garantir que les particularismes locaux soient pris en compte dans l'application du droit international.

L'autre grand défi de la contractualisation des droits humains concerne l'adaptation des sanctions internationales, souvent perçues comme inéquitables et inefficaces. Le système actuel repose sur des mesures punitives uniformes, telles que les embargos économiques et les restrictions diplomatiques, dont l'application indifférenciée engendre des effets parfois contre-productifs. L'exemple des sanctions imposées au Venezuela ou à l'Iran montre qu'elles touchent davantage les populations que les élites dirigeantes, renforçant les discours de victimisation des régimes sanctionnés. De même, les pressions unilatérales exercées par certaines puissances occidentales sont dénoncées comme biaisées, alimentant l'idée d'une instrumentalisation politique des droits humains. Quant aux interventions militaires menées sous couvert de protection des populations, elles ont souvent conduit à des désastres, comme l'ont illustré les cas de la Libye en 2011 et de l'Irak en 2003.

Une refonte des sanctions internationales apparaît donc indispensable pour garantir une approche plus juste et plus efficace. Plutôt que d'appliquer des mesures punitives globales, il conviendrait de privilégier des mécanismes de médiation interculturelle et des sanctions progressives, adaptées aux réalités locales. La création d'un Conseil de Médiation Identitaire, placé sous l'égide de l'ONU, pourrait constituer un premier levier, en offrant un espace de dialogue entre les États et la communauté internationale afin d'éviter l'imposition de mesures coercitives aveugles. Par ailleurs, un Tribunal spécial des identités et des droits humains, supervisé par la Cour internationale de justice, pourrait être chargé d'évaluer les situations de violations des droits humains en tenant compte des contextes culturels et sociopolitiques. Enfin, l'adoption de sanctions ciblées, inspirées du Magnitsky Act, permettrait de frapper directement les responsables de violations des droits humains sans pénaliser l'ensemble d'une population.

Une modulation différenciée du régime d'interprétation des textes internationaux

Dans cette optique, l'intégration du civisme identitaire dans le droit international impliquerait une réévaluation des mécanismes d'interprétation des normes impératives. Le droit conventionnel international, régi notamment par l'article 31 de la Convention de Vienne, privilégie aujourd'hui une lecture textuelle et finaliste, qui impose une interprétation « de bonne foi, suivant le sens ordinaire à attribuer aux termes du traité dans leur contexte et à la lumière de son objet et de son but ». Cette approche, si elle garantit une certaine stabilité normative, tend néanmoins à occulter les réalités sociétales propres à chaque État. Une évolution vers une interprétation intégrant un critère de contextualisation identitaire permettrait alors d'adapter l'application des obligations conventionnelles aux spécificités culturelles et civilisationnelles des États parties, sans pour autant en altérer la substance.

Cette réforme du régime d'interprétation des normes universelles pourrait s'inspirer du principe de la marge d'appréciation nationale, développé par la Cour européenne des droits de l'homme dans l'affaire Handyside. Ce mécanisme autorise certaines variations dans l'application des normes, en fonction des traditions locales, tant qu'un seuil minimal de protection des droits fondamentaux est respecté. Une transposition de ce principe au droit international des droits de l'homme offrirait la possibilité d'une différenciation encadrée, conciliant la souplesse juridique avec l'exigence de protection universelle. Cette logique n'est pas étrangère aux dynamiques actuelles du droit international, qui admet déjà des ajustements en fonction de la diversité culturelle. Ainsi, l'Organisation mondiale du commerce reconnaît des exceptions culturelles dans les accords commerciaux afin de préserver les industries locales[303]. De même, certaines conventions relatives aux droits de l'homme, telles que la Convention sur l'élimination de toutes les formes de discrimination à l'égard des femmes, admettent des réserves permettant aux États de maintenir certaines pratiques, sous réserve de ne pas en altérer l'objet et le but.

Toutefois, cette différenciation ne saurait aboutir à un éclatement normatif incontrôlé. Il ne s'agit pas d'instaurer un relativisme juridique qui fragiliserait l'autorité du droit international, mais bien d'organiser

---

[303] Accord général sur le commerce des services, article XIV

une reconnaissance formelle des pluralismes normatifs, tout en préservant l'unité du système. Une solution envisageable consisterait en l'adoption de clauses de différenciation contrôlée, inspirées du principe des responsabilités communes mais différenciées, introduit en droit environnemental par la Déclaration de Rio et réaffirmé dans l'Accord de Paris. Ce mécanisme, qui ajuste les obligations étatiques en fonction de leurs capacités et responsabilités historiques, pourrait être transposé aux droits humains, en permettant une application progressive et adaptée des normes universelles.

Cette différenciation contrôlée pourrait se décliner de plusieurs manières. Dans le domaine des droits civils et politiques, elle pourrait prendre la forme de calendriers d'application échelonnés, à l'image des délais différenciés accordés aux États pour l'abolition de la peine de mort dans le cadre des protocoles 6 et 13 de la CEDH. En matière de protection des minorités et des peuples autochtones, elle pourrait permettre une adaptation des obligations en fonction du degré d'intégration historique des communautés concernées. Dans le domaine des droits culturels et religieux, elle éviterait l'imposition d'un modèle unique dans des domaines sensibles tels que le droit familial ou l'éducation, tout en garantissant le respect des standards fondamentaux de non-discrimination et d'égalité.

Le rôle symbolique du droit souple : la formalisation d'une perspective plurielle

Parallèlement à ces ajustements conventionnels, le renforcement du rôle du *soft law* et des chartes éthiques interculturelles pourrait constituer un levier efficace pour favoriser une gouvernance plus inclusive des droits humains. Contrairement aux traités contraignants, le *soft law* repose sur des instruments non obligatoires, qui influencent néanmoins les pratiques étatiques et les standards internationaux. Un exemple marquant est la Déclaration des Nations Unies sur les droits des peuples autochtones, dont l'absence de force contraignante n'a pas empêché une incorporation progressive dans plusieurs législations nationales, notamment à travers le principe du consentement libre, préalable et éclairé. De même, certaines organisations régionales, comme l'Union africaine, ont adopté des chartes éthiques intégrant des références aux modes de gouvernance traditionnels, renforçant ainsi la légitimité locale des normes internationales.

Toutefois, l'efficacité du droit souple demeure tributaire des rapports de force géopolitiques et de la volonté des États de les mettre en œuvre. Dans certains cas, ces instruments servent d'alternative à des engagements contraignants, ce qui limite leur portée effective. L'opposition de plusieurs États à l'adoption du Pacte mondial pour les migrations en 2018 illustre cette réticence à voir émerger des standards internationaux, même non contraignants, qui pourraient remettre en cause des conceptions nationales souveraines.

Dans cette perspective, l'avenir du droit international des droits humains ne saurait se limiter à une confrontation stérile entre universalité et relativisme. Il s'agirait plutôt d'ouvrir une voie nouvelle, où l'universalité se construirait non plus comme une imposition, mais comme le fruit d'un dialogue interculturel structuré. L'UNESCO avait déjà amorcé cette réflexion en 2001, en reconnaissant dans sa Déclaration universelle sur la diversité culturelle que la pluralité des cultures devait être perçue non comme un obstacle, mais comme un patrimoine commun de l'humanité.

Le défi du XXIe siècle réside donc dans la capacité du droit international à intégrer cette diversité sans se fragmenter. Loin d'être une menace, l'adaptation des normes universelles à la réalité multipolaire contemporaine pourrait au contraire renforcer leur légitimité et assurer leur effectivité. Plutôt qu'un universalisme figé et prescriptif, c'est une universalité évolutive et négociée qui doit émerger, où chaque culture contribuerait à l'édification d'un socle commun, sans renier son identité propre. Cette dynamique permettrait d'aboutir non pas à une cacophonie normative, mais à une harmonisation différenciée, où l'exigence de protection des droits fondamentaux s'accompagnerait d'une reconnaissance authentique des diversités civilisationnelles.

Un pluralisme juridictionnel structuré par l'introduction d'une clause d'harmonisation identitaire

L'intégration du civisme identitaire dans l'ordre juridique international soulève une question fondamentale : comment articuler la reconnaissance des identités collectives avec l'impératif de protection des droits fondamentaux, sans transformer la diversité culturelle en un prétexte à l'érosion des libertés essentielles ? Cette problématique, loin d'être abstraite, constitue un défi constant du droit international des droits de l'homme, lequel oscille entre une application rigide de l'universalisme et une adaptation contextuelle plus souple. L'enjeu ne réside donc pas tant dans l'alternative entre uniformisation et particularisme, mais dans la mise en place d'un cadre juridique structuré permettant d'harmoniser ces deux impératifs. À cet égard, la création d'une clause d'harmonisation identitaire s'impose comme une réponse innovante, garantissant une régulation de la diversité normative sans compromettre les principes fondamentaux du droit international.

Cette clause, intégrée aux mécanismes contentieux internationaux tels que la Cour internationale de Justice, la Cour européenne des droits de l'homme, la Cour interaméricaine des droits de l'homme ou encore les juridictions régionales émergentes, permettrait d'introduire un filtre juridictionnel renforcé. Ce dispositif s'appuierait sur trois piliers essentiels : un test de proportionnalité strict, destiné à encadrer les justifications identitaires invoquées par les États ; un mécanisme de médiation obligatoire, visant à favoriser une conciliation entre universalité et particularisme avant tout contentieux ; et une clause de sauvegarde universelle, empêchant toute instrumentalisation abusive des spécificités culturelles pour justifier des violations des droits fondamentaux.

Un test de proportionnalité centré sur l'identité pour prévenir toute instrumentalisation manifeste

L'application d'un test de proportionnalité renforcé constitue une exigence primordiale dans la redéfinition d'un pluralisme juridictionnel intégrant le prisme identitaire. Bien que le principe de proportionnalité soit déjà une norme bien établie dans les systèmes de protection des droits de l'homme, son application demeure hétérogène selon les juridictions. La Cour européenne des droits de l'homme a notamment développé la notion de marge d'appréciation nationale, permettant aux États d'adapter les normes en fonction de leur contexte historique et social, comme en témoigne l'arrêt Handyside de 1976. À l'inverse, le Comité des droits de l'homme des Nations Unies adopte une lecture plus stricte et uniforme du Pacte international relatif aux droits civils et politiques, refusant généralement toute justification culturelle aux restrictions des droits fondamentaux, comme en témoigne l'affaire Toonen de 1994.

L'introduction d'un test de proportionnalité renforcé, spécifiquement dédié aux justifications identitaires, permettrait alors de dépasser cette opposition en instaurant trois conditions cumulatives à toute restriction d'un droit fondamental invoquant un motif culturel ou identitaire. D'abord, cette restriction devrait satisfaire un critère de légitimité, en ce sens qu'elle doit être directement liée à la préservation d'une identité collective reconnue, et non à un simple impératif de contrôle étatique. Ensuite, elle devrait répondre à une nécessité démontrée, impliquant que la mesure contestée soit la seule option envisageable et qu'aucune alternative moins intrusive ne permette d'atteindre le même objectif. Enfin, elle devrait respecter une exigence de proportionnalité stricte, garantissant que les droits individuels ne soient pas sacrifiés de manière excessive au profit d'intérêts culturels abstraits. Cette approche méthodologique éviterait ainsi que la reconnaissance des identités collectives ne dérive vers un relativisme juridique incontrôlé, tout en permettant aux États de préserver leur cohésion socioculturelle dans un cadre normatif rigoureux.

La systématisation institutionnelle de la médiation obligatoire pour un règlement plus consensuel des différends internationaux

Cependant, la seule application d'un test juridictionnel ne saurait suffire à résoudre la tension entre universalité et particularisme. Le mode contentieux dominant dans le règlement des différends en matière de droits humains tend trop souvent à cristalliser l'opposition entre ces deux pôles, sans offrir d'espace de dialogue préalable. Or, le recours immédiat à une juridiction supranationale conduit généralement à des décisions abruptes, perçues soit comme des impositions normatives extérieures, soit comme des concessions excessives au détriment des droits fondamentaux. Cette dynamique se manifeste notamment dans les tensions récurrentes entre les juridictions internationales et les systèmes juridiques islamiques sur des sujets tels que le statut des femmes ou les sanctions pénales, où l'absence de dialogue préalable engendre une confrontation de principes plus qu'une tentative de conciliation normative.

L'introduction d'un mécanisme de médiation obligatoire au sein des juridictions internationales des droits de l'homme permettrait d'atténuer cette rigidité, en instaurant un espace structuré de négociation préalable entre les États, les communautés concernées et des experts indépendants. Ce processus pourrait s'inspirer des pratiques existantes en droit international, notamment la Commission de conciliation de la Convention des Nations Unies sur le droit de la mer, ou encore les méthodes participatives développées par la Cour interaméricaine des droits de l'homme, qui associe parfois les communautés autochtones aux discussions précontentieuses, comme dans l'affaire Pueblo Indígena Kichwa de Sarayaku. Concrètement, ce mécanisme pourrait prendre la forme d'une Commission de conciliation des identités et du droit, indépendante des États, et composée de juristes spécialisés en droit international, d'anthropologues juridiques et d'experts en gouvernance identitaire. Sa mission serait d'assurer une médiation entre normes universelles et revendications culturelles, afin d'identifier des solutions équilibrées avant toute saisine juridictionnelle.

La conception d'une clause universelle de sauvegarde pour garantir l'esprit des droits fondamentaux à l'échelle internationale

Toutefois, pour garantir que la flexibilité accordée aux États dans la prise en compte des spécificités identitaires ne soit pas utilisée à des fins de régression normative, il est essentiel d'instaurer une clause de sauvegarde universelle. Cette disposition empêcherait l'invocation abusive des particularismes culturels pour restreindre les droits fondamentaux, en inscrivant explicitement dans les traités internationaux que les références aux traditions, religions ou coutumes ne sauraient justifier une violation des normes impératives du droit international (*jus cogens*). L'interdiction absolue de la torture, de l'esclavage, du génocide ou de la discrimination systémique s'impose déjà comme une norme indérogeable, comme l'ont rappelé la Cour interaméricaine des droits de l'homme dans l'affaire Velásquez Rodríguez c. Honduras de 1988 et la Cour européenne des droits de l'homme dans l'arrêt Soering c. Royaume-Uni de 1989. De même, le Tribunal pénal international pour l'ex-Yougoslavie, dans l'affaire Furundzija en 1998, a affirmé que l'interdiction de la torture relève du jus cogens, rendant toute tentative de justification culturelle irrecevable.

Cependant, certaines décisions récentes témoignent des tensions persistantes sur cette question. La CEDH a pu valider en 2014 l'interdiction du voile intégral au nom de la cohésion sociale, tout en reconnaissant les risques de stigmatisation des minorités. De même, dans l'affaire Opuz de 2009, la Cour a rejeté les arguments culturels avancés par la Turquie pour justifier son inaction face aux violences domestiques, consolidant ainsi l'idée que les traditions nationales ne peuvent primer sur la protection des droits fondamentaux. Pour éviter toute ambiguïté, la clause de sauvegarde universelle devrait être assortie d'un mécanisme de contrôle strict, permettant d'examiner en amont les législations nationales invoquant des motifs culturels pour restreindre les droits fondamentaux. Inspiré du processus d'Examen Périodique Universel des Nations Unies, ce mécanisme pourrait conférer à un organe indépendant, placé sous l'égide du Haut-Commissariat aux droits de l'homme, le pouvoir d'évaluer la compatibilité des législations nationales avec les normes impératives du droit international et d'émettre des recommandations juridiquement contraignantes.

Ainsi, la mise en place d'une clause d'harmonisation identitaire constituerait un outil essentiel pour structurer un pluralisme juridictionnel conciliant diversité normative et protection des droits fondamentaux. En s'appuyant sur un test de proportionnalité renforcé, un mécanisme de médiation obligatoire et une clause de sauvegarde universelle, ce dispositif garantirait un équilibre entre reconnaissance des identités collectives et primauté des principes fondamentaux du droit international, tout en offrant un cadre juridique robuste contre toute tentative d'instrumentalisation politique des revendications identitaires.

Section 2. Les acteurs de cette réforme institutionnelle : rôle, mandat et financement

La transformation des institutions internationales pour intégrer le civisme identitaire dans la gouvernance des droits humains constitue un défi majeur, à la fois sur le plan normatif et structurel. Aujourd'hui, l'architecture onusienne repose sur une vision universaliste où les droits fondamentaux sont conçus comme des normes homogènes, s'appliquant uniformément à toutes les sociétés, indépendamment de leurs contextes historiques et culturels. Si cette approche se veut égalitaire, elle se heurte néanmoins à des résistances croissantes de la part d'États et d'acteurs revendiquant une meilleure reconnaissance des identités collectives dans l'élaboration et l'application des principes universels. La nécessité d'une réforme institutionnelle s'impose donc afin de créer un cadre permettant de concilier universalité normative et diversité identitaire.

Une approche différenciée du droit international des droits de l'homme : les acteurs à l'œuvre

Cette évolution pourrait prendre plusieurs formes, notamment la création d'un organe dédié au sein du système onusien, chargé d'arbitrer entre ces différentes conceptions des droits humains et d'intégrer une lecture différenciée des normes internationales. Deux options principales émergent : l'établissement d'un Haut-Commissariat à l'Identité et aux Droits de l'Homme (HCIDH), institution autonome consacrée à la reconnaissance des identités culturelles et collectives dans la gouvernance des droits fondamentaux, ou la mise en place d'un Comité des Pactes Identitaires, placé sous l'égide du Conseil des droits de l'homme de l'ONU, chargé de superviser les engagements modulables des États et d'accompagner l'adaptation des normes aux contextes nationaux.

Le Haut-Commissariat à l'Identité et aux Droits de l'Homme constituerait un complément au Haut-Commissariat des Nations unies aux droits de l'homme, mais avec un mandat distinct. Il aurait pour vocation principale d'analyser les tensions entre universalité et particularismes culturels, d'évaluer les modalités d'adaptation régionale aux conventions internationales et de formuler des recommandations différenciées pour assurer une mise en conformité progressive des États. Il jouerait un rôle clé en produisant des rapports périodiques sur les dynamiques identitaires et leurs implications sur le droit international des droits humains, en organisant des consultations internationales impliquant États, autorités coutumières, peuples autochtones et juridictions religieuses, afin de faciliter le dialogue interculturel sur les conflits normatifs, et en mettant en place un mécanisme d'arbitrage permettant de résoudre les différends liés à l'interprétation des droits humains dans les contextes identitaires. Il assurerait également un suivi des engagements des États en matière de civisme identitaire, en évaluant la mise en œuvre des pactes d'adhésion modulables et en travaillant en collaboration avec les organisations régionales pour adapter les engagements internationaux aux spécificités locales.

Sur le plan institutionnel, ce Haut-Commissariat serait rattaché au Secrétariat général des Nations unies et son haut-commissaire serait nommé par l'Assemblée générale de l'ONU. Son financement reposerait sur un modèle mixte, combinant les contributions des États membres de l'ONU, des fonds alloués par des organisations régionales telles que l'Union africaine, l'ASEAN ou l'Union européenne, ainsi que des financements privés émanant de fondations spécialisées en gouvernance des droits humains, telles que l'Open Society Foundations ou la Ford Foundation.

Si la création d'un Haut-Commissariat dédié aux identités collectives constitue une réponse ambitieuse aux défis posés par la diversité culturelle dans l'application des droits humains, une approche plus pragmatique pourrait consister à instaurer un Comité des Pactes Identitaires au sein du Conseil des droits de l'homme de l'ONU. Ce Comité aurait pour mission principale de suivre les engagements modulables des États, en examinant leurs rapports sur l'application des pactes d'adhésion différenciés et en proposant des ajustements progressifs pour harmoniser leurs obligations avec les normes universelles, sans générer de ruptures brutales. Il jouerait également un rôle central dans l'adaptation des standards internationaux aux réalités locales, en produisant des recommandations différenciées fondées sur une consultation approfondie des acteurs concernés, et dans la promotion des échanges entre traditions juridiques locales et normes internationales, en mettant en place des forums de dialogue réunissant États, ONG, institutions culturelles et religieuses. En complément, il publierait des rapports analytiques sur les convergences et divergences entre les systèmes juridiques régionaux et le droit international, fournissant ainsi un cadre d'analyse aux décideurs internationaux.

Ce modèle pourrait s'inspirer d'autres mécanismes existants au sein du système onusien, tels que le Comité des droits de l'homme, chargé de surveiller l'application du Pacte international relatif aux droits civils et politiques, ou le Comité des droits économiques, sociaux et culturels, qui évalue la mise en œuvre du PIDESC par les États. Le Comité des Pactes Identitaires, bien que rattaché au Conseil des droits de l'homme avec un mandat consultatif, travaillerait en étroite collaboration avec les institutions régionales et les grandes ONG spécialisées, telles que Minority Rights Group International ou Human Rights Watch.

Au-delà de ces réformes institutionnelles, l'ancrage régional du civisme identitaire serait déterminant pour assurer sa mise en œuvre effective. Ainsi, les initiatives portées par le HCIDH ou le Comité des Pactes Identitaires devraient s'appuyer sur des collaborations renforcées avec des organisations telles que l'Union africaine, qui dispose déjà d'une Cour africaine des droits de l'homme et des peuples intégrant une approche collective des droits humains, l'ASEAN, dont l'approche plus souple en matière de droits humains pourrait servir de cadre expérimental pour des engagements modulables, la Ligue arabe, qui jouerait un rôle clé dans l'adaptation des normes aux contextes sociopolitiques du Moyen-Orient, ou encore l'Union européenne, via son Agence des droits fondamentaux, qui mène des recherches et initiatives en matière de diversité et d'intégration.

La transformation institutionnelle du système onusien en faveur du civisme identitaire apparaît ainsi comme une nécessité pour réconcilier universalité et particularisme dans la gouvernance des droits humains. Que ce soit par la création d'un Haut-Commissariat à l'Identité et aux Droits Humains ou par l'établissement d'un Comité des Pactes Identitaires, ces nouvelles structures garantiraient une prise en compte plus fine des réalités culturelles, sans compromettre les principes fondamentaux des droits humains. Dans un contexte mondial marqué par une remise en question croissante des standards internationaux, cette réforme institutionnelle ne constitue pas seulement un choix stratégique, mais un impératif essentiel pour assurer la légitimité et l'efficacité des mécanismes de protection des droits fondamentaux à l'échelle mondiale.

Financement et acteurs impliqués : qui soutiendrait cette gouvernance différenciée ?

L'institutionnalisation du civisme identitaire dans la gouvernance des droits humains suppose une architecture financière adaptée, capable de soutenir les États dans l'adaptation progressive des normes internationales aux réalités identitaires et culturelles. Contrairement aux dispositifs classiques, souvent centralisés et influencés par des paradigmes occidentaux, cette nouvelle approche exigerait un modèle hybride, combinant financements étatiques, contributions multilatérales, investissements privés et engagement actif de la société civile. L'objectif serait de garantir aux États les ressources nécessaires pour contractualiser progressivement leurs engagements en matière de droits humains, tout en préservant leur souveraineté et en diversifiant les sources de financement afin d'éviter toute dépendance vis-à-vis des puissances dominantes.

Au cœur de ce dispositif, un Fonds d'Adaptation des Droits Humains (FADH) constituerait le levier central d'accompagnement des États dans la transition normative. Inspiré de modèles existants comme le Fonds vert pour le climat ou le Fonds d'affectation spéciale des Nations unies pour les victimes de la traite des êtres humains, ce fonds remplirait trois missions essentielles. Il financerait tout d'abord les calendriers de transition des États souhaitant ajuster progressivement leur législation aux standards internationaux tout en tenant compte de leurs particularités culturelles et historiques. Ensuite, il contribuerait au renforcement des capacités institutionnelles, en mobilisant des ressources pour la formation des magistrats, des législateurs et des fonctionnaires à l'intégration du civisme identitaire dans le cadre juridique national. Enfin, il faciliterait le dialogue interculturel et la médiation juridique en soutenant financièrement les organisations locales impliquées dans la mise en œuvre contextuelle et pragmatique des engagements différenciés.

Le financement du FADH reposerait sur un modèle multipartenarial combinant plusieurs sources de revenus. Les contributions volontaires des États membres de l'ONU, calculées en fonction de leur PIB et de leur niveau d'engagement dans le processus de contractualisation des droits humains, constitueraient la première source de financement. Les organisations internationales, telles que le PNUD, le HCDH et l'UNESCO, participeraient également au fonds en allouant des ressources spécifiques à la transition normative des États. L'Union européenne, via son Instrument européen pour la démocratie et les droits de l'homme, pourrait jouer un rôle clé, de même que l'Union africaine à travers son Fonds africain des droits de l'homme, l'Organisation des

États américains et la Banque interaméricaine de développement pour l'Amérique latine, ou encore l'ASEAN via des financements destinés aux enjeux identitaires. En complément, des contributions privées et philanthropiques viendraient renforcer ce dispositif, à travers des institutions telles que la Ford Foundation, Open Society Foundations ou la Rockefeller Foundation, qui œuvrent déjà pour la gouvernance des droits humains et la diversité culturelle. Un système de « matching funds », où chaque don privé serait doublé par une contribution publique, permettrait de maximiser l'effet de levier des financements et d'assurer une répartition équilibrée des ressources.

Parallèlement à la mise en place du FADH, l'intégration d'un critère identitaire dans les politiques de financement des banques de développement s'avèrerait essentielle pour garantir la prise en compte des spécificités culturelles dans la gouvernance des droits humains. Les grandes institutions financières internationales, telles que la Banque mondiale, pourraient conditionner certains prêts et subventions à des réformes progressives et adaptées des systèmes juridiques nationaux, tout en finançant des études d'impact sur l'application différenciée des normes internationales. La Banque africaine de développement pourrait consacrer une ligne de financement spécifique aux États africains engagés dans une adaptation progressive de leurs engagements en matière de droits humains, tandis que la Banque interaméricaine de développement pourrait soutenir des projets pilotes intégrant les juridictions coutumières et indigènes dans les systèmes juridiques nationaux. De son côté, la Banque asiatique de développement jouerait un rôle stratégique dans l'accompagnement des pays d'Asie du Sud-Est, où la diversité des systèmes législatifs impose une harmonisation progressive entre droits nationaux et spécificités culturelles.

Afin d'assurer l'efficacité et la cohérence de ces financements, la mise en place d'un Indice de Convergence Identitaire permettrait d'évaluer la capacité des États à adapter les normes internationales à leurs contextes locaux tout en respectant les principes fondamentaux des droits humains. Cet indice constituerait un outil de mesure permettant aux bailleurs de fonds de suivre les progrès réalisés par chaque pays dans l'intégration du civisme identitaire dans sa gouvernance. En complément, un Mécanisme de coopération technique renforcerait la collaboration entre les banques de développement et les institutions de gouvernance des droits humains, telles que le HCDH, l'OIT et l'UNESCO, afin d'assurer une meilleure articulation entre financement international et politiques nationales.

Toutefois, au-delà des financements institutionnels, le rôle des sociétés civiles et des acteurs non étatiques s'avère déterminant dans la mise en œuvre et la surveillance du processus de contractualisation des droits humains. Contrairement aux structures étatiques et intergouvernementales, ces organisations disposent d'une capacité d'adaptation locale et d'une proximité avec les populations qui leur permettent d'assurer une application pragmatique et contextuelle des réformes. Des ONG spécialisées, telles que Minority Rights Group International, Survival International ou l'International Work Group for Indigenous Affairs, pourraient accompagner l'intégration des juridictions coutumières et traditionnelles dans les cadres normatifs internationaux, tandis que les réseaux de leaders communautaires et religieux joueraient un rôle de médiation entre les institutions internationales et les réalités locales. Des fédérations indigènes, telles que la COICA en Amérique latine, l'IPACC en Afrique ou l'AIPP en Asie, contribueraient activement à la négociation des pactes d'adhésion différenciés, garantissant une représentation équitable des identités culturelles dans le processus de gouvernance. Afin d'assurer une veille institutionnelle efficace, la création d'un Observatoire du Civisme Identitaire et des Droits Humains permettrait de surveiller l'application des pactes d'adhésion modulables et de prévenir les dérives autoritaires. Complété par une plateforme de « reporting » citoyen, cet observatoire offrirait aux populations locales la possibilité de signaler les violations des engagements contractuels des États, favorisant ainsi une transparence accrue et une responsabilisation des gouvernements.

Ainsi, le financement du civisme identitaire ne saurait reposer uniquement sur les institutions internationales ou sur la volonté des États souverains. Son succès dépendrait d'une approche hybride et inclusive, où contributions publiques et privées, banques de développement et acteurs de la société civile collaboreraient pour garantir une mise en œuvre progressive, souple et respectueuse des identités collectives. En structurant une gouvernance équilibrée, ce modèle permettrait de renforcer la légitimité du droit international des droits humains en conciliant exigence d'universalité et reconnaissance des diversités culturelles.

Section 3. Défis et perspectives d'une restructuration du dialogue multilatéral sous le prisme identitaire

L'institutionnalisation du civisme identitaire dans la gouvernance des droits humains, bien qu'ayant pour objectif de concilier universalité et reconnaissance des identités collectives, ne manquera pas de susciter des résistances.

Anticiper les résistances théoriques à un dialogue multilatéral renouvelé face aux revendications identitaires

Trois types d'objections majeures émergent : le risque de relativisme culturel, la crainte d'une fragmentation excessive du droit international et la remise en cause du leadership normatif des puissances occidentales. Ces critiques, bien qu'importantes, ne sont pas insurmontables. Des mécanismes de régulation et d'adaptation peuvent être mis en place pour garantir une transition équilibrée vers un modèle plus inclusif du droit international des droits humains.

La première objection repose sur le danger du relativisme culturel, perçu comme une menace pour l'universalité des droits. Certains États pourraient exploiter le civisme identitaire pour justifier des pratiques contraires aux droits fondamentaux, invoquant des traditions culturelles ou des spécificités nationales pour contourner les normes universelles. Cette crainte est légitime : l'histoire montre que des régimes ont utilisé des arguments identitaires pour légitimer des atteintes aux droits humains, qu'il s'agisse des mariages forcés, des mutilations génitales féminines, de la criminalisation de certaines minorités ou encore de la répression des libertés individuelles sous prétexte d'ordre social. Si une adaptation identitaire du droit international devait permettre de telles dérives, elle constituerait une régression inacceptable et fragiliserait la crédibilité du système juridique mondial. Pour prévenir cet écueil, il est impératif d'instituer un cadre de protection absolu, garantissant que le civisme identitaire ne serve jamais à justifier des violations des droits humains fondamentaux. Ce cadre pourrait être construit autour d'un socle impératif de principes non négociables, reposant sur les normes de *jus cogens*, qui définissent des obligations contraignantes pour tous les États, indépendamment de leur culture ou de leur système politique. Ces principes incluraient l'interdiction absolue de l'esclavage et du travail forcé, la prohibition de la torture et des traitements inhumains, ainsi que la protection des droits des femmes et des minorités. Ces normes, déjà consacrées dans des instruments universels tels que la Déclaration universelle des droits de l'homme, la Convention contre la torture et la Convention sur l'élimination de toutes les formes de discrimination raciale, serviraient de référentiel juridique impératif auquel aucune adaptation identitaire ne saurait déroger. Par ailleurs, un mécanisme de supervision rigoureux doit être mis en place pour évaluer la compatibilité des adaptations identitaires avec ces principes fondamentaux. À cette fin, un Mécanisme d'Examen des Pactes Identitaires (MEPI) pourrait être créé sous l'égide du Conseil des droits de l'homme de l'ONU. Cet organe aurait pour mission d'examiner les engagements différenciés pris par les États en matière d'intégration des identités collectives dans le droit international, d'évaluer la conformité de ces adaptations aux principes impératifs du *jus cogens*. Il devrait également pouvoir solliciter l'avis consultatif des cours régionales des droits humains, afin d'assurer une régulation adaptée aux spécificités régionales. Le MEPI fonctionnerait selon un système de rapport périodique obligatoire, similaire au mécanisme d'Examen Périodique Universel du Conseil des droits de l'homme, permettant un suivi continu des réformes adoptées par les États et garantissant qu'aucune adaptation identitaire ne viole les principes fondamentaux du droit international.

La deuxième critique repose sur le risque d'une fragmentation excessive du droit international, qui pourrait conduire à une balkanisation des normes. L'introduction de régimes différenciés fondés sur les identités collectives pourrait entraîner une mosaïque de cadres juridiques incompatibles, affaiblissant la cohérence du droit international et rendant plus difficile son application uniforme. Cette diversité normative pourrait également compliquer les négociations diplomatiques, limiter l'efficacité des mécanismes de sanction et générer des conflits d'interprétation entre États ayant adopté des régulations divergentes. Pour éviter cette dérive, le civisme identitaire ne doit pas être conçu comme une rupture avec le droit international, mais comme une adaptation progressive et encadrée. Cela suppose l'instauration d'un socle commun obligatoire, garantissant une homogénéité minimale des standards internationaux. À l'image du concept de *jus cogens*, ce socle imposerait des normes fondamentales auxquelles aucun État ne pourrait déroger. En complément, un mécanisme de convergence juridique devrait être instauré, inspiré des processus d'harmonisation du droit européen. Ce mécanisme permettrait aux États d'intégrer des spécificités identitaires tout en maintenant une compatibilité avec le cadre normatif international. Il reposerait d'une part sur un processus d'alignement progressif, selon lequel les États pourraient adapter leurs cadres juridiques sous supervision internationale. Ensuite, il supposerait la mise en place d'indicateurs de compatibilité juridique, évalués par un organe mixte ONU-Organisations régionales, chargé de mesurer le degré d'intégration des normes différenciées dans l'architecture du droit international. Il s'agirait en fin de proposer un accompagnement technique et diplomatique, sous la forme d'un programme de mise en conformité, financé par les Nations unies et appuyé par des organismes spécialisés tels que la Commission du droit international et les juridictions régionales. Ce dispositif garantirait certainement que la flexibilité introduite par le civisme identitaire ne fragilise pas l'architecture du droit international, mais contribue plutôt à son évolution maîtrisée et cohérente.

Enfin, la troisième résistance majeure provient des puissances occidentales, historiquement à l'avant-garde de la définition des standards internationaux en matière de droits humains. Depuis la fin de la Seconde Guerre mondiale, l'universalisme juridique a été largement façonné par les institutions occidentales, telles que l'ONU, l'Union européenne ou la Cour européenne des droits de l'homme. L'émergence du civisme identitaire, en introduisant une reconfiguration des équilibres normatifs, pourrait être perçue par ces acteurs comme une remise en cause de leur influence et de leur capacité à imposer leurs standards juridiques au niveau mondial. Pour éviter une opposition frontale de ces puissances, elles doivent être intégrées dès le départ dans la mise en œuvre du civisme identitaire. Une participation active des États occidentaux aux mécanismes de négociation et de supervision permettrait d'éviter une polarisation du débat et d'assurer une continuité dans la gouvernance des droits humains. Cette intégration pourrait passer soit par une participation conjointe des organisations occidentales (OCDE, G7, Union européenne) au financement et à l'encadrement des nouvelles initiatives de contractualisation identitaire. Sinon elle pourrait faire l'objet d'un dialogue renforcé avec les grandes ONG internationales, telles qu'Amnesty International et Human Rights Watch, afin d'assurer un équilibre entre reconnaissance des diversités culturelles et préservation des droits fondamentaux. Aussi, elle pourrait être envisagé à travers la création d'un Fonds spécial ONU-G7 pour l'adaptation des droits humains, destiné à accompagner les États dans la transition vers un modèle plus inclusif, tout en garantissant un suivi rigoureux des évolutions juridiques.

Loin de constituer une menace pour l'universalité des droits humains, l'institutionnalisation du civisme identitaire peut être encadrée de manière rigoureuse, afin d'éviter les dérives du relativisme, de prévenir une fragmentation excessive et d'intégrer pleinement les puissances occidentales dans la transition. En conciliant flexibilité et respect des normes fondamentales, cette approche propose une évolution maîtrisée du droit international, garantissant à la fois l'unité des principes et la reconnaissance des identités collectives.

Une diplomatie des droits de l'homme repensée à la lumière des fractures identitaires

L'institutionnalisation du civisme identitaire ne saurait se limiter à une refonte institutionnelle ; elle implique une transformation profonde des dynamiques diplomatiques et des mécanismes de gouvernance internationale. Historiquement, la question des droits humains s'est inscrite dans un cadre multilatéral dominé par une hégémonie normative occidentale, portée par des institutions comme l'ONU, l'Union européenne, l'OCDE ou encore l'OMC. Cette architecture, longtemps perçue comme garante de l'universalité des droits, est aujourd'hui contestée par l'émergence de nouvelles puissances et le renforcement d'organisations régionales, qui revendiquent une approche plus contextualisée et respectueuse des spécificités culturelles.

Dans un monde multipolaire où des acteurs comme la Chine, la Russie, l'Inde, les puissances du Sud global et plusieurs organisations régionales (Union africaine, ASEAN, Ligue arabe, etc.) remettent en cause la centralité du paradigme occidental, la diplomatie des droits humains ne peut plus fonctionner comme un outil d'imposition normative. Elle doit évoluer vers un espace de négociation et de co-construction, dépassant l'opposition traditionnelle entre universalistes et souverainistes. Il ne s'agit plus d'imposer un modèle unique, ni de céder à un relativisme paralysant, mais de concevoir une diplomatie des droits humains capable d'articuler exigences globales et dynamiques locales.

Trois défis majeurs illustrent l'urgence d'une réforme du multilatéralisme en matière de droits humains. Le premier concerne l'inefficacité du cadre onusien actuel, régulièrement critiqué pour son incapacité à imposer des sanctions crédibles aux États violant les principes fondamentaux. La situation des Ouïghours en Chine ou la répression des droits des femmes en Arabie saoudite illustrent les limites d'un système où les intérêts géopolitiques l'emportent souvent sur la protection effective des populations. Le deuxième défi réside dans le rejet croissant des ingérences occidentales par de nombreux États du Sud, qui dénoncent une instrumentalisation des droits humains à des fins de domination géopolitique. L'usage asymétrique des sanctions et des interventions internationales alimente un sentiment de défiance et renforce l'idée d'une application biaisée des principes humanitaires. Enfin, le troisième défi concerne l'absence de dialogue entre traditions juridiques, qui constitue un obstacle majeur à l'acceptation des normes internationales. En marginalisant les systèmes coutumiers et religieux au profit d'une approche exclusivement positiviste du droit, le cadre actuel génère des tensions, opposant modernité juridique et identité culturelle sans offrir de solutions adaptées aux sociétés concernées.

Face à ces impasses, trois initiatives diplomatiques pourraient structurer une nouvelle gouvernance des droits humains, centrée sur la reconnaissance des identités et l'institutionnalisation du dialogue interculturel.

La première initiative consiste à instaurer des sommets interculturels sur les droits humains, conçus comme des plateformes de négociation réunissant États, organisations internationales, sociétés civiles et institutions religieuses. À l'image des Conférences des Parties sur le climat, qui rassemblent une diversité d'acteurs autour d'objectifs progressifs, ces sommets offriraient un cadre où les évolutions du droit international pourraient être discutées sous l'angle du civisme identitaire. Loin de simples forums de consultation, ils viseraient à élaborer des compromis normatifs permettant une conciliation entre l'approche universaliste et les revendications identitaires. Ces sommets, organisés sous l'égide des Nations unies et des organisations régionales comme l'Union africaine, l'ASEAN, l'Organisation des États américains et la Ligue arabe, se concentreraient sur des enjeux concrets. Parmi ces enjeux, on retrouve notamment l'articulation entre droits des femmes et traditions culturelles, la reconnaissance juridique des minorités religieuses et linguistiques ou encore l'intégration des systèmes juridiques locaux dans le cadre du droit international. En mobilisant des acteurs variés – États, ONG internationales, institutions religieuses, universitaires et think tanks spécialisés –, ces rencontres diplomatiques favoriseraient une diplomatie collaborative capable d'apporter des solutions adaptées aux réalités du XXIe siècle.

La deuxième initiative repose sur le développement de réseaux transnationaux de justice communautaire, établissant une passerelle entre le droit international et les traditions locales. Trop souvent perçues comme archaïques et incompatibles avec les principes modernes des droits humains, les juridictions coutumières et indigènes jouent pourtant un rôle essentiel dans la résolution des conflits et bénéficient d'une forte légitimité au sein des populations concernées. Plutôt que de les marginaliser, il conviendrait de les intégrer dans un cadre normatif global, favorisant une convergence progressive entre justice locale et normes internationales. À cette fin, la création d'un Réseau mondial des juridictions communautaires permettrait de structurer un dialogue entre les tribunaux traditionnels et les grandes instances internationales, sous la supervision de la Cour internationale de justice et des cours régionales des droits humains. Ce réseau aurait pour mission de faciliter l'harmonisation progressive des pratiques judiciaires locales avec les standards internationaux, mais également offrir un cadre de formation et de certification des juges communautaires, garantissant un équilibre entre respect des traditions et conformité aux principes fondamentaux. Il pourrait encore mettre en place des instances de médiation interculturelle, permettant d'éviter les conflits de légitimité entre justice locale et droit international. Dans certaines régions, comme l'Afrique australe ou l'Amérique latine, des juridictions coutumières existent déjà sous une forme institutionnalisée, à l'image des tribunaux indigènes en Équateur et en Bolivie. En renforçant leur reconnaissance et leur intégration dans le système juridique mondial, cette initiative permettrait d'assurer une meilleure articulation entre justice locale et normes internationales, tout en préservant les identités juridiques locales.

Enfin, la troisième réforme envisagée concerne le droit d'ingérence humanitaire, qui doit être repensé pour éviter les dérives interventionnistes et les asymétries d'application. Depuis les interventions en Irak et en Libye, ce principe est de plus en plus perçu comme un instrument de domination géopolitique, utilisé de manière sélective par les puissances occidentales pour justifier des actions militaires aux motivations ambiguës. Pour restaurer sa légitimité, il conviendrait de substituer à une ingérence coercitive un modèle fondé sur la médiation interculturelle, privilégiant la négociation à la contrainte. À cet effet, la création d'un Corps diplomatique identitaire pourrait constituer un levier efficace. Composé de médiateurs spécialisés dans la gestion des crises identitaires, ce corps agirait comme un organe d'intermédiation avant toute intervention militaire ou sanction internationale. Son rôle serait d'une part de faciliter le dialogue entre les parties en conflit, en proposant des solutions adaptées aux réalités locales. Il permettrait ensuite d'éviter l'imposition brutale de modèles exogènes, en s'appuyant sur des experts culturels et juridiques. Aussi, il aurait pour mandat de mettre en place des missions de conciliation, permettant d'anticiper les tensions avant qu'elles ne dégénèrent en crises humanitaires nécessitant une intervention armée.

Loin de constituer une remise en cause de l'universalité des droits humains, cette réforme du multilatéralisme vise à en garantir la pérennité en l'adaptant aux réalités d'un monde en mutation. En intégrant pleinement les dimensions identitaires et culturelles dans la gouvernance internationale, le civisme identitaire offre une alternative aux tensions actuelles, où rigidité normative et instrumentalisation politique affaiblissent la crédibilité du droit international. À l'heure où le multilatéralisme est fragilisé par la montée des dynamiques souverainistes et le recul du dialogue interétatique, cette approche propose une voie médiane, conciliant l'exigence de protection des droits fondamentaux et la reconnaissance des diversités civilisationnelles. Plus qu'un choix idéologique, cette transformation apparaît comme une nécessité stratégique, conditionnant la capacité du droit international à s'adapter aux réalités géopolitiques du XXIe siècle.

En intégrant la reconnaissance des identités collectives dans la gouvernance mondiale des droits humains, le civisme identitaire ouvre une nouvelle voie. Il ne s'agit ni d'un multiculturalisme ancré dans l'État-nation, ni d'un postcolonialisme opposé aux institutions, ni d'une simple gouvernance participative. Il se présente comme un modèle hybride, combinant l'universalité et la diversité, et cherchant à accorder une place juste aux identités collectives dans l'évolution du droit international. Ce concept pourrait s'avérer crucial pour une refonte du multilatéralisme, en aidant les institutions internationales à mieux représenter la richesse et la pluralité des sociétés du XXIe siècle.

Section 4. La gouvernance mondiale au XXIe siècle : la recherche d'un nouvel équilibre entre droit international, souveraineté et identités

A l'heure actuelle, on peut imaginer que trois trajectoires se dessinent pour l'avenir des droits humains : celle d'un universalisme renouvelé, fondé sur une gouvernance plus inclusive et adaptative, celle d'un multilatéralisme fragmenté, où les normes se redéfinissent à l'échelle régionale, et enfin, celle d'un effondrement du consensus international, marqué par un retour aux souverainetés étatiques et à une approche nationale des droits.

Premier scénario : Un universalisme supposément renouvelé par l'inclusion complète des identités plurielles

Ce premier scénario postule la possibilité d'une refonte profonde du droit international des droits humains, visant à intégrer pleinement la diversité des identités sans sacrifier l'unité des principes fondamentaux. Il s'agirait d'un universalisme recomposé, non plus conçu comme une abstraction normative imposée d'en haut, mais comme un cadre évolutif, construit sur le dialogue entre cultures, traditions juridiques et revendications identitaires.

Concrètement, cela supposerait une transformation structurelle des institutions multilatérales. Le Conseil des droits de l'homme de l'ONU, aujourd'hui en proie à une crise de crédibilité, serait réformé en profondeur pour garantir une représentativité plus équilibrée des juridictions régionales et exclure les États systématiquement violateurs des principes fondamentaux. À cela s'ajouterait l'émergence d'un droit international hybride, intégrant à la fois les normes issues des traditions occidentales des Lumières et celles puisées dans les systèmes juridiques islamiques, confucéens, indigènes ou communautaires. Une nouvelle Charte mondiale des identités et des droits collectifs pourrait être adoptée, consacrant juridiquement le principe de la pluralité normative tout en inscrivant des garanties contre les dérives relativistes.

D'un point de vue juridictionnel, les juridictions internationales seraient invitées à recourir plus systématiquement à des commissions d'experts en anthropologie juridique, en philosophie politique et en traditions locales pour assurer une interprétation dynamique des droits. Ainsi, la Cour pénale internationale, plutôt que d'appliquer un cadre strictement positiviste et uniformisant, intégrerait davantage les conceptions autochtones de la justice réparatrice et les formes locales de médiation, à l'image des tribunaux Gacaca du Rwanda après le génocide des Tutsis.

Toutefois, ce scénario repose sur un postulat fragile : celui d'une coopération accrue entre États, ONG, institutions et acteurs non étatiques dans un monde où les rapports de force évoluent vers une fragmentation accrue. L'élection de Donald Trump à un second mandat en 2025 a déjà marqué un coup d'arrêt brutal aux tentatives de renforcement multilatéral des droits humains. Les États-Unis, retirés de nouveau du Conseil des droits de l'homme et opposés à toute ingérence supranationale, refusent de reconnaître l'autorité de la CPI, ce qui affaiblit considérablement la portée d'un tel projet. Parallèlement, la montée en puissance des puissances du Sud global, notamment des BRICS+, tend à privilégier un multilatéralisme plus pragmatique, centré sur les relations bilatérales et l'affirmation des souverainetés nationales.

Dès lors, cet universalisme renouvelé demeure une perspective théoriquement séduisante, mais politiquement incertaine. Il supposerait un changement de paradigme dans la gouvernance mondiale, où l'inclusion des identités ne serait plus perçue comme une menace à la cohérence normative, mais comme une condition de légitimité du droit. Or, dans un monde où la conflictualité géopolitique s'accroît, un tel consensus apparaît aujourd'hui difficilement atteignable.

Deuxième scénario : Un multilatéralisme fragmenté par l'essor des systèmes régionaux concurrents

Dans ce deuxième scénario, la gouvernance des droits humains ne s'effondre pas, mais se morcelle en blocs régionaux aux visions concurrentes. Loin d'être un projet harmonisé d'universalisme inclusif, le droit international devient une mosaïque de systèmes normatifs autonomes, reflétant les aspirations civilisationnelles propres à chaque sphère d'influence.

Déjà perceptible dans la montée en puissance des juridictions régionales, cette tendance s'accélère avec l'affaiblissement des institutions multilatérales traditionnelles. La Cour européenne des droits de l'homme (CEDH) poursuit son approfondissement, intégrant de nouvelles protections sur les enjeux climatiques, numériques et migratoires, tout en affirmant sa primauté sur les juridictions nationales, malgré les résistances de certains États membres. En Amérique latine, le modèle du nouveau constitutionnalisme, qui fait des droits de la nature et des peuples autochtones un fondement central du droit, s'étend sous l'impulsion d'une intégration renforcée entre la Cour interaméricaine des droits de l'homme et les tribunaux nationaux.

Mais c'est surtout en Afrique et en Asie que cette dynamique se complexifie. En Afrique, le renforcement de la Cour africaine des droits de l'homme et des peuples s'accompagne d'une redéfinition des droits fondamentaux à l'aune des impératifs économiques et sociaux. L'accent est mis sur la justice distributive et l'équilibre entre libertés individuelles et stabilité collective, avec un rejet croissant des standards occidentaux perçus comme inadaptés aux réalités locales. En Asie, la montée en puissance de la Chine et son influence sur les structures régionales, notamment via l'Organisation de coopération de Shanghai, entraîne l'affirmation d'un modèle où la primauté de l'ordre et du développement prévaut sur les libertés politiques.

Ce scénario ne signifie pas nécessairement un rejet des droits humains, mais plutôt une fragmentation de leur interprétation. L'idée d'un référentiel commun subsiste, mais son application devient profondément différenciée. L'absence de coordination entre ces blocs renforce néanmoins le risque d'un éclatement juridique, où chaque région impose sa propre lecture des principes fondamentaux. Certains États autocratiques pourraient instrumentaliser cette divergence normative pour justifier des restrictions aux libertés civiles, à l'image de la Russie invoquant les « valeurs traditionnelles » pour limiter les droits des minorités ou de la Chine imposant son modèle de surveillance numérique comme une nouvelle norme légitime de gouvernance.

La question centrale demeure alors : peut-on encore parler de droit international des droits humains si ses applications varient de manière radicale selon les espaces régionaux ? Ce multilatéralisme fragmenté offrirait une flexibilité normative appréciable, mais au prix d'une érosion progressive du socle commun qui avait permis, au XXe siècle, l'émergence d'un cadre juridique universellement reconnu.

Troisième scénario : L'effondrement du consensus international par un retour aux souverainetés étatiques

Ce troisième scénario, sans doute le plus inquiétant, postule un effondrement progressif du consensus international sur les droits humains, remplacé par une logique de souveraineté absolue où chaque État redéfinit unilatéralement ses propres normes en fonction de ses intérêts politiques. Dans cette perspective, le droit international, loin d'être un référentiel contraignant, devient un simple instrument de légitimation des rapports de force, utilisé à la discrétion des États pour justifier leurs choix stratégiques ou asseoir leur domination sur la scène mondiale.

Ce basculement est déjà à l'œuvre, porté par une recomposition du pouvoir global où la souveraineté redevient le principe structurant des relations internationales. Depuis son retour à la Maison Blanche en 2025, l'administration Trump II a entrepris un démantèlement systématique des engagements multilatéraux des États-Unis, dénonçant les traités climatiques, les conventions commerciales et les accords sur les droits humains comme autant d'entraves à l'autonomie nationale. Dans une logique de repli hégémonique, ce fameux « America first », Washington a réduit son financement des agences onusiennes, s'est désengagé de la Cour pénale internationale et a contesté la légitimité des décisions de la Cour internationale de justice lorsque celles-ci allaient à l'encontre de ses intérêts économiques et militaires.

Parallèlement, la montée des régimes illibéraux en Europe de l'Est, la consolidation du modèle chinois de gouvernance autoritaire et l'essor des populismes en Amérique latine et en Afrique signalent un rejet croissant des normes internationales perçues comme des instruments de domination occidentale. La Russie, s'appuyant sur la rhétorique du « monde multipolaire », conteste toute ingérence juridique extérieure dans ses affaires intérieures, allant jusqu'à criminaliser la coopération avec les institutions internationales. La Chine, quant à elle, promeut un multilatéralisme pragmatique centré sur les intérêts économiques et sécuritaires, où la question des droits fondamentaux est systématiquement reléguée au second plan au nom du respect des « spécificités culturelles » et du principe de non-ingérence.

Dans ce contexte, la justice internationale devient une coquille vide. La Cour pénale internationale, déjà fragilisée par le retrait de plusieurs grandes puissances, voit son autorité remise en cause par des États qui refusent d'extrader leurs ressortissants ou qui ignorent purement et simplement ses mandats d'arrêt, comme en témoigne la résistance de Moscou face aux tentatives de poursuites liées aux crimes de guerre en Ukraine. Les Nations Unies, paralysées par l'usage systématique du veto au Conseil de sécurité, se révèlent incapables d'imposer la moindre résolution contraignante sur les violations des droits humains, y compris dans des cas de conflits ouverts où les exactions sont massives.

L'érosion des normes internationales s'accompagne d'une prolifération de « zones grises » du droit, où la souveraineté absolue des États est invoquée pour justifier des pratiques qui, en d'autres temps, auraient suscité une condamnation unanime. Les dictatures s'arment juridiquement contre toute critique extérieure, criminalisant la dissidence sous couvert de lutte contre le terrorisme ou de défense des valeurs nationales. La Birmanie, par exemple, continue de persécuter les Rohingyas sans qu'aucune sanction efficace ne soit appliquée, tandis que l'Arabie saoudite, après avoir survécu aux critiques liées à l'assassinat de Jamal Khashoggi, poursuit sans entrave ses pratiques répressives sous couvert de stabilité régionale.

Les sanctions internationales elles-mêmes perdent de leur impact face à la montée d'alliances souverainistes alternatives. Le BRICS+, élargi à de nouveaux membres en 2026, développe une architecture financière parallèle qui permet aux États sous sanctions occidentales de maintenir des échanges commerciaux indépendants du dollar. L'Organisation de coopération de Shanghai, intégrant désormais des pays d'Afrique et du Moyen-Orient, crée un forum stratégique où les normes occidentales en matière de gouvernance et de libertés publiques ne sont plus la référence. Ce contournement des instruments de pression traditionnels contribue à rendre inefficaces les dispositifs de rétorsion autrefois centraux dans la diplomatie des droits humains.

Les populations les plus vulnérables sont les premières victimes de cette dynamique. Les réfugiés, autrefois protégés par un cadre international contraignant, deviennent des variables d'ajustement des politiques souverainistes : les accords de réinstallation sont dénoncés, les conventions sur le droit d'asile sont contournées, et les États renforcent leurs frontières sans plus craindre d'être condamnés pour non-respect de leurs obligations internationales. L'Union européenne, sous la pression des gouvernements populistes, adopte une approche de plus en plus restrictive, externalisant la gestion des flux migratoires vers des

États tiers comme la Turquie ou la Tunisie, où les droits fondamentaux des migrants sont ouvertement bafoués.

Dans cette configuration, le droit international se délite, non par une rupture brutale, mais par une érosion progressive de son autorité et de son effectivité. Il ne disparaît pas en tant que structure, mais il se mue en un champ de confrontation idéologique où les États ne reconnaissent plus que les normes qui servent leurs intérêts immédiats. L'ordre westphalien, dont on croyait avoir dépassé les limites à travers l'essor du multilatéralisme, revient dans sa forme la plus exacerbée : un monde où les puissances négocient directement entre elles sans médiation normative, où la loi du plus fort redevient la seule règle effective. Ce basculement marque l'entrée dans une ère où l'exception devient la règle, où l'État reprend la main sur la normativité juridique sans contrainte extérieure, transformant la souveraineté en un droit absolu d'autodétermination sans obligation de réciprocité. Dans un tel système, les tentatives de coopération internationale ne sont plus fondées sur des principes partagés, mais sur des rapports de force, conduisant à une instabilité chronique où les normes fluctuent au gré des alliances et des conflits.

L'ultime paradoxe de ce scénario est qu'en voulant réaffirmer leur autonomie, les États finissent par créer un monde où plus aucune norme commune ne peut garantir leur sécurité. Sans règles partagées, les accords bilatéraux deviennent précaires, les engagements ne sont plus contraignants, et le moindre différend diplomatique peut dégénérer en crise ouverte, faute de cadre de résolution reconnu par tous. La souveraineté absolue, en se refermant sur elle-même, ne produit pas l'ordre, mais le chaos. Ainsi, ce dernier scénario signe non seulement la fin du droit international tel que nous l'avons connu, mais plus encore, la fin d'un monde où la loi pouvait encore tempérer la force. Loin d'être un simple retour au passé, il marque l'avènement d'une normativité de puissance, où la régulation cède définitivement la place à la confrontation, et où le droit, vidé de son essence universelle, devient l'ombre portée de la volonté des États les plus forts.

La place des identités dans chaque scénario : une reconfiguration du rapport entre le droit, l'État et le sujet collectif

L'identité, entendue à la fois comme appartenance et comme reconnaissance, se trouve au cœur des tensions qui traversent l'évolution du droit international et des structures de gouvernance mondiale. Chaque scénario que nous avons exploré engage une conception distincte de l'identité : tantôt reconnue et intégrée comme fondement d'un nouvel universalisme, tantôt fractionnée et instrumentalisée dans un multilatéralisme différencié, tantôt réprimée ou exacerbée dans un monde où la souveraineté étatique absorbe toute prétention universaliste. Ainsi, la trajectoire de l'ordre international au XXIe siècle ne se limite pas à une recomposition institutionnelle, mais engage une véritable bataille ontologique sur le statut de l'identité en tant que principe structurant du politique.

Dans le premier scénario (« *Un universalisme recomposé* »), l'identité devient un vecteur de légitimation du droit international. L'identité cesse alors d'être un facteur de fragmentation pour devenir un principe d'organisation du droit international. Loin d'être un obstacle à l'universalité, elle en devient la condition de possibilité. Ce renversement paradigmatique repose sur l'idée que l'universalisme ne peut plus être prescriptif, mais doit être construit à partir d'un dialogue permanent entre les identités collectives. Loin d'être univoque, l'universalité devient polyphonique. Dans cette reconfiguration, l'identité acquiert une place institutionnelle au sein des mécanismes de gouvernance mondiale. Les peuples autochtones, les minorités transnationales et les diasporas ne sont plus des objets de droit, mais des sujets normatifs à part entière. Ils participent à la co-construction des normes internationales, réintroduisant une diversité interprétative qui rompt avec l'universalisme abstrait hérité des Lumières européennes. Cette transformation s'incarne dans la reconnaissance accrue des droits collectifs, qui ne sont plus perçus comme des concessions périphériques aux droits individuels, mais comme des éléments constitutifs d'une nouvelle architecture normative. Toutefois, ce modèle repose sur une dialectique fragile : comment articuler la reconnaissance des identités multiples sans sombrer dans un relativisme où chaque communauté se refermerait sur sa propre logique normative ? Cette tension est d'autant plus marquée que la reconnaissance identitaire suppose une institutionnalisation, donc une régulation qui peut entrer en contradiction avec l'essence même de certaines identités mouvantes ou fluides (les identités diasporiques, les revendications postnationales, les appartenances multiples). Ainsi, dans ce scénario, l'identité devient une force centripète : elle recentre l'universalisme sur les expériences vécues et le réinscrit dans le tissu des subjectivités collectives. Mais cette intégration suppose un dialogue institutionnalisé, ce qui implique le risque que l'identité soit, paradoxalement, réifiée par l'appareil juridique qui prétend la protéger.

Dans le deuxième modèle (« *Un multilatéralisme fragmenté* »), l'identité devient un moteur de différenciation normative. Elle incarne un nouveau principe organisateur du droit, mais au prix d'une fragmentation normative. Chaque espace civilisationnel se dote de son propre cadre de référence, érigeant ses conceptions identitaires en fondements du droit applicable sur son territoire. La reconnaissance identitaire ne se fait plus dans un cadre universel partagé, mais dans une logique régionale où chaque bloc géopolitique tend à articuler ses propres valeurs au sein d'un référentiel normatif distinct. Ainsi, l'Europe maintient une approche individualiste et libérale des droits, renforçant les garanties offertes par la Cour européenne des droits de l'homme. L'Amérique latine, sous l'influence de son nouveau constitutionnalisme, fait de l'identité indigène et des droits de la nature des piliers de son ordre juridique. L'Afrique tend à articuler les droits humains avec les impératifs de développement et de stabilité, intégrant l'identité collective comme un facteur structurant des équilibres sociaux. En Asie, la logique confucéenne et communautaire privilégie une conception des droits qui articule ordre social et identité nationale, dans une approche où l'individu n'existe pas hors de son inscription dans une collectivité. Dans cette dynamique, l'identité n'est plus un facteur d'intégration universelle, mais un moteur de différenciation. Elle devient le marqueur qui délimite les sphères normatives, consacrant une forme de relativisme juridique où la pluralité des systèmes ne permet plus de garantir une lisibilité commune des droits fondamentaux. Ce modèle contient une ambiguïté profonde : d'un côté, il semble répondre à la nécessité d'adapter les normes aux contextes culturels et historiques spécifiques ; de l'autre, il entérine un processus de régionalisation où les droits ne sont plus pensés en termes d'universalité, mais en termes de compatibilité avec les traditions locales. Cette fragmentation normative ouvre la voie à des formes de manipulation politique : certains régimes pourraient invoquer cette différenciation pour justifier des restrictions aux libertés fondamentales, sous prétexte d'adapter les droits aux « valeurs traditionnelles » (comme la Russie avec la répression des minorités de genre, ou la Chine avec la surveillance numérique au nom de la cohésion sociale). L'identité, ici, deviendrait alors une force centrifuge : elle fragmente le droit international, le fait éclater en sphères d'influence concurrentes et en référentiels civilisationnels qui ne se reconnaissent plus dans une normativité commune.

Dans le dernier scénario (« *L'effondrement du consensus international* »), l'identité devient un principe d'exclusion et d'autosuffisance étatique : elle cesse d'être un principe de dialogue ou de différenciation normative pour devenir un instrument de fermeture. Chaque État, reprenant la main sur sa souveraineté normative, définit son propre cadre identitaire comme unique source de légitimité du droit. L'identité devient alors un outil d'exclusion, servant à justifier la dissolution des engagements internationaux et la primauté absolue des préférences nationales sur toute contrainte externe. Ce modèle repose sur une essentialisation de l'identité : loin d'être un processus fluide et évolutif, elle est réifiée dans un récit national qui sert de fondement à une souveraineté autoréférentielle. L'administration Trump II, dès son retour en 2025, a redéfini les États-Unis comme une nation enracinée dans une identité chrétienne et occidentale, rejetant toute prétention universaliste comme une ingérence idéologique. L'Europe, sous la pression de mouvements populistes, voit certains États remettre en question la primauté du droit communautaire au nom d'une identité nationale menacée (comme la Pologne et la Hongrie contestant les décisions de la CEDH sur les droits des minorités). En Asie, la Chine poursuit sa politique de sinisation des populations ouïghoures et tibétaines, inscrivant l'identité han comme le socle indiscutable du projet national. Dans ce cadre, l'identité devient une arme : elle ne structure plus un dialogue ou une différenciation, mais un processus d'exclusion et de justification d'une fermeture du droit. Ce retour à une logique westphalienne ne signifie pas seulement un rejet du multilatéralisme, mais un rétrécissement du cadre des appartenances légitimes. Les minorités ethniques, linguistiques et religieuses sont les premières à en faire les frais, car leur existence même devient incompatible avec une souveraineté qui ne se pense plus qu'en termes de pureté et d'homogénéité. Ainsi, l'identité, dans ce scénario, devient une force d'éradication : elle ne sert plus à structurer le droit, mais à le dissoudre dans un nationalisme exacerbé, où tout ce qui échappe à la norme majoritaire devient une menace à éliminer.

À travers ces trois scénarios, l'identité apparaît comme un enjeu fondamental du XXIe siècle. Elle incarne un véritable champ de bataille normatif, non seulement en tant que revendication politique, mais comme un prisme à travers lequel se redéfinissent les rapports entre l'individu, l'État et la communauté mondiale. Tantôt intégrée comme principe de légitimation, tantôt instrumentalisée pour fragmenter la normativité, tantôt utilisée pour justifier un repli souverainiste, elle se trouve au cœur des conflits qui détermineront l'avenir du droit international. L'identité est ainsi moins un objet du droit qu'un espace de champ de bataille sur lequel se joue la recomposition de l'ordre international. La question n'est alors plus seulement celle du maintien d'un cadre universel, mais de sa capacité à s'adapter aux évolutions du monde contemporain sans perdre son essence.

CONCLUSION

La gouvernance mondiale des droits humains n'a jamais été une structure figée, un édifice rigide dont les fondations auraient été définitivement coulées dans le marbre d'une vérité absolue. Elle se déploie plutôt comme une œuvre en perpétuelle recomposition, une partition inachevée où chaque époque, chaque société, chaque culture vient ajouter sa propre modulation. Loin d'être un simple affrontement entre un universalisme normatif et des résistances identitaires irréductibles, le débat contemporain révèle l'émergence d'une dynamique plus subtile, où la reconnaissance des singularités devient non plus une entrave, mais un élément structurant du multilatéralisme. Le défi pour le XXIe siècle est donc double : il s'agit de préserver une gouvernance mondiale cohérente tout en acceptant que l'universalité ne soit plus une norme figée, mais un espace de négociation où chaque voix trouve sa place.

Vers une refonte des cadres de légitimité du droit international

Le XXIe siècle s'ouvre sur une crise des fondements : ni l'universalisme juridique hérité de la modernité, ni le souverainisme rigide qui s'y oppose ne parviennent à contenir les tensions d'un monde où la question identitaire s'est imposée comme l'axe structurant du politique. L'identité, jadis reléguée à la périphérie du droit comme une donnée contingente à dépasser au nom de principes abstraits, redevient aujourd'hui un vecteur d'organisation du réel. Face aux fractures qui s'accentuent – entre États et institutions internationales, entre cultures juridiques hétérogènes, entre souveraineté et cosmopolitisme –, une alternative doit émerger : celle d'un civisme identitaire, conçu non comme une simple réhabilitation des appartenances collectives, mais comme un principe structurant de la gouvernance mondiale.

L'histoire du droit international montre combien la tension entre universalisme et particularisme a façonné l'évolution des droits de l'homme. Depuis les premières formulations philosophiques des Lumières jusqu'aux grandes conventions internationales, chaque avancée a résulté d'un tissage complexe entre principes théoriques et réalités historiques. Après la Déclaration universelle des droits de l'homme, qui a fixé un cadre normatif de référence, l'application effective de ces principes a rencontré une mosaïque de résistances culturelles, de traditions juridiques spécifiques, d'interprétations concurrentes qui ont contraint la gouvernance internationale à composer avec les contingences du monde réel. Ce processus, loin d'être un simple obstacle, a permis d'enrichir le cadre normatif, de l'adapter aux mutations contemporaines et d'éviter qu'il ne se fossilise dans une abstraction déconnectée des sociétés qu'il prétend régir. Il en résulte une polyphonie juridique où chaque acteur – États, juridictions, ONG, minorités – tente d'imprimer sa propre lecture des textes fondamentaux, suscitant parfois tensions et paralysies, mais ouvrant aussi des voies nouvelles à l'évolution du droit.

Dans cette dynamique, le civisme identitaire ne saurait être interprété comme un refus du cadre international, mais plutôt comme une aspiration à une reconnaissance équitable des appartenances culturelles et historiques dans la gouvernance mondiale. Il s'exprime aussi bien à travers la protection des droits collectifs des peuples autochtones que dans les revendications liées à la souveraineté numérique, la préservation des cultures locales face à la mondialisation, ou encore l'évolution du droit pénal international vers une meilleure prise en compte des contextes socioculturels. Loin d'être une menace pour le multilatéralisme, ces revendications soulignent au contraire la nécessité d'une flexibilité normative, non pas comme un affaiblissement des principes fondamentaux, mais comme leur condition d'adaptation dans un monde où les identités ne sont ni figées ni opposées, mais en constante interaction.

Le civisme identitaire postule que l'identité ne saurait être reléguée à un simple particularisme, mais qu'elle constitue l'un des fondements légitimes de la normativité politique. Toutefois, à la différence du nationalisme exclusiviste qui fige l'identité en un dogme, le civisme identitaire l'inscrit dans un processus relationnel : il ne s'agit pas de défendre l'identité contre l'universel, mais d'articuler un universel qui se construit à travers le dialogue des identités. Dès lors, l'enjeu n'est plus de choisir entre une universalité prescriptive qui impose ses normes d'en haut et une fragmentation relativiste où chaque société s'enfermerait dans ses propres référents, mais d'instituer un espace de négociation interculturelle, où l'identité devient un point de départ du droit, et non son obstacle.

Jusqu'à présent, la gouvernance mondiale a fonctionné sur une illusion : celle d'un droit international conçu comme un langage neutre, universel par essence, indépendant des rapports de force culturels et historiques. Mais ce postulat ne résiste plus à l'épreuve du réel. Derrière la façade d'universalité, ce sont toujours les mêmes centres de pouvoir qui ont défini les normes, reléguant les autres traditions juridiques et conceptions du monde à un statut de périphérie tolérée. L'échec d'un tel modèle est manifeste : contesté par les États du Sud global, détourné par les régimes autoritaires, vidé de sa substance par les conflits d'interprétation, le droit international est en voie de perdre sa capacité fédératrice.

Dès lors, la seule voie pour restaurer sa légitimité repose sur une institutionnalisation du dialogue interculturel, non comme un simple ajustement périphérique, mais comme une refonte des mécanismes mêmes de production normative. Il ne s'agit pas d'ajouter quelques voix supplémentaires au concert des grandes puissances, mais de penser un droit réellement polycentrique, où chaque tradition juridique aurait une capacité effective de codétermination des normes.

Un tel modèle suppose la mise en place d'institutions nouvelles : un Conseil des civilisations et des traditions juridiques au sein des Nations Unies, où siègeraient non seulement des représentants étatiques, mais aussi des philosophes, des juristes, des anthropologues, capables d'articuler des visions du droit enracinées dans des systèmes de pensée distincts ; une refonte des juridictions internationales, intégrant explicitement des mécanismes de médiation interculturelle, où les conflits normatifs seraient arbitrés non par un principe d'uniformisation, mais par une logique de traduction entre systèmes juridiques ; la reconnaissance d'une double normativité, où les droits individuels et les droits collectifs seraient articulés non comme des opposés, mais comme deux dimensions d'une même exigence de justice.

Il ne s'agit pas de consacrer un relativisme absolu qui légitimerait toutes les pratiques sous prétexte d'identité, mais d'articuler l'universel et le particulier dans un rapport dialectique, où les principes fondamentaux ne sont pas imposés, mais construits par une négociation permanente entre les visions du monde. Ce dialogue institutionnalisé permettrait d'éviter à la fois la rigidité d'un droit international déconnecté des réalités culturelles et la dérive d'un pluralisme incontrôlé où l'absence de principes communs conduirait à une fragmentation ingouvernable.

Requiem pour un droit international vivant et un dépassement du faux dilemme entre universalisme et souverainisme

Loin de se réduire à une simple adaptation des normes, l'éveil du civisme identitaire engage une reconfiguration ontologique du droit international. Il implique de penser un droit qui ne soit plus une structure figée, mais une pratique vivante, en perpétuel ajustement aux tensions qui traversent le monde. Un droit où l'universalité ne serait plus une prescription extérieure, mais une émergence issue du dialogue des identités.

Si cette refonte n'a pas lieu, le droit international continuera de s'effriter, pris entre l'arrogance de ses prétentions universalistes et la violence du repli souverainiste. L'histoire récente en témoigne : le rejet de la Cour pénale internationale par de nombreux États africains, l'instrumentalisation des droits humains par les grandes puissances comme moyen de pression géopolitique, la montée des régimes nationalistes contestant toute contrainte supranationale. À terme, si le droit ne se réinvente pas, il cessera d'être un espace de justice pour devenir un simple instrument des rapports de force.

Le civisme identitaire propose un autre chemin : celui d'un droit fondé sur la co-appartenance plutôt que sur l'exclusion, sur la reconnaissance plutôt que sur l'imposition. Il ne s'agit pas de concilier artificiellement des systèmes incompatibles, mais d'instituer un espace où la diversité cesse d'être une menace pour l'unité, où l'identité ne s'oppose plus au droit, mais en devient l'un des principes organisateurs. Dès lors, l'avenir du droit international ne pourra se construire ni sur l'imposition d'un modèle unique, ni sur l'éclatement des référentiels. La seule voie possible est celle d'une gouvernance capable d'orchestrer la diversité sans la réduire à un bruit informe, capable d'accorder les dissonances sans écraser les voix discordantes. Un droit qui ne soit ni un dogme, ni un champ de bataille, mais une œuvre en perpétuelle écriture, où chaque peuple, chaque tradition, chaque expérience historique contribue à l'harmonie commune sans perdre sa propre tonalité.

L'universalité ne doit plus être un héritage à défendre, mais une création à poursuivre. Si l'on veut éviter que la gouvernance mondiale ne se transforme en une juxtaposition de solitudes normatives, il faut oser penser un droit international non plus comme une partition rigide, mais comme une composition vivante, où chaque note, chaque identité, loin d'être écrasée par l'ensemble, trouve sa place dans une polyphonie qui ne soit ni domination, ni chaos, mais équilibre et création collective.

Le système multilatéral de demain dépendra justement de notre capacité à faire de cette diversité non pas une source de division, mais le fondement même d'une gouvernance mondiale plus juste, plus inclusive et finalement, plus représentative de la pluralité humaine. À l'ère des interdépendances et des revendications identitaires, la partition du droit international doit donc demeurer ouverte, non par défaut, mais par nécessité.

TABLE

Introduction 9

I. Souveraineté, identités et droit international 15

II. La voix nouvelle du civisme identitaire dans la société internationale contemporaine 61

III. Un universalisme juridique essoufflé : quelle légitimité pour les droits de l'homme ? 107

IV. Les stratégies d'inclusion des identités collectives dans les systèmes juridiques 147

V. Une symphonie mondiale désaccordée : le civisme identitaire dans la gouvernance des droits de l'homme 179

VI. Repenser l'architecture du système multilatéral à l'aune du civisme identitaire 221

VII. Réaccorder la gouvernance mondiale sur un dialogue interculturel institutionnalisé 261

Conclusion 301

Pour mes parents et mes sœurs,